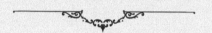

감사의 마음을 담아

_____에게 드립니다.

홍익희의
유대인 경제사

일러두기

• 본《유대인 경제사》시리즈의 일부 내용은 저자의 전작《유대인 이야기》(행성B잎새, 2013)를 참조하였습니다.

미국의 패권시대
근대 미국 경제사 下
THE PERIOD OF
AMERICAN HEGEMONY

8

홍익희의
유대인
경제사

한스미디어

6·25전쟁의 잿더미에서 맨손으로 시작한 우리 경제가 이제는 교역규모 세계 9위이자 수출 5강이다. 무에서 유를 창조한 것이나 진배없다. 1950년대 한국은 아프리카 나라들과 별 차이가 없는 극빈국이었다. 아니, 그보다도 못했다. 전쟁이 끝난 1953년의 1인당 소득은 67달러로 세계 최빈국의 하나였다. 그 뒤 8년이 지난 1961년에조차 1인당 소득은 82달러로, 179달러였던 아프리카 가나의 절반에도 못 미쳤다. 그마저도 미국 원조 덕분이었다. 전쟁 복구가 시작된 1953년부터 1961년까지 원조액은 무려 23억 달러였다. 당시 우리의 수출액과 비교해보면 미국 원조가 얼마나 큰 금액이었는지 알 수 있다. 1962년 우리 수출실적은 5000만 달러였다.

그해 정부주도로 처음으로 경제개발계획이 시작되었다. 같은 해 대한무역투자진흥공사KOTRA가 설립되었다. 변변한 자원 없는 우리 민족도 한번 해보자고 무역 진흥의 기치를 높이 내걸고 달리기 시작하였다. 2년 뒤 1964년에 1억 달러 수출을 달성했다. 이를 기념하여 '수출의 날'이 제정되었다.

그로부터 6년 뒤인 1970년에 수출 10억 달러를 넘어섰다. 또 그로부터 7년 뒤 "친애하는 국민 여러분, 드디어 우리는 수출 100억 달러를 돌파하였습니다. 이 기쁨과 보람은 결코 기적이 아니요, 국민 여러분의 고귀한 땀과 불굴의 집념이 낳은 값진 소산이며, 일하고 또 일하면서 살아온 우리 세대의 땀에 젖은 발자취로 빛날 것입니다"라고 박정희 대통령은 떨리는 목소리로 수출의 날 기념식에서 말하였다.

100억 달러! 당시로는 쉽게 믿기지 않는 숫자였다. 대통령은 그날 일기에 이렇게 적었다. "10억 달러에서 100억 달러가 되는 데 서독은 11년, 일본은 16년 걸렸다. 우리는 불과 7년 걸렸다. 새로운 출발점으로 삼자. 새로운 각오와 의욕과 자신을 가지고 힘차게 새 전진을 다짐하자."

이렇게 달려와 2008년 수출액은 4200억 달러를 넘어섰다. 46년 사이에 8400배 증가한 것이다. 세계은행에 따르면 1960년대 이후 30년 동안 한국의 경제성장률이 세계 197개국 가운데 가장 높았다 한다. 자그마치 30년을 1등으로 달려온 민족이다. 세계 경제사에 유례가 없는 것이라 하였다. 바깥을 향한 경제정책이 우리 민족을 일으켜 세운 것이다. 해외에 나가보면 우리 수출기업들이 정말 열심히 뛰고 있다. 그들의 활약상을 보고 있노라면 누구라도 애국자가 아니 되려야 아니 될 수 없다. 우리 경제가 이만큼이나마 클 수 있었던 것은 수출기업들 덕분이다.

　그런데 이러한 수출의 비약적인 발전에도 오늘날 우리 경제가 활력을 찾지 못하는 원인은 무엇일까? 내수경기는 좀처럼 불붙지 못하고 청년실업은 갈수록 늘어나고 있다. 상품 수출로 벌어들인 무역흑자는 서비스수지와 소득수지 적자로 까먹고도 모자랄 판이다. 이제는 세상이 바뀌어 상품 수출만으로는 안 된다. 서비스산업의 발전 없는 제조업 수출만으로는 한계가 있다.

　필자는 해외 7개국에서 근무했다. 그 가운데 1990년대 중반 뉴욕무역관에 근무할 때, 제조업 고용비중이 10%도 안 되는 미국이 세계 경제를 호령하는 힘은 어디서 나오는지 궁금했다. 속내를 들여다보니 미국은 서비스산업 고용비중이 80%를 넘어선 서비스산업 강국이었다. 특히 금융산업 경쟁력은 세계 최강이었다. 뭔가 월스트리트에 답이 있을 듯했다. 그 속내를 들여다보고 싶었다.

　세계의 제조업이 산술급수적으로 커가고 있을 때 금융산업은 기하급수적으로 성장하였다. 미국 경제에서 GDP 성장에 대한 금융산업 기여도는 3할에 이른다. 세계는 바야흐로 금융자본이 산업자본을 이끄는 금융자본주의 시대다. 이러한 금융자본주의 정점에 미국이 있었다. 제조업의 열세로 무역적자에 허덕이는 미국을 세계 각국에 투자된 미국의 금융자본이 먹여 살리고 있었다.

2001년부터는 스페인에서 두 번째로 근무하는 행운을 얻었다. 세계적인 제조업이나 변변한 첨단산업 하나 없는 스페인이 10여 년 전첫 근무를 할 때에 비해 급속도로 발전하고 있는 데 놀랐다. 관심을갖고 들여다보니 그 힘 역시 서비스산업이었다. 20세기에 힘들었던스페인 경제가 21세기 들어 관광산업과 금융산업이 주도하기 시작하면서 활기차게 돌아갔다. 고용창출 효과 또한 대단했다.

해외 근무를 계속하면서 가는 곳마다 유대인들을 만날 수 있었다.중남미에서부터 미국, 유럽에 이르기까지 필자가 근무한 나라를 더해갈수록 그들의 힘을 더 크게 느낄 수 있었다. 금융은 물론 유통 등서비스산업의 중심에는 언제나 유대인들이 있었다.

도대체 그들의 힘의 원천이 무엇인지 알고 싶었다. 우리나라도 이제 예외가 아니었다. 이미 우리 생활 곳곳에 알게 모르게 유대인들의영향력이 강하게 미치고 있었다. 이제는 유대인이 그동안의 개인적인 관심사의 대상을 넘어 우리 경제에서 그냥 지나칠 수 없는 거대한상대방이 되어 있었다.

서비스산업의 실체에 대해 제대로 공부해보고 싶었다. 뿌리부터 알고 싶었다. 금융산업을 비롯한 서비스산업의 뿌리를 살펴보니 거기에는 어김없이 유대인들이 있었다. 경제사에서 서비스산업의 창시자와 주역들은 대부분 유대인이었다. 더 나아가 세계 경제사 자체가 유대인의 발자취와 궤를 같이하고 있었다. 참으로 대단한 민족이자 힘이었다.

매사에 '상대를 알고 나를 아는' 지피지기가 우선이라 하였다. 그들을 제대로 알아야 한다. 그리고 그들에게 배울 게 있으면 한 수 배워야 한다. 이런 의미에서 우리 경제가 도약하는 데 작은 힘이나마 보탬이 되고자 능력이 부침에도 감히 이 책을 쓰게 되었다. 우리도 금융강국이 되어야 한다. 그리고 다른 서비스산업에서도 경쟁력을 갖추어야 21세기 아시아 시대의 주역이 될 수 있다.

책을 쓰면서 '경제사적 시각'과 '자본의 공간적 흐름'에 주목했다. 지금 세계에는 직접투자자본FDI이 인건비가 높은 나라에서 낮은 나라로 물 흐르듯 흐르고 있다. 그 덕에 제조업의 서진화西進化가 빠른 속도로 이루어지고 있다. 중국이 대표적인 사례다. 이를 통해 아시아

시대가 우리가 예상했던 것보다 더 빨리 다가오고 있다.

그러나 그보다 더 거센 물결은 세계 금융자본의 초고속 글로벌화다. 대부분의 글로벌 금융자본은 돈 되는 곳이라면 어디든 가리지 않는다. 인터넷 거래를 통해 빛의 속도로 세계 각국을 헤집고 다니며 엄청난 규모의 자본소득을 빨아들이고 있다.

아시아 시대는 이러한 거대하고도 빠른 복합적 흐름으로 가속화되고 있다. 흐름의 가속화는 곧 급류요 소용돌이다. 변혁의 시기인 것이다. 이렇게 급속도로 펼쳐지고 있는 아시아 시대를 맞아 우리나라가 외부의 물살에 휩쓸려서는 안 된다. 더구나 중국이나 일본의 변방에 머물러 있어서도 안 된다. 그 흐름의 중심에 올라타야 한다.

필자는 경제학자도, 경제 관료도 아니다. 경제 전문가는 더더욱 아니다. 그러나 해외 여러 나라에서 근무하면서 보고 듣고 느낀, 서비스산업의 중요성과 유대인의 힘에 대해 같이 생각해보고 싶었다. 필자는 그동안 주로 제조업 상품의 수출을 지원해왔다. 그러나 제조업도 중요하지만 앞으로는 금융, 관광, 교육, 의료, 영상, 문화, 지식산업 등 서비스산업의 발전 없이는 우리의 미래도 한계에 부딪힐 수밖에 없다고 생각한다. 미래 산업이자 고용창출력이 큰 서비스산업이 발전해야 내수도 살아나고 청년실업도 줄일 수 있다. 그래야 서비스수지와 소득수지도 적자를 면하고, 더 나아가 우리 서비스산업이 수출산업으로 자리매김할 수 있다.

무엇보다 금융산업은 우리 미래의 최대 수출산업이 되어야 한다. 우리 모두가 서비스산업의 중요성에 대해 인식을 깊이 하고 지평을 넓혀야 한다. 21세기 우리 경제를 이끌 동력은 한마디로 서비스산업과 아이디어다. 1970년대에 우리가 '수출입국'을 위해 뛰었듯이, 이제는 '서비스산업 강국'을 위해 매진해야 한다.

이 책은 오늘날의 유대인뿐 아니라 역사 속 유대인의 궤적도 추적하였다. 이는 역사를 통해 서비스산업의 좌표를 확인하고자 함이요, 또한 미래를 준비하고 대비하기 위한 되새김질이기도 하다. 경제를 바라보는 시각도 역사의식이 뒷받침되어야 한다고 믿는다.

책을 쓰면서 몇 가지 점에 유의했다. 먼저, 유대인에 대한 주관적 판단이나 감정을 배제하고 객관성을 유지하고자 노력했다. 가능하면 친유대적도 반유대적도 아닌, 보이는 그대로 그들의 장점을 보고자 애썼다.

두 번째로, 유대인 이야기와 더불어 같은 시대 동서양의 경제사를 씨줄로, 그리고 과학과 기술의 발달 과정을 날줄로 함께 엮었다. 이는 경제사를 입체적으로 파악하기 위해서다. 그리고 경제사를 주도한 유대인의 좌표를 그 시대 상황 속에서 살펴보고자 함이요, 동양 경제사를 함께 다룬 것은 서양의 것에 매몰된 우리의 편중된 인식을 바로잡는 데 조금이라도 보탬이 되고자 함이었다. 유대인도 엄밀히 말하면, 셈족의 뿌리를 갖고 있는 동양인이다. 다만 오랜 역사에 시달려 현지화되었을 뿐이다.

과학과 기술의 발달 과정을 함께 엮은 것은, 경제사를 입체적으로 이해하기 위해서는 시대 상황과 함께 과학과 기술의 변천을 함께 살펴야 한다는 믿음 때문이다. 과학기술사는 경제사와 떼려야 뗄 수 없는 불가분의 관계다. 실제 역사적으로 과학기술의 발전이 경제 패러다임을 바꾼 사례가 많았다. 이미 과학과 기술의 트렌드를 알지 못하고는 경제와 경영을 논하기 어려운 시대가 되었다.

날줄과 씨줄이 얽히면서 만들어내는 무늬가 곧 경제사의 큰 그림이다. 만약 이러한 횡적·종적인 연결고리들이 없다면 상호 연관성이 없는 개별적인 역사만 존재하게 되고, 경제사는 종횡이 어우러져 잘

짜여진 보자기가 아니라 서로 연결되지 않은 천 쪼가리들에 지나지 않을 것이다.

세 번째로, 유대인의 역사와 그들의 의식구조를 이해하기 위해 그들이 믿는 '유대인의 역사책'인 구약성경을 많이 인용하였음을 양해 바란다.

마지막으로 고백해야 할 것은, 이 책의 자료 가운데 많은 부분을 책과 인터넷 검색으로 수집하였다는 점이다. 이를 통해 여러 선학들의 좋은 글을 많이 인용하거나 참고하였음을 밝힌다. 한 조각, 한 조각의 짜깁기가 큰 보자기를 만들 수 있다는 생각에서다. 널리 이해하시리라 믿는다.

특히 이번《유대인 경제사》를 내면서 먼저 출간된 필자의 책들《유대인 이야기》(행성B, 2013)와《유대인 창의성의 비밀》(행성B, 2013),《세종교 이야기》(행성B, 2014),《달러 이야기》(한스미디어, 2014),《환율전쟁 이야기》(한스미디어, 2014)에서 많은 내용을 가져왔다.

이번《유대인 경제사》8권은 7권에 이어 근대 미국 경제사를 다루었다. 세계의 기축통화인 달러, 곧 미국 화폐의 역사를 되짚어보았고, 미국이 패권국가로 등장하는 과정을 추적하였다. 그리고 부록에서 유대인이 왜 강한지 그들의 경쟁력 12대 원천을 살펴보았다.

참고문헌은 익명의 자료를 제외하고는 본문의 각 페이지와 책 후미에 밝혀두었다. 그럼에도 이 책에 있는 오류나 잘못은 당연히 필자의 몫이다. 잘못을 지적해주시면 감사한 마음으로 고치겠다. 끝으로 이 책을 사랑하는 코트라KOTRA 식구들에게 바친다.

지은이 홍익희

CONTENTS

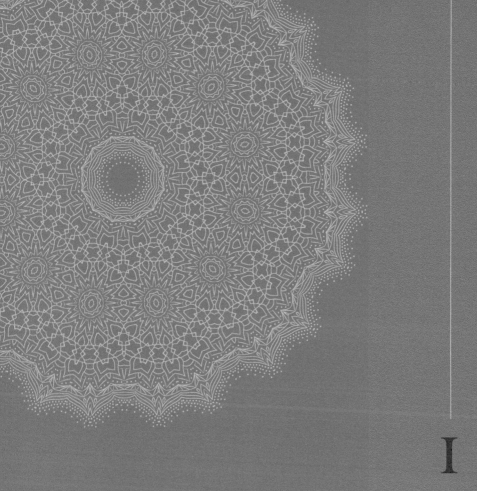

I

미국 화폐의
역사

JEWISH ECONOMIC HISTORY

모든 금융의 역사가 그렇듯 미국 화폐의 역사도 그 배경을 함께 살펴야 한다. 우리가 당시의 시대적 상황을 이해하고 객관적인 시각과 상식으로 역사를 들여다볼 때 지나친 신자유주의적 맹신이나 음모론적 시각 어느 한 쪽에 치우치지 않고 좀 더 자유로운 조망을 즐길 수 있다.

오늘날 자본을 뜻하는 'capital'이 소의 머리를 뜻하는 라틴어 'caput'에서 유래된 것도 원시 화폐 흔적의 하나다. 옛날 농경시대에는 소가 부의 상징으로 중요한 가치 저장수단이자 교환수단이었다. 하긴 우리나라도 소 팔아 아들 학교 보냈다 하여 대학교를 우골탑이라 하지 않았던가. 마찬가지로 비버 가죽, 물고기, 쌀, 옥수수, 구슬 등이 모두 한때 미국에서 화폐로 사용되었다. 이러한 원시 화폐가 현대인에게는 다소 생소해 보이겠지만 원시 화폐도 엄연한 경제재이자 중요한 교환수단이었다. 신대륙의 화폐는 이러한 원시 화폐로부터 시작되어 오늘날의 달러로 자리 잡은 것이다. 그 과정을 살펴보자.

신대륙 초기의 다양한 원시 화폐

❖ 조가비 구슬

콜럼버스가 신대륙을 발견할 당시, 북미 대륙의 원주민 인디언들의 화폐는 조가비로 만든 구슬이었다. 당시 조가비 구슬을 꿰어 만든 목걸이가 그들의 위세를 드러내는 귀중품이었다. 마치 청동기시대에 청동검이 족장의 위세를 나타내어 도전刀錢이나 포전布錢이 화폐가 되었듯이 조가비 구슬은 그들의 화폐였다.

1642년, 담배가 법정통화로 지정되다

그 뒤 스페인을 위시한 유럽인들이 신대륙에 몰려든 이민 초기에는 고유의 화폐제도가 없을 때라 버지니아에서는 영국 이민자들이 대량 재배에 성공한 연초, 곧 담배가 화폐 구실을 했다. 그 무렵 영국이 식민지로의 금화 반출을 금지해 통화 부족이 발생했다. 그러자 버지니아 의회는 1642년 아예 담배를 법정통화로 지정했다. 담배만이 유일한 화폐였다. 금화나 은화로 지불하는 행위는 되레 위법이었다.

당시 담배는 연초를 둘둘 만 잎담배였다. 그 무렵 젊은 여자들이 버지니아 총각들의 배우자로 많이 수입되었는데, 처음에 담배 100파운드 가격이었던 여성들은 수요가 급증하자 150파운드로 껑충 뛰었다. 어느 작가는 담배 화폐로 아내를 맞아들이는 남성들의 흥분한 모습을 기록으로 남겼다. "기적 소리를 내며 런던으로부터 온 배가 항구에 도착했다. 배에는 아름답고 정결한 여성들이 타고 있었다. 이들을 기다리던 젊은 남성들은 팔에 최상품 담배를 한 다발씩 들고 급히 배 쪽으로 뛰어갔다."

법정화폐인 담배 인기가 치솟자 이 '돈'을 심는 사람들이 크게 늘어났다. 집집마다 담배를 재배한 탓에 시중에 돈이 넘쳐나기 시작했다. 시중에 담배가 많아지자 담배 구매력은 형편없이 떨어졌다. 과잉 공급을 우려한 버지니아, 메릴랜드, 캐롤라이나 3개 주는 1년간 담배 생산을 중단하자는 협정을 맺었다. 하지만 그 뒤에도 담배 폭락세는 멈추지 않았다. 그러자 성난 사람들이 떼를 지어 담배공장을 파괴하였다.◆

담배는 이후 다른 나라에서도 화폐로 통용되었다. 제2차 세계대전 이후 독일에서 화폐로 사용되었다. 그리고 20세기 후반 공산권이 개방될 때 독재자 차우세스쿠가 통치했던 루마니아를 비롯해 일부 국가에서 말보로 담배가 일시적으로 화폐 구실을 하기도 했다.

◆ 배연국의 돈 블로그, "담배의 전성시대"

다양한 원시 물품화폐

식민지에서 화폐로 사용된 물품은 담배만이 아니었다. 그 뒤 사우스캐롤라이나에서는 쌀이 화폐로 사용되었다. 우리도 조선 시대에 대동법이라 하여 모든 세금을 쌀로 걷어 들였고 궁녀나 포졸들의 급여도 쌀로 지급하였다. 이 경우 '쌀'이 화폐의 기능을 한 셈이다. 이처럼 당시 사회에서 꼭 필요하면서도 풍부한 상품들이 화폐 구실을 하였다.

다른 문명권에서도 여러 종류의 물품화폐가 쓰였다. 초콜릿의 원료인 카카오가 많이 나는 남미에서는 카카오 열매를, 소금이 풍부한 아프리카와 지중해 지역에서는 소금을, 농경 지역에서는 곡식과 옷감을, 가죽이 재산이었던 유목민은 동물을 각각 돈으로 썼다.

그리고 가나 등 일부 아프리카 국가에서는 조개를 화폐로 사용했다. 그들은 보배조개cowery shell(개오지조개)를 화폐로 썼는데 기실 보배조개는 화려함과 견고성 때문에 기원전 3000년경부터 여러 문명에서 돈으로 쓰여왔다. 돈을 상징하는 한자 '조개 패貝'자는 보배조개의 아랫면을 본떠 만든 상형문자라 한다.

** 보배조개

고조선과 관련된 유적인 강상무덤에서도 이 보배조개 2점이 발굴된 적이 있다. 저 멀리 남쪽에서 요동반도까지 전래된 것이다. 이렇게 조개를 화폐로 사용하다 보니 중국에서 보패라고 적었고, 우리말로 보배로 변환되면서 이 조개를 보배조개라고 부르게 되있다. 이 소개가 고대 중국에서도 교역의 중요 수단이 되었기에 재화財貨란 말에는 '貝'자가 들어가게 되었다. 값나가는 재물인 금은보화의 보화寶貨란 말에도 역시 '貝'자가 들어 있다. 돈을 화폐貨幣라 하는데 이 말에도 조개와 비단이 교환의 수단이었다는 사실이 숨어 있다.[*]

초기 미국 대륙에서는 조가비 구슬, 담배, 쌀, 비버 가죽, 물고기, 옥수수, 조개, 유리구슬, 카카오 등이 모두 화폐로 사용되었다. 이러한 원시 물품화폐는 당시 엄연한 경제재이자 중요한 교환수단이었다.

화폐 이상의 일을 해낸 비버 모피

담배와 쌀 이후 신대륙에서 가장 중요한 화폐는 비버 가죽이었다. 비버 가죽은 화폐로 쓰이면서 그 이상의 일을 해냈다. 그 무렵 신대륙 이주자들이 서부로 뻗어나간 이유는 순전히 비버 등 모피 동물을 사냥하기 위해서였다. 비버는 머리부터 꼬리까지의 길이가 약 1m, 서 있는 키가 30cm쯤 되는데 비버의 모피는 양털이나 토끼털보다 더 가늘고 촘촘해 방수가 돼 고가로 거래되었다. 당시 비버 모피는 유럽에 수출되는 가장 귀한 상품의 하나였다. 비버 가죽 쟁탈을 위해 인디언들은 전쟁도 불사했다.

❖ 송기호(서울대학교 국사학과 교수), 〈삼베와 쌀〉

원시 화폐가 이룬 또 하나의 전설,
맨해튼 구입

1626년 네덜란드 서인도회사의 총독 피터 미누이트는 인디언으로 부터 조가비 구슬, 장식용 유리구슬, 옷감, 주전자, 단검 등 불과 60길 더, 곧 24달러 상당의 물품을 주고 맨해튼을 손에 넣었다. 맨해튼 남 단의 배터리 파크는 이 역사적인 거래가 이루어진 장소다. 네덜란드 인은 이곳에 '뉴암스테르 담'을 건설했다. 당시 맨해 튼 인구는 270명이었다.

그 무렵 조가비 구슬(염 주)은 인디언들이 가장 좋 아하는 원시 화폐였다. 이 렇듯 미국은 식민지 시절에 원시 화폐를 많이 사용했 다. 사우스캐롤라이나 주 는 쌀을, 버지니아 주는 담배를 화폐로 사용했다. 특히 식민지 담배는 질이 좋아 이곳 사람들은 담배 수출을 통해 풍요롭게 살았다. 독립전쟁을 승리로 이끈 조지 워싱턴과 토머스 제퍼슨 역시 담배농장 주인이었다. 이 밖에도 고둥 껍데기, 소, 밀, 소금, 냄비와 쇠꼬챙이, 코코아 열매나 고래 이빨에 이르기까지 그 시절에 화폐로 사용된 물품은 다양하다 못해 상상의 한계를 뛰어넘는다.

유대인이 대주주인 동인도회사가 맨해튼을 발견하다

맨해튼은 유대인과 관계가 깊다. 지금으로부터 약 400여 년 전 맨해튼을 처음 발견한 것도 유대인들이 대주주인 네덜란드 동인도회사였다. 17세기 초 네덜란드는 아시아 무역을 위해 동인도회사를 설립해 독점무역을 주도하는 한편 대서양으로도 뱃길을 개척하려 노력했다. 그러던 중 동인도회사 선장 헨리 허드슨이 20명의 선원들과 함께 '하프문Half Moon(반달)'이라는 이름의 바닥이 평평한 네덜란드 배를 타고 가다가 1609년 9월 맨해튼을 발견했다.

당시 그는 북극을 넘어 중국으로 가는 수로를 찾고 있을 때였다. 그는 이곳이 중국으로 가는 수로일지 모른다고 생각해 맨해튼 옆 강을 따라 올버니까지 올라갔다. 맨해튼 서쪽 허드슨 강은 그의 이름에서 따온 것이다. 그는 네덜란드 동인도회

∴ 헨리 허드슨

사에 보낸 보고서에서 "푸른 언덕으로 둘러싸인 훌륭한 항만과 위도 상 아열대쯤에 속할 것 같은 이곳에 농경지로 이용될 수 있는 무한한 땅이 있다"고 했다. 이 보고서가 계기가 되어 네덜란드인들이 이곳에 정착하기 시작했다.

명품 모피의 대명사 비버, 북아메리카 역사를 바꾸다

이듬해 7월 네덜란드로 돌아온 하프문호는 비버 모피 등 아메리카 대륙 특산물을 가득 싣고 왔다. 그 무렵 비버 모피는 최고 인기 상품 의 하나였다. 그래서 아메리카의 비버는 일찍부터 유럽 사냥꾼의 목 표물이 되었다. 비버 가죽은 아주 질기고 따뜻한 솜털이 달려 있어 좋은 모피 제품을 만들 수 있었다. 특히 비버로 만든 가죽 모자는 당시 유럽의 대히트 상품이었다. 거기에다 비버로부터 귀한 해리향도 얻었다. 이는 비버가 봄에 짝짓기를 할 때 상대를 유인하려 분비하는 강한 향을 지닌 물질로 고급 향수의 재료나 약재로 쓰였다.✢

∴ 최고급 모피, 비버

✤ 주경철, [주경철의 세계사 새로 보기], "비버, 북아메리카의 역사를 바꿨다", 〈주간조선〉, 2009년 11월 30일

1621년, 서인도회사를 설립하다

비버에 눈독 들인 네덜란드 상인들은 이 땅을 주목했다. 그래서 아예 이곳에 정착해 사는 사람들이 나오기 시작했다. 이후 네덜란드는 동인도회사와는 별도로 1621년에 신대륙을 겨냥한 서인도회사를 세워 본격적인 식민지 개척활동을 시작했다. 동인도회사와 마찬가지로 이 회사의 대주주들은 대부분 암스테르담에 본거지를 둔 유대 상인들이었다.

네덜란드 서인도회사는 아프리카 및 아메리카와의 무역독점권을 부여받았다. 이렇게 설립된 서인도회사는 신대륙 무역과 식민지 개척활동, 곧 무역과 무력침략을 동시에 독점 수행하는 특권회사였다. 막강한 무력을 갖추고 있어 은을 싣고 가는 스페인 상선대를 습격하는 해적질은 물론 인근 나라들에 대한 침략도 서슴지 않는 사실상의 전쟁기업이었다. 이 회사는 브라질 북부와 베네수엘라 연안 군도 및 기아나를 침략해 무역기지로 삼았다.

비버 모피 교역 위에 세워진 뉴암스테르담

1624년 네덜란드 서인도회사는 지금의 뉴욕 주 올버니에 '뉴네덜란드'를, 그리고 이듬해 맨해튼에 '뉴암스테르담'을 건설하기 시작했다. 그들은 맨해튼에 '가죽거래소'를 개설하고 주로 인디언들로부터 모피를 구입하여 수입했다. 그 무렵 맨해튼은 인디언들이 사는 숲으로 덮인 섬이었다. 1626년에 서인도회사 총독은 인디언들로부터 아

☆☆ 초기 뉴암스테르담의 모습

예 맨해튼을 사버렸다.

　서인도회사의 무역은 대략 다음과 같이 진행되었다. 먼저 네덜란드에서 실려 온 모직 천을 맨해튼에 사는 인디언들의 화폐인 조가비 구슬과 바꾸었다. 이 구슬을 가지고 허드슨 강을 거슬러 올라가 포트오렌지 지역 인디언들의 비버 가죽과 교환했다. 1626년의 경우, 모직 천 200매를 조가비 구슬로 바꿔 포트오렌지로 올려보내면 비버 모피 1만 장과 바꿀 수 있었다.

　가죽거래소가 세워지고 3년 뒤 1628년 거래소 성채 안 인구는 고작 270명이었다. 하지만 초기 8년 동안 서인도회사가 네덜란드로 선적한 목록을 보면, 비버 가죽은 첫해 1500장에서 1만 5000장으로 10배 이상 늘었다. 거의 매년 64%씩 성장했다.

　네덜란드인들은 고향의 수도를 기리며 이 섬을 '뉴암스테르담'이라 불렀다. 그리고 네덜란드풍으로 건설하기 시작했다. 배터리 파크를 중심으로 한 맨해튼 남단은 지금도 풍차나 벽돌로 만든 작은 집들이 줄지어 있어, 네덜란드 마을 같은 분위기를 풍긴다.

한편 인디언과의 싸움도 치열했다. 교회나 도로의 건설이 진행되면서 인디언 습격을 막기 위해 통나무 벽을 쌓았다. 1653년에는 맨해튼 남단에 영국군의 침략을 막기 위해 끝을 뾰족하게 깎은 목책wall도 세웠다. 그 뒤 목책이 세워진 거리와 인접한 거리를 '월스트리트Wall Street'라 불렀다.

조가비 구슬 화폐

당시 맨해튼의 인디언들은 비버 모피 대금을 칼, 도끼, 낚싯바늘, 솥, 술, 총과 바꾸거나 금·은이 아닌 자신들 세계의 화폐인 조가비로 만든 구슬로 받았다. 금과 은은 유럽 사람들 눈에나 귀금속으로 보였을 뿐 그들에게는 쓸모없는 금속조각이었다.

조가비 구슬은 동부의 강과 호수에서 자생하던 조가비로 만들었다. 그 세공은 맨해튼 인근에 있는 지금의 뉴저지, 롱아일랜드 지역에서 이루어졌다. 조개껍데기를 여러 조각으로 부수어 그 조각들을 손으로 비비면 나중에는 매끈하고 윤이 났다. 특히 검은색을 띠는 구슬은 귀해 더 가치가 있었다. 인디언들에게 구슬은 단순한 장신구 이상의 특별한 의미를 가지고 있었다.

부족에 따라 구슬은 추장의 위세품이거나 신부의 결혼 예물로 사용되었다. 하지만 더 특수한 용도가 있었다. 바로 의사소통의 도구이

자 기록의 매체로 쓰였다. 날개로는 의미가 없고, 끈에 특정 패턴대로 꿰어야 비로소 의미가 생긴다. 이렇게 끈에 꿴 것을 왐품wampum이라 한다. 보통 360알을 꿰어 만든 것이 1왐품이다. 특정 재질과 색상의 염주를 특정 패턴으로 연결하면, 왐품은 스토리를 갖게 된다. 예를 들어 부족 간의 동맹기록이라든지, 전쟁의 구전 역사를 왐품에 담았다. 이후 부족장이 왐품의 순서나 표면의 특정 흔적 등을 통해 기록들을 다시 재생해내는 것이다. 실제로 왐품을 매개체로 한 인디언들과 미국 정부 사이의 조약이나 계약이 법적 효력을 발휘한 판례가 있다.

변변한 자체 화폐가 없었던 식민지에서 조가비 구슬 화폐는 독립전쟁 전까지 스페인 은화 등 여러 종류의 주화와 어울려 비교적 오랜 기간 통용되었다. 이 가운데에서도 조가비 구슬은 초창기에 강세통화였다. 흑색 구슬 한 줄(왐품)로 비버 가죽 다섯 장을 살 수 있었다. 1626년 교환비율은 1흑색 왐품 = 2흰색 왐품 = 10길더 = 5비버 가죽

정도였다. 나중에는 짝퉁 구슬이 많이 유통되어 가치가 하락했다.

일부 인디언들은 비버 가죽을 팔아 총과 화약을 사들였다. 처음에 이 총은 비버 사냥에 사용되었다. 이후 비버 수가 점점

줄어들자 더 많은 비버 확보를 위해 다른 부족과 전쟁하는 데 총을 사용하기도 했다. 이런 방식으로 대량의 모피가 수집되었다.

북아메리카의 모피 사냥

모피 사냥은 백인들이 서쪽으로 세력을 넓혀 간 가장 중요한 이유였다. 모피 무역은 인디언의 삶에도 큰 영향을 미쳤다. 교역의 대가로 백인들로부터 받은 술과 무기는 생활을 변화시켰다. 모피를 팔아 산 총으로 부족들 간에 모피 쟁탈 전쟁을 벌이기도 했다. 그리고 유럽산 질병으로 커다란 피해를 입었다.

모피 무역 덕분에 유럽 상인과 사냥꾼들은 인디언 땅에 발을 들여 놓을 수 있게 되었다. 북아메리카에서 가장 인기 있는 사냥감은 비버였다. 1580년대 파리를 중심으로 비버 가죽 모자가 대유행이었다. 한

❖ 허드슨 강의 초기 지도. 비버 분포지가 그려져 있다.

.˙. 당시 유행했던 비버 가죽 모자. 베르메르의 〈장교와 웃는 소녀〉 (1657)

때 북아메리카 대부분 지역에서 번성하던 비버는 극성스런 사냥으로 1630년대부터 줄어들기 시작했다. 영국 국왕 찰스 1세가 상류사회 사람들은 반드시 비버 가죽 모자를 써야 한다는 포고령을 내렸기 때문이다. 영국뿐 아니라 유럽 대륙 전체가 비버 가죽 붐이었다. 18세기 말 유럽이 북아메리카에서 수입한 비버 모피는 연평균 26만 마리에 이르는 엄청난 양이었다.

식민지 시대의 혼란

유럽 주화 통용

그 무렵 신대륙에서 원시 물품화폐만 통용되었던 것은 아니었다. 유럽에서 들어온 금화를 포함한 경화가 1600년대에 함께 사용되었다. 스페인을 위시한 유럽 나라의 경화와 더불어 초기 아메리카의 은화와 동전도 유통되었다. 그중에서도 스페인 주화 '다레라'가 가장 많이 사용되었다.

신대륙 초기 약 100년 동안 미국에서 금광이 개발되지 않아 자체 주조 금화는 없었다. 금화는 유럽 이주민들이 가져오거나 네덜란드 서인도회사와의 무역을 통해 들어왔다. 당시 아메리카에서 유통되던 금화도 유럽의 금화

∴ 유럽 주화들

와 마찬가지로 깎이고 쓸리고 구멍이 뚫려 무게를 달아 유통되었다. 이러한 악화는 거래를 힘들게 만들었다. 이를 대신할 다른 조치가 필요했다.

트럼프 지폐

1685년 캐나다의 프랑스 총독은 본국에서 돈을 실은 배가 오기를 여러 해 동안 기다렸다. 그러나 프랑스 왕은 재정 문제와 유럽의 소동으로 캐나다보다 더 염려해야 할 일이 많았다. 결국 캐나다에 있는 그의 군대는 계속 급료가 지불되지 않았다. 캐나다에서 쓰는 돈의 상당량이 군인들 호주머니에서 나왔던 관계로 캐나다 경제 역시 붕괴되기 시작했다.

이때 총독은 놀라운 생각을 해냈다. 그는 프랑스 군인들이 가지고 있던 모든 놀이용 카드를 징발했다. 상당한 양이었다. 그는 카드를 4등분해 각 조각마다 서명하고 이를 법정화폐로 선언했다. 그는 그것을 경화로 상환하겠다고 약속했다.

그 뒤 이 카드 조각은 65년 동안 돈으로 유통되었다. 파리 정부가

총독의 행동을 승인하지 않았기 때문에 이 돈은 총독의 약속과 그의 서명 이외에는 어떠한 것으로도 보증되지 않았다. 그것은 순수한 식민지용 화폐였다. 그리고 그 가치는 오로지 그것이 경화로 태환될 수 있다는 사람들의 신뢰

에 달려 있었다. 트럼프 지폐는 1759년 영국이 퀘벡을 정복하면서 사라졌다.

식민지 정부, 1690년 최초의 지폐를 발행하다

아메리카 최초의 지폐는 은행이 아니라 식민지 지방정부에서 발행되었다. 이른바 '은행권'이 아닌 '정부권'이었다. 당시 식민지 정부는 정부 지출을 위해 돈을 빌릴 수 있는 은행제도 조직이 없었다.

그 무렵 영국 주화를 비롯해 온갖 종류의 주화들이 식민지 내에서 유통되고 있었다. 더불어 인디언들과는 조가비 화폐나 유리구슬 등이 돈으로 통용되어 비버 모피나 사슴 가죽과 교환되었다.

1690년 매사추세츠 식민지 정부는 프랑스 식민지인 퀘벡을 침략했다. 그러나 원정이 실패로 돌아가자 문제가 생겼다. 애초 병사들의 급료는 퀘벡에서 약탈된 전리품으로 지급될 예정이었다. 역사적으로 봐도 급료를 받지 못한 병사들보다 더 위험한 존재는 없었다.

그러나 불행히도 매사추세츠 식민지 정부는 이들에게 지불할 돈이 없었다. 따라서 식민지 정부는 병사들에게 나중에 화폐를 지불하겠다는 약속이 적힌 쪽지를 나눠 주었다. 급여를 곧 지불하겠다는 증서로 일종의 약속어음

∴ 미국 최초의 지폐

이었다. 병사들이 받은 쪽지어음은 예상외로 효과적으로 통용되어 지폐 구실을 했다. 이것이 식민지 최초의 화폐인 셈이다. 금이나 은 같은 준비금도 없었지만 이 증서는 곧 '매사추세츠 파운드'로 불렸다. 스웨덴이 1661년 구리와 은을 준비금으로 삼아 지폐를 발행한 적이 있지만 정부의 신용만으로 발행된 7000파운드어치의 이 증서가 서구 최초의 불환지폐에 해당된다.

이렇게 돈이 돌고 경기가 좋아지자 아메리카의 다른 식민지들도 매사추세츠의 편법을 따라 하게 되었다. 특히 로드아일랜드와 사우스캐롤라이나에서 대량의 지폐를 발행했다. 이 지폐들은 지방정부의 상환 약속 이외에는 아무 보증이 없었다. 수입이 수출을 초과해 얼마 안 되는 금과 은마저 영국 등으로 빠져나가던 상황에서 자체 화폐 발행은 돈 가뭄을 한 번에 해소해주었다.

세계 최초의 지폐, 교자

지폐는 동양에서 먼저 나왔다. 종이 자체가 먼저 발명됐을 뿐 아니라 상업이 발달했기 때문이다. 세계 최초의 지폐는 10세기 말 남송에서 상인들 간에 사용된 예탁증서인 교자交子였다. 당시는 철전을 사용했었는데 가격이 너무 낮아 불편했다. 비단 한 필 사는 데 130근을 지불해야 했다. 그래서 16개 대형 점포가 연합해 철전을 함께 저장하고 등가의 지폐인 교자를 발행했다. 훗날 북송 정부는 교자의 발행권을 거두어 정부에서 직접 지폐를 발행했다.

**교자

그 후 원元대에는 동전의 유통을 금지하고 지폐만 사용하도록 해 지폐 유통이 활발하게 이루어졌다. 지폐를 유통시키는 데 방해가 되는 자는 죽음을 각오해야 했다. 지폐 유통을 장려하기 위해 모든 금과 은을 지폐로 값을 치르고 몰수했다. 외국 상인들이 가져온 것이라도 예외가 없었다.

마르코 폴로는 중국의 효율적인 지폐 제도에 깊은 인상을 받아 그의 책 《동방견문록》에서 지폐에 대해 자세히 설명했다. 그래도 유럽인들은 아무 가치도 없는 종이가 돈 구실을 한다는 걸 도저히 이해할 수 없었다.

중국에서 지폐를 발명한 지 700년이 지나서야 서양에서도 지폐를 만들었다. 1661년 스웨덴에서 지폐가 처음 발행되었다. 당시 사용되던 구리 동전이 20kg에 달해 너무 크고 무거웠기 때문이다.

초기 지폐는 금이나 은으로 바꿀 수 있는 태환화폐였다. 유럽 최초의 지폐를 발행한 스톡홀름 은행의 요한 팜스트루흐 총재는 통화 남발로 태환이 불가능해지자 결국 사형을 선고받았다. 나중에 징역형으로 감형돼 간신히 목숨은 건졌다.

그 무렵 영국에서 금장이 발행한 예치증서Goldsmith Note가 지폐 구실을 하며 오늘날 은행권의 모체가 되었다.

식민지 정부와 은행들이 같이 지폐를 발행하다

그 무렵 본국으로부터의 수입 초과에 따라 금·은이 계속 유출되고 있던 각 식민지 정부는 화폐 유통량이 부족해지자 토지를 담보로 잡고 지폐를 발행하여 대출해주었다. 이 방법은 화폐 유통량을 늘려 경제를 활성화시켰다. 신대륙 식민지의 발전은 정부가 이렇게 화폐를 스스로 발행했기에 가능했다. 이른바 '정부권'이었다. 이로써 정부는 화폐 발행에 대한 이자를 누구에게도 지불할 필요가 없어 영국은행의 통제에서 벗어났다.

곧이어 민간은행들도 똑같은 일을 시작했다. 이렇게 되자 지폐 발행 특권이 남용되었다. 악화는 양화를 구축하는 법이다. 값어치 없는 지폐는 귀금속으로 만들어진 주화를 유통에서 몰아냈다. 또한 지폐의 남발로 물가가 치솟았다. 더구나 각 식민지에서는 이 지폐를 법화와 동일하게 취급하여 본국인에 대한 채무 변제에도 쓸 수 있다고 정했기 때문에 식민지 지폐 발행에 대해 본국 채권자들의 불만이 높았다.

프랭클린, 위조할 수 없는 지폐를 처음으로 만들다

식민지 정부 시절 지폐의 아버지는 다름 아닌 벤자민 프랭클린이다. 오늘날 100달러짜리 지폐에 있는 인물이 바로 그다. 그는 독립전쟁 기간 중 미-프랑스 동맹을 이끌어내 역사적 전환점을 가져온 인물이다.

정치가이자 계몽 사상가이며 과학자인 벤자민 프랭클린은 출판인쇄업으로 성공한 후 독립선언서를 기초한 사람 중의 하나다. 그는

∴ 100달러 지폐 속의 벤자민 프랭클린

미국의 세 가지 중요 문서인 독립선언서, 영국과의 평화협정, 연방헌법 모두에 서명했다.

그는 보스턴에서 비누와 양초 만드는 집안의 17명의 자녀 중 15번째로 태어났다. 집안 형편이 어려워 교육도 1년밖에 받지 못하고 형의 인쇄소에서 일했다. 열심히 노력하고 독학으로도 공부한 덕분에 인쇄기술을 능숙하게 활용할 수 있었다. 17세 때 프랭클린은 자립을 결심한다. 보스턴과 뉴욕에서 일자리를 찾지 못하자 필라델피아로 가서 무일푼으로 인쇄업을 시작했다.

그는 인쇄업을 하는 한편 항상 책을 보며 수많은 지식과 정보를 받아들였다. 홀로 지폐의 본질과 그 효용성에 관해 연구하다가 마침내 23세인 1729년에 《지폐의 본질과 필요성에 관한 소고》라는 소책자를 펴냈다. 준비된 자에게 행운이 미소 짓는 법이다. 이 책 덕분에 그는 펜실베이니아 식민지의 지폐 도안 및 인쇄 자격을 얻었다. 이것이 프랭클린이 거둔 첫 번째 성공이었다.

그 뒤 그는 화폐 위조를 막을 몇 가지 대책을 고안해냈다. 이후 펜실베이니아뿐 아니라 뉴저지와 델라웨어 및 메릴랜드의 공인 인쇄업

∴ 프랭클린의 위조 방지 화폐(1739)

자로도 일했다.

프랭클린은 실제 나뭇잎으로 주형을 떠서 부조를 만들었다. 그리고 나뭇잎 패턴을 독특하게 양각한 천연 날염 방식으로 지폐를 찍어 냈다. 이 방법은 효과적인 위조지폐 방지책이 되었다. 그 방법이 하도 독특해 여러 세기가 지나서야 그의 인쇄 방법이 이해되었다. 이러한 위조지폐 방지기술은 달러가 신뢰받는 통화로 자리 잡는 데 크게 공헌하였다.

그는 1736년에는 펜실베이니아의 하원의원으로 임명되었다. 그 뒤 펜실베이니아 시 체신장관 대리로 일하며 우편 업무에 관한 사항을 많이 개선시켰다. 그리고 1750년에는 그가 주도하여 설립된 펜실베이니아대학에 많은 도서를 기증하여 도서관을 만들었다. 그 뒤 그는 사업가로서, 정치가로서, 과학자로서, 신문사 경영자로서 수많은 역할을 하였다. 한 사람의 인생이라고 하기엔 벤자민 프랭클린은 너무 많은 다양한 경력을 가진 사람이었다. 그 모든 걸 수행할 수 있는 힘은 바로 독서에 있었다.

공공의 이익 위해 피뢰침 특허를 내지 않다

그는 과학자로서도 공헌을 남겼다. 필라델피아 시민들에게 전기를 처음 소개한 것도 프랭클린이었다. 1740년대 초기에 그가 발명한 프랭클린 스토브라는 난로는 아직도 생산되고 있다. 1748년 그의 사업이 크게 번창하자 프랭클린은 사업을 대리인에게 맡기고 자신은 과학을 탐구하였다.

그는 1752년에 번갯불과 전기가 동일하다는 가설을 세우고 그의 유명한 '연 실험'을 통해 번개가 전기를 방전한다는 것을 증명했다. 그리고 번개의 성질을 연구해 번개 피해를 막는 피뢰침을 발명했다. 피뢰침 발명 덕에 많은 돈을 벌 수

있는 기회가 있었다. 하지만 그는 특허를 내지 않았다. 그는 누구나 피뢰침을 만들어 쓸 수 있도록 하여 온 인류가 혜택을 입기를 바란 것이다. 이로써 번개로부터의 수많은 인명과 재산의 피해를 줄일 수 있게 됐다. 그는 전기의 플러스와 마이너스라는 용어를 최초로 사용한 장본인이었다.

그 후 1776년에 독립선언서 기초 위원이 되었다. 같은 해 프랑스 대사가 되어 독립전쟁 중 미국과 프랑스 동맹을 성립시켜 전세를 역전시켰다. 그 뒤 대통령 출마를 권유받았으나 사양하고 80세에 펜실베이니아 주지사를 지냈다.

그가 죽은 후에 출판된 자서전은 미국에서 성경 다음으로 많이 읽혔다. 그의 영향력은 사회 전체에 미쳤고 그의 지혜는 여러 사람의 마음을 움직였다. 이렇게 대륙의 양심이라고 불리던 벤자민 프랭클린이 지폐 제도의 가장 열렬한 지지자였다.

지폐 발행 막은 '통화조례'가 독립전쟁을 부르다

영국 정부는 식민지 지폐를 화폐로 인정하지 않았다. 당시 영국인들에게 돈이란 스스로 그 가치를 보증하는 귀금속으로 된 화폐라야 했다. 곧 정부가 보증하는 주화Coin만이 화폐였다. 그들의 상식으로 종이로 만든 지폐는 도저히 돈으로 인정할 수 없었다.

더 큰 문제는 마구잡이식 발행이었다. 18세기 중반 매사추세츠가 발행한 지폐의 은에 대한 가치는 처음에 1:1로 시작했으나 나중에는 1:11로 떨어졌다. 무려 1100%나 평가절하되었다.

이 기간에 식민지와 거래했던 영국 투자자들은 식민지 화폐의 급속한 평가절하로 큰 손실을 보았다. 그러지 않아도 아무 가치도 없는 종이에다 자기들끼리 돈이라고 약속하고 유통시키는 것을 못마땅하게 생각했던 영국 투자자들은 런던 의회에 식민지의 화폐 발행을 금지시키라는 압력을 가했다. 결국 1751년 통화조례Currency Act가 발표되었다.

이로써 영국은 뉴잉글랜드 식민주에서 법정화폐를 발행하지 못하도록 했다. 그리고 1764년에는 이러한 금지규정을 확대하고 식민주에서 유통되고 있는 모든 지폐를 회수했다. 그뿐만 아니라 영국 정부에 내는 세금은 반드시 금이나 은으로만 납부하도록 했다.

물론 식민지에서도 방만한 지폐 발행에 반대하며 영국 의회의 조치를 환영하는 사람들도 많았다. 하지만 지폐 발행의 남발로 물가가 치솟는 것도 문제였지만 지폐가 없어 화폐가 통용되지 않는 것은 더 큰 문제였다.

돈이 돌지 않자 식민지 경제는 피폐화되었다. 불과 1년 만에 식민지 경제 상황은 완전히 역전되어 번영의 시대는 끝나고 심각한 불황에 빠졌다. 그러자 민심이 들끓었다. 식민지 사람들은 뭔가 돌파구를 찾아야 했다. 프랭클린은 이 조치를 철회시키기 위해 런던까지 건너갔지만 결국 자신의 지폐 인쇄사업이 끝장나는 것을 막지 못했다. 그 뒤 10년의 경기불황 끝에 일어난 것이 독립전쟁이다.

미국 통화의 시작, 대륙지폐

본국의 고압적인 식민지 경영에 반발하여 1774년부터 대륙회의가 개최되었다. 13개 주 가운데 12개 식민지 대표 56명이 참석했다. '대륙Continental'이라는 말은 주의회와 구별하기 위해 편의상 사용한 말이다. 그해 10월에 채택된 대륙회의 결의는 본국과의 교역 중단을 선언했다. 곧 "12월 1일부터 영국 제품을 보이콧하고 또한 수출도 중지한다"는 식민지 사이의 동맹약관을 담았다. 이로써 양측 사이에 긴장감이 고조되면서 전쟁 기운이 감돌았다.

이듬해 5월에 소집된 2차 대륙회의에서는 독립전쟁을 수행하기 위한 경비 마련 방법이 주요 의제였다. 당시 대륙회의가 전비를 조달할 수 있는 방법은 두 가지였다. 채권을 발행

❖ 조지 워싱턴

하는 것과 지폐를 찍어내는 것이었다. 채권 발행은 액수가 크게 늘어나기 어려운 반면 종이돈 발권은 통제되지 않았다. 대륙회의는 쉬운 길을 택해 지폐 발권을 선택했다. 대륙회의에서 발권된 지폐라 하여 '대륙화폐Continental Currency'로 불린다. 그리고 다음 달 6월에는 '대륙군'을 창설하여 조지 워싱턴을 총사령관으로 하는 독립전쟁이 시작되었다.

대륙지폐 남발로 초인플레이션을 불러오다

식민지 정부의 종이돈 대륙지폐는 금괴와 동등한 가치로 보증받을 예정이었다. 각 식민지는 할당된 몫의 금괴를 담보로 제공하기로 약속했다. 하지만 약속은 이행되지 않았다. 결국 대륙지폐는 아무런 담보 없이 인쇄되었다. 그래서 전쟁 발발 당시에는 1200만 달러에 불과했던 통화량이 종전 무렵에는 5억 달러에 육박했다.

화폐의 가치는 처음에 은과 액면가 대비 1:1이었다. 그러던 것이 1781년에는 168:1로 떨어졌다. 자그마치 1만 6800%의 초인플레이션이 발생한 것이다. 이로써 미국은 역사상 최초의 초인플레이션을 경험하게 된다.

미국 정부는 전쟁 기간에 총 6억 달러 규모의 공채를 발행했는데 이 또한 공개시장에서 가치가 하락했다. 일부는 할인된 비율로 처분되기도 했지만 대부분은 새로 출범한 연방정부의 채무로 남았다.

⚜ 대륙지폐

극심한 초인플레이션으로 신발 한 켤레가 5000달러에 거래되고 옷 한 벌 가격은 100만 달러에 달했다. 설상가상으로 대륙지폐는 위조지폐 만들기가 쉬워 영국인들이 위조지폐를 만들어 마구 뿌려댔다. 결국 초인플레이션과 위조지폐로 인해 대륙지폐는 돈의 가치를 잃어버려 휴짓조각이나 다름없이 되었다. 식민지 정부의 대륙지폐를 믿었던 국민들과 은행가들은 말 그대로 거덜이 났다. 1780년 무렵에는 아무 가치가 없는 것을 가리킬 때 '대륙지폐만큼이나 가치가 없는Not worth a Continental'이라는 관용어가 유행했다.

달러를 '벅'이라 부르는 이유

미국 달러를 슬랭(속어)으로 '벅buck'이라 부른다. 미국인들이 애용하는 단어다. '벅'은 본래 수사슴을 뜻한다. 액수가 적을 경우 미국인들은 요즈음도 '달러'보다는 오히려 '벅'이라는 말을 즐겨 쓴다. 이것이 달러화의 속어로 쓰이게 된 이유가 있다. 이는 1775년에 발행된 대륙지폐가 6년이 지난 1781년에는 그 가치가 떨어져 100달러에 해당하던 것이 1달러의 가치도 없게 되었다. 아무리 전쟁통이라고 하지만 국민들이 소유하고 있던 현금 자산의 가치가 대부분 증발되었다.

이렇게 되자 사람들은 현금거래 대신 차라리 물물교환을 하는 편

이 낮다고 생각했다. 당시 가장 값나가는 물건이 수사슴, 곧 '벅'의 가죽이었다. 그래서 수사슴 가죽은 돈이나 마찬가지였다. 아니, 돈보다 더 가치가 있었다. 그 무렵 남자들은 사슴이나 양가죽으로 만든 '녹비'라는 이름의 가죽옷을 입었다. 시간이 흐르면서 '벅'은 달러보다 더 귀염받는 돈의 별명이 되었다.

초인플레이션에 대한 반성이 미국 금융시장의 출발점

식민지 정부의 발명품인 대륙지폐는 미국의 독립에 크게 기여했지만 그 결과로 발생한 초인플레이션은 국민들에게 큰 고통을 안겨 주었다. 초인플레이션은 국민들이 가지고 있던 현금을 정부가 세금으로 강탈해 가는 것과 똑같은 효과가 있었다. 그래서 이를 '인플레이션 세금'이라 부른다. 현금을 믿고 저축했던 서민들은 정부에 의해 촉발된 초인플레이션으로 순식간에 거지가 되었다.

따라서 초인플레이션에 혼이 난 미국인들은 두 번 다시 같은 실수를 범하지 않겠다는 결의를 다지게 된다. 앞으로는 정부의 화폐 발행권을 인정치 않겠다는 것이었다. 곧 정부가 아닌 의회나 중앙은행으로 하여금 화폐 발행을 관리토록 하겠다는 것이었다. 결국 미국 최초의 투기와 초인플레이션을 일으킨 대륙지폐에 대한 반성이 미국 금융시장의 근원적인 출발점이 되었다.

세계 화폐의 역사

인류 최초의 화폐, 세겔

수메르인이 남긴 유산 가운데 경제사에 가장 큰 역할을 한 것이 화폐의 발명이다. 고대 어느 곳에서든지 통용되었던 화폐는 조개껍데기였다. 조개껍데기는 낚싯바늘, 바늘, 칼날 제작에 쓰였다. 이 조개껍데기로 꿴 줄이 장신구로 사용되었다. 이 조개껍데기는 유럽, 아프리카, 아시아의 전역에서 발견된다.

❖ 수메르의 조개 화폐

기원전 9000~기원전 6000년경 사람들은 종종 교환의 매개로 가축들을 사용하였다. 오늘날 자본을 뜻하는 'capital'이 소의 머리를 뜻하는 라틴어 'caput'에서 유래되었다. 원시 화폐 흔적의 하나이다. 옛날에는 소가 부의 상징으로 중요한 가치 저장수단이자 교환수단이었다. 하긴 우리나라도 소 팔아 아들 학교 보냈다 하여 대학교를 우골탑이라 하지 않았던가.

나중에 농업의 발달로 사람들은 물물교환을 위해 밀 등 작물을 화폐로 사용했다. 이때 화폐로 사용한 밀She 다발kel을 '세겔Shekel'이라 칭했다. 그 뒤 수메르인은 기원전 3000년경에 이미 동전을 만들어 사용했던 것으로 보인다. 그들은 이 동전을 세겔이라 불렀다. 이렇게 수메르인은 화폐를 발명하여 물물교환을 한층 수월하게 만들었다.

그러나 큰 거래에는 동전 대신 금괴나 은괴가 사용되었다. 중국과 아프리카 등지에서 송아지, 소금, 조개 등을 화폐로 쓸 때 수메르인은 벌써 금괴와 은괴를 사용했다. 그게 기원전 2700년경이다. 금괴의 단위도 만들었다. 금괴 25kg을 1달란트라 했다. 그리고 1달란트는 60미나, 1미나는 60세겔이었다. 60진법이었다. 동양의 60갑자甲子와 같았다. 수메르인들은 하루를 24시간, 각 시간을 60분, 각 분을 60초로 나누었다. 성경에도 아브라함이 사라를 위해 묘지를 살 때 은괴를 지불하며 화폐의 단위로 세겔을 사용하였음을 언급하고 있다. 세겔은 지금도 이스라엘의 화폐 단위다.

원시 주조화폐

고고학적으로 증명 가능한 최초의 주조화폐는 동양에서 먼저 만들어졌다. 기원전 8세기경 칼과 쟁기 모양을 본떠 만든 도전과 포전이 그것이다. 청동기 시대에 청동검은 누구나 선호하는 귀한 물건이었다. 이런 물품이라야 화폐 노릇을 했다. 우리 고조선 유적지에서도 많이 발굴되는 유물이다.

고조선과 중국의 활발한 무역활동은 고고학적으로도 뒷받침된다. 고조선 영역에서 당시 연나라 화폐인 명도전明刀錢은 한 유적에서 무려 4000~5000여 점이나 출토되어 고조선이 중국과의 무역에서 많은 외화를 벌어들였음을 보여주고 있다. 명도전은 실제 칼로도 사용되었다. 명도전이 만주 일대는 물론 청천강, 대동강, 압록강 유역 및 한반도 서북부 등 고조선 영토에서 대량으로 발굴되고 있다.

당시 연나라, 제나라, 조나라에서 사용된 명도전이 고조선 영토에서 하도 많이 출

❖ 도전과 포전

토되고, 발굴 범위가 정확히 고조선의 영토와 일치하다 보니 재야 사학자들은 명도전이 아예 고조선의 화폐라고 주장하고 있다. 중국 지린吉林대학 역사학과 교수였던 장보취안張博泉

도 그의 〈명도폐 연구 속설〉에서 명도전 손잡이 끝의 구멍이 사각형인 방절식方切式은 연나라 화폐지만, 동그란 원형인 원절식圓折式은 고조선 화폐라고 주장한다.

최초의 금화

사람들은 금, 은, 구리 등 금속을 화폐로 사용하면서 무게를 재서 써야 했다. 영국의 화폐단위 '파운드'나 과거 유럽 국가의 화폐 이름이었던 마르크(독일), 리브르(프랑스), 리라(이탈리아) 등

❖ 일렉트럼 코인

은 금·은의 무게를 재던 시절의 흔적이다. 저울로 일일이 무게를 재야 하는 번거로움 때문에 사람들은 기어이 작고 같은 모양·무게를 가진 동전을 만들어냈다. 그 최초의 주화가 기원전 7세기경 지금의 터키 지

역 리디아에서 쓰인 일렉트럼 코인이다. 금·은의 천연합금인 호박금으로 만들어진 이 금화에는 앞뒤에 양각과 음각으로 사자가 새겨져 있으며 리디아 왕 기게스는 일렉트럼화에 그 가치를 보증하는 각인을 새겨 사용했다. 소 5마리 가치였다. 리디아는 그리스와 페르시아 사이에 자리 잡고 있어 중개무역이 발달했던 것으로 추정된다.

그 뒤 소금을 이용해 금과 은을 분리하는 기술이 개발되어 후계자 크로이소스가 기원전 550년경에 최초의 금화와 은화를 만들었다. 이것은 근동 각지에서 유통되었다.

기원전 6세기 페르시아가 리디아 왕국을 정복했으나 화폐 사용은 그대로 답습했다. 다리우스 1세 왕이 자신의 모습을 담은 경화를 만들었다. 그것은 무릎 꿇고 있는 궁수의 모습이었다. 그 모습은 왕으로서가 아니라 대지신으로서의 다리우스였다. 이것이 의미하는 바는 왕뿐 아니라 신이 경화의 가치를 보증한다는 것이었다. 금화는 다리우스의 이름을 따라 다라야카darayaka라 불렸다.

다리우스는 5.4g 정도의 금화와 8g 정도의 은화를 선보였다. 금화는 '세겔', 은화는 '드라크마'라 부르며 금은복본위제도를 채택했다. 당시 금화와 은화의 거래 비율은 1:13.3이었다. 이 비율은 그 뒤 2000년간 세계 각지에서 쓰였다.

솔론, 최초의 기축통화를 실현하다

그리스 도시국가들이 해상무역을 주도하면서 주화를 발행해 기원전 6세기 후반에 이미 지중해 연안국들에서는 주화 사용이 일상화되었다. 당시 아테네 은화에 새겨진 부엉이는 '전쟁과 지혜의 여신'인 아테나 여신을 상징했다. 부엉이는 어두운 곳에서 남이 보지 못할 때 홀로 잘 볼 수 있는 능력을 가졌다. 이것은 남이 못 보는 것을 볼 수 있는 초능력과 통하고, 현명하다는 의미도 되기 때문에 지혜의 상징으로 사용되었다. 이것이 지중해 연안의 국제화폐가 되었다. 훗날 로마 신화에서는 이 지혜의 여신을 '미네르바'라 부른다.

기원전 6세기 그리스 일곱 현인 가운데 한 사람인 솔론은 아테네와 페르시아 사이의 무역을 증가시킬 방안을 모색했다. 그러기 위해서는 먼저 양국 간의 화폐 통일이 필요했다. 그는 아테네 드라크마와 페르시아 화폐를 등가로 만들 묘책을 강구했다. 이를 위해 드라크마의 은 함유량을 줄여 페르시아 은화와 은 함유량을 맞추었다. 이로써 양국 통화를 서로 자유롭게 교환할 수 있게 했다. 그의 의도는 성공했다. 페르시아는 물론 이오니아, 흑해, 시실리, 아프리카로부터 경화가 아테네로 몰려들었다. 아테네 은화가 가장 널리 유통되는 화폐가 되었다.

아테네인들은 드라크마 이상의 단위도 갖고 있었다. 100드라크마는 1미나이고, 60미나는 1달란트였다. 그리스인들은 이처럼 십진법을 썼는데 이는 바빌로니아 제도보다 더 실제적이었다.

아테네는 그리스 화폐 주조의 중심지였다. 더구나 기원전 483년에 발견된 대규모 라우리움 은광은 국부를 획기적으로 높여주었다. 그뿐만 아니라 그 돈으로 아테네의 해군력을 향상시켜 페르시아군을 무찌르는 계기가 되었으며 민주주의 정착을 앞당겼다. 기원전 449년에 아테네는 그리스 전역에 아테네식 주화와 도량형 사용을 강제하는 통화법령을 반포했다.

이는 경제적 교환의 거래비용을 최소화하는 데 큰 도움이 되었다. 이로써 기원전 5세기, 아테네의 항구 피라우스가 지중해 세계의 중심지가 되었다. 통일된 화폐 제도 덕분이었다. 아테네 은화가 기축통화가 된 것이다.

기축통화의 역사

500년 가까이 해상무역을 주도하며 기축통화의 위상을 누려온 아테네의 드라크마 은화는 기원전 1세기 로마 제국의 금화 아우레우스와 은화 데나리온에 기축

통화 자리를 넘겨준다. 율리우스 카이사르 때 만들어진 이 화폐들은 멀리 아시아 지역에서도 사용된 흔적이 발견된다. 그 뒤 4세기 콘스탄티누스 대제 때 주조된 솔리두스 금화가 기축통화 노릇을 하며 1000년 이상 유통됐다.

13~15세기에는 당시 국제무역의 중심지인 이탈리아 도시국가들, 곧 제네바의 금화 제노인과 피렌체

∴ 솔리두스

의 금화 플로린, 그리고 베네치아의 금화 두카티가 기축통화로 쓰였다. 17~18세
기는 새롭게 국제무역의 중심국으로 떠오른 네덜란드의 휠던이 기축통화의 지위
를 누렸다.

그 뒤 해상무역의 주도권이 영국으로 넘어오면서 파운드화가 기축통화가 되었다.
1819년 금본위제도를 도입한 영국 중앙은행은 1파운드의 가치를 약 7g의 금으로
교환해줬다. 파운드는 19세기 말 국제무역 결제통화의 60%를 차지했고 20세기
초에는 세계 외환보유액에서 차지하는 비중이 48%에 육박했다.

그 뒤 미국이 세계 교역을 주도하자 파운드는 1931년 금태환을 공식 중단하면서
기축통화의 자리를 달러에 물려준다. 세계 역사는 세계 교역을 주도하는 나라의
통화가 기축통화가 되는 것을 우리에게 보여준다.

치열한 화폐 발행 권력의 다툼

1776년 미국의 독립전쟁

영국의 식민지 지배가 강화되자 13개 주가 뭉쳐 독립을 결의했다. 전쟁 지휘 경험이 있는 조지 워싱턴을 총사령관으로 하는 독립군을 조직해 1776년 7월 4일 독립선언을 하고 독립전쟁을 선포했다.

전쟁 초반에 식민지 측은 무기가 빈약한 데다 내부 분열까지 있어 고전을 면치 못했다. 독립군은 독립전쟁 초기에 영국군에 일방적으로 밀렸다.

그러나 1778년 벤자민 프랭클린이 프랑스와의 동맹외교를 성공시키자 전황은 역전되었다. 프랑스가 함대를 파견하고 총을 대량으로 지원한 것이다. 여기에 스페인, 네덜란드까지 가세해 1781년 10월 19일 마침내 영국이 항복했다.

✥ 현재 미국 지폐로 쓰이는 것은 100달러까지다. 500달러 이상의 고액 지폐는 1934년 이후 발행되지 않고 있지만 여전히 법정통화이다.

✥ 1776년 대륙회의에서 벤자민 프랭클린, 로저 셔먼, 로버트 리빙스턴, 존 애덤스, 토머스 제퍼슨이 독립선언서 초안을 제출하고 있다.

헌법으로 정부의 지폐 발행을 금지시키다

당시 사람들이 신뢰할 수 있는 유일한 통화는 금과 은뿐이었다. 초 인플레이션에 혼이 났던 국민과 의회는 지폐발행권을 다시는 정부 에 주어서는 안 되겠다고 작정했다. 그 결과 독립 후 연방헌법은 주정 부에 의한 지폐 발행을 일절 금지했을 뿐 아니라 연방정부에 의한 지 폐 발행조차 원칙상 금지했다. 그리고 화폐가치의 관리는 의회에 위 임했다. 그래서 그 뒤로 화폐는 정부가 발행한 '정부권'이 아닌 은행 에서 발행한 '은행권'만 허용된 것이다.

이제 미국 정부는 연방헌법에 의해 화폐를 발행할 수 없게 되었다. 이로써 독립전쟁이 끝나자 식민지 시대에 통화조례로 금지당했던 은 행들의 발권이 다시 합법화되었다. 여기저기서 은행권이 발행되기 시작했다.

최초의 민간 국책은행, 필라델피아 북미은행

1781년 의회는 로버트 모리스가 세운 필라델피아의 북미은행을 최초의 국책은행으로 인가하여 신생 정부의 재정을 지원하도록 했다. 미국 최초의 민간 국책은행이었다. 이 은행은 1783년 영국 정부가 미국의 독립을 공식적으로 인정하게 될 때까지 정부에 단기융자를 해주었다.

당시 북미은행의 최대 예금주는 유대인 헤임 솔로몬이었다. 그는 독립전쟁 기간 중 전쟁자금이 모자라자 전시채권을 사주는 이외에도 개인 돈 65만 달러를 대륙의회에 내놓았다. 당시로선 큰돈이었다. 훗날 솔로몬이 죽자 메디슨 대통령은 "솔로몬이 없었더라면 미국은 독립전쟁에서 끝까지 싸울 수 없었을 것이다. 그는 그만큼 큰 공적을 남겼다"고 치하했다.

달러 명칭의 유래, '다레라'가 달러로 불리다

세계의 통화 시스템이 과거에는 주로 은본위제도였다. 1517년 지금의 체코 보헤미아 지역인 세인트요아힘 골짜기_{Tal}에서 대규모 은광이 발견되었다. 여기서 나온 은으로 만든 은화는 '요아힘스탈러_{Joachimsthaler}'라 이름 붙였다. 후에 이를 줄여 '탈러'라 불렀다. 유럽 여러 나라로 이 은화가 퍼져나가면서 탈러_{Taler} 철자가 조금씩 변했다.

스페인은 식민지인 멕시코와 페루에서 대규모 은광들이 발견된 후 대량으로 은화를 찍어냈다. 이 은화를 탈러의 스페인어식 발음인

'다레라'라 불렀다. 그리고 미국은 스페인 식민지인 중남미에 상품들을 팔면서 주로 다레라 은화를 받았다. 미국에서는 다레라 은화를 미국식 영어 발음인 '달러'라 불렀다. 당시 달러라 함은 스페인 은화를 부르는 명칭이었다.

1785년 은본위제 실시, '달러'를 공식 화폐의 하나로 채택하다

미국이 달러를 화폐단위로 채용한 것은 독립 후 1785년 대륙회의에서였다. 대륙회의는 유럽 나라들과 마찬가지로 '은본위제'를 채택했다. 이를 시행하면서 공식 화폐 가운데 하나로 달러를 채택했다. 이것이 달러의 첫 등장이다. 스페인 은화가 식민지 정부의 주력 통화로 떠오른 것이었다. 하지만 당시에는 여러 화폐가 공존해 있었기 때문에 달러가 큰 파워를 발휘하지는 못했다.

하지만 미국은 독립 당시 도량형의 단위는 영국 것을 그대로 가져다 썼으나 화폐단위만은 파운드가 아닌 달러로 정했다. 이것은 당시 신대륙에서 스페인 은화 '다레라'가 너무 많이 유통되어 영국의 파운드화를 압도했기 때문이다. 돌이켜보면 이때 파운드로부터 독립하여 독자적인 달러 통화체제를 구축한 것이 미국으로서는 큰 축복이었다.

태환 가능한 화폐가 요구되다

그 무렵 민간은행들이 독자적으로 너무나 다양한 화폐를 발행하여 화폐체계가 혼란스러웠다. 얼마 지나지 않아 사람들은 불평을 늘어놓게 되었다. 당시 대부분 상품은 영국에서 수입되고 있었다. 영국 무역업자들은 믿을 수 없는 미국 은행권보다는 공정 가치를 지닌 금이나 은으로 받기를 원했다.

그러나 일부 비양심적인 은행가들은 자신들이 발행한 은행권을 귀금속으로 교환해주지 않았다. 심지어 은행이 망해 교환이 아예 불가능한 사태까지 발생했다. 분노한 시민들은 언제나 귀금속으로 교환할 수 있으며 영국인들과 거래가 가능한 화폐를 요구했다.

해결책은 간단했다. 수많은 민간은행이 중구난방식으로 각자 발행케 하지 말고 영국 영란은행과 비슷한 중앙은행을 설치하여 그곳에서만 화폐를 발행할 수 있는 전권을 주면 되는 것이었다.

05

연방정부의 탄생

해밀턴과 제퍼슨, 양당 제도의 주춧돌을 놓다

1789년 워싱턴 대통령은 각료를 임명할 때 주권파의 제퍼슨과 연방파의 해밀턴을 고루 기용해 정부의 밸런스를 맞추었다. 그리고 초대 재무장관으로 알렉산더 해밀턴을 임명한다.

당시 경제 상황은 엉망이었다. 정부의 재정은 파탄 난 상태로 전쟁

❊❊ 1달러 지폐 속의 워싱턴 대통령

중 발생한 막대한 부채를 갚지 못하고 있었다. 그 결과 국가 신용도는 추락하고 갚을 돈조차 없었다. 전쟁 중 발행한 2억 달러의 대륙지폐는 화폐가치를 상실했다. 해밀턴은 독립전쟁 선봉에 서서 싸웠고, 독립 후에는 연방파를 이끌며 13개 주가 강력한 연방으로 합치도록 만든 일등공신이었다. 하지만 정작 연방정부가 들어섰을 때에는 이런 난관을 맞아야 했다.

워싱턴 대통령이 새롭게 정부를 조직하면서 부딪힌 가장 큰 두통거리는 제일 중요한 두 각료가 사사건건 날카롭게 맞서는 데 있었다. 당시 그의 정부는 세 명의 각료가 전부였다. 제퍼슨 국무장관, 해밀턴 재무장관, 녹스 전쟁장관이 그들이다.

제퍼슨과 해밀턴은 매사에 맞섰다. 당시 자본주의 캠프 선봉장이 알렉산더 해밀턴이었다. 그가 이끄는 연방주의자들은 강력한 중앙정부를 지지했다. 특히 금융과 상업 활성화를 위해 정부 개입을 강조했다. 지역기반은 동북부였다.

반면 민주주의 캠프 선봉장은 토머스 제퍼슨이었다. 그가 이끄는 공화주의자들은 연방정부의 권한을 제한하고 주정부 자치제를 지지했다. 이들의 지역기반은 남부였다. 이 둘이 미국 양당 정당제도의 주춧돌을 놓는다.

강력한 연방주의자, 초대 재무장관 알렉산더 해밀턴

알렉산더 해밀턴은 대학생 때부터 독립운동을 하다 전쟁 중에는 워싱턴의 전속부관을 했다. 전쟁 당시 13개 주가 따로 놀아 독립군은

∴ 알렉산더 해밀턴

재정지원을 제대로 못 받은 탓에 여간 고생하지 않았다. 워싱턴은 어려운 형편을 강인한 인내로 부하들을 독려하며 견뎌냈다. 한때 겨울에 워싱턴이 칩거하던 요새 벨리포지에서는 병사들이 신발이 없어 눈 속에서 맨발로 버텨냈다. 여러모로 정예의 영국군보다 오합지졸을 모아놓은 미국 독립군은 허약했다. 워싱턴은 이런 상황을 게릴라식 전투와 지구전으로 승리를 이끌었다.

전장에서 워싱턴과 어려움을 같이한 해밀턴은 13개 주를 한데 묶어 조율할 강력한 중앙정부가 꼭 필요하다고 믿었다. 그는 군사력과 재정 양면에서 강한 힘을 발휘하는 강력한 연방정부를 세우려 했다. 이에 따라 중앙은행을 수립해 13개 주의 전쟁 채무를 모두 중앙정부로 이양해서 다 갚아주는 연방정부 강화책을 주장했다. 이를 위해 해밀턴은 연방정부가 국내외의 모든 채권을 떠안아 대형 국채로 통합하는 방안을 내놓았다. 연방정부가 주정부의 빚을 떠안는다는 것은 연방 차원에서 과세를 한다는 뜻이고, 이는 재정수입이 보장된다는 것을 의미했다.

민주주의 수호자, 초대 국무장관 토머스 제퍼슨

반면 토머스 제퍼슨은 독립선언문의 기초자로 유명하다. "우리는 이 진리들을 자명하다고 여기는바, 모든 인간은 평등하게 창조되었으며 그들은 창조주로부터 양도할 수 없는 특정 권리들을 부여받았는데, 이 권리들 중에는 삶, 자유, 그리고 행복 추구가 있다." 토머스 제퍼슨은 1776년 이 문장을 미국 독립선언문에 삽입함으로써 전형적인 정치 문서를 살아 있는 인권선언문으로 탈바꿈시켰다.

∴ 토머스 제퍼슨

제퍼슨은 프랑스 혁명 와중에 외교관으로 파리에 머물면서 계몽사상에 큰 감명을 받아 자신의 평생 정치철학으로 삼았다. 그는 벤자민 프랭클린과 더불어 18세기 미국 최고의 지성으로 평가받으며 힘없는 사람들의 수호자, 자유주의의 시조로 존경받았다.

그러던 그가 뉴욕으로 돌아와 국무장관이 되자 군주제를 경멸했다. 그 때문에 선거를 통해 군주제 복귀를 시도한 해밀턴과 그의 동조자들을 '영국파'로 간주했다. 그는 미국이 농부와 노동자들의 민주국가가 되기를 원했다. 이러니 해밀턴의 주장에 제퍼슨이 가만있을 리 없었다.

제퍼슨은 국가란 개인의 자유를 보전하기 위해 생긴 제도라는 것을 상기시키며, 강력한 정부는 개인의 자유를 억제할 위험이 있다고 경계했다. 그는 통화를 관리하는 중앙은행을 수립하면 동부 산업지역에 특혜를 주게 되고, 전쟁채권의 액면가 상환은 채권업자들만 배불려주는 것이라고 비난했다. 전쟁 중 일반 시민들은 형편없이 가치가 떨어진 전쟁채권을 금융업자에게 헐값에 팔아버렸기 때문이다. 그리고 제퍼슨을 지지하는 자유주의자들도 중앙은행 설치가 극소수에게 국가경제의 통제권을 주게 될 것이라며 격렬히 반대했다.

미국의 수도가 뉴욕에서 워싱턴으로 바뀐 사연

제퍼슨과 해밀턴은 오랫동안 재정정책에 대해 논쟁을 벌였는데, 특히 전쟁채무 처리 방법에서 마찰을 빚었다. 해밀턴은 이제 독립했으니 국가의 신뢰를 위해 독립전쟁 시 국내외에 발행한 5000만 달러가량의 채권을 즉시 갚아야 한다고 주장했다. 그러나 제퍼슨은 채권은 부유층들이 모두 헐값에 매입했으므로 채권을 갚자면 그들을 위해 농민들에게 세금을 거둬야 하니 안 된다고 주장했다.

연방정부가 떠안은 채권에 대해 빚 갚는 방법도 문제였다. 해밀턴은 빚을 모든 주가 똑같이 나누어 갚아야 한다고 주장하였다. 그러나 제퍼슨은 각 주가 자신들의 빚을 알아서 갚아야 한다고 역설했다. 당시 제퍼슨이 주지사로 있었던 버지니아 주는 독립전쟁 때 많은 빚을 내지 않았는데 공업 중심의 뉴잉글랜드 지방의 주들은 엄청난 빚을 지고 있었다.

해밀턴이 빚을 똑같이 나누어 갚자고 하자, 많은 빚을 지지 않은 주들의 불만을 샀다. 이렇게 엄청난 반대에 부딪히자 해밀턴은 제퍼슨에게 협상을 요구했다. 결국 해밀턴은 남부가 요구한 수도 이전을 수용하는 대가로 채무인수법안의 통과를 매듭지었다. 뉴욕에서 워싱턴으로의 수도 이전은 정치적 타협의 산물이었다.

당시 뉴욕 시민들의 상실감은 매우 컸다. 워싱턴 대통령조차도 뉴욕에 계속 머물러 있기를 원했지만 국가의 분열을 막기 위해 결단을 내렸다. 미국 최대 도시 뉴욕은 이렇게 하루아침에 수도의 지위를 잃게 되었다.

월스트리트의 탄생

그러나 뉴욕이 모든 걸 다 잃은 것은 아니었다. 이때 발행된 8000만 달러의 채권이 월스트리트 탄생의 기반이 된다. 1783년 전쟁이 끝나고 국공채와 은행주 중심으로 증권거래가 보급되면서 이외에도 운하주, 보험주가 인기리에 거래되었다. 그리고 1790년 미국 정부는 독립전쟁으로 인한 빚을 청산하기 위해 대규모 국채를 발행했다. 이로써 본격적으로 채권 시대가 열리면서 사람들의 관심이 그간의 땅투기에서 금융투자로 바뀌었다. 은행과 보험사들이 속속 채권거래에 참여했다.

하지만 이때는 아직 제대로 된 거래소가 없어 개인들이 거래에 참여하기가 쉽지 않았다. 처음에 개인들은 거래 상대방을 찾아 신문광고를 내거나 커피숍에서 만나 거래를 했다. 이후 개인 간 거래를 도와주는 중개인들이 나타나 월스트리트 68번지 기슭의 플라타너스 나무의 일종인 버튼 나무buttonwood 근처의 카페에서 거래가 활성화되었다.

그 뒤 1794년에 24명의 거래인과 상인들은 수수료와 거래 방법 등을 결정하고 주식 경매시장을 개설하기로 합의한 '버튼우드 협약Buttonwood Agreement'을 맺었다. 이로써 그들의 연합을 공식화했다. 이것이 뉴욕증권거래소의 기원이었다. 이렇

❖ 뉴욕증권거래소

게 국채가 중개인들 사이에 본격적으로 거래되기 시작하면서 월스트리트는 채권 및 증권거래의 중심이 된다.

그 뒤 협약에 따라 1817년에 거래소가 설립되어 철도주가 거래되면서 월스트리트는 활기찬 활약과 함께 이름이 높아졌다. 이후 당시 세계 최대 금융시장 런던과 교류하면서 세계 금융 중심지로 크기 시작했다. 1903년 월스트리트 페더럴홀 맞은편에 지금의 뉴욕증권거래소 건물을 새로 지어 이사했다.

중앙은행의 탄생

누가 화폐 발행량의 결정권을 갖느냐의 문제

제퍼슨과 해밀턴은 중앙은행을 세울 때에도 심한 마찰을 빚었다. 제퍼슨은 은행 설립이 헌법에 명시되어 있지 않다고 역설했으나 해밀턴은 수정헌법 제10조에 '국민들이 필요로 하는 것을 연방정부가 행사할 수 있다'라는 조목을 들어 은행 설립의 타당성을 주장했다.

한편 중앙은행 설립을 지지한다 해도 정작 중요한 것은 '중앙은행의 화폐 발행량에 대한 결정권을 누가 갖느냐'였다. '정부가 권한을 갖느냐, 아니면 은행 스스로 결정권을 갖느냐'의 문제였다.

은행권을 발행하여 대출하게 되면 화폐 공급이 늘어나 경제가 원활하게 잘 돌아갈 수 있다. 그러나 과도한 발행은 인플레이션을 초래해 오히려 경제를 망칠 수도 있다. 그럼 이 중용의 묘를 누가 결정해야 하는가.

은행권을 발행할 때 금이나 은 등 실물자산을 담보로 발행하도록 하면 무절제한 화폐 공급은 통제될 수 있다. 그러나 그것이 과연 적정 통화량이냐의 문제가 남는다.

정치인은 인기를 의식해 재정지출과 화폐 발행량을 늘려 경기를 활성화시키려는 속성이 있어 과도한 화폐 발행을 추진할 소지가 컸다. 반면 은행가들은 은행권의 과도한 발행을 스스로 억제할 것으로 보았다. 왜냐하면 그들은 주로 채권자의 입장이라 화폐가치가 높게 유지되기를 바라지, 채권가치를 떨어뜨리는 인플레이션을 원하지 않을 것으로 판단했다. 그러므로 화폐 발행을 책임질 사람은 정치인이 아니라 은행가여야 한다는 것이 평소 해밀턴의 소신이었다.

실제로 1780년대 미국 경제의 양대 축은 농업과 무역이었다. 인구 수로 따지면 농업에 종사하는 사람이 훨씬 많았지만, 교육수준이 낮아 정치적 의사 표시가 어려웠다. 법률은 돈 많은 상인들의 입김을 받아 그들에게 유리하게 만들어졌다. 상인들은 대부분 채권자였기 때문에 화폐의 가치가 높게 유지되고 물가가 하락하기를 원했다. 따라서 그 무렵은 디플레이션이 만성화되어 있었다.

미국, 영란은행과 유사한 민간 중앙은행을 설립하다

역사를 살펴보면 국제 통화체제의 패권을 거머쥔 국가는 부에 대한 영향력을 극대화할 수 있었다. 따라서 새로운 국제 통화제도를 어떻게 창출하느냐에 따라 세계 경제에 대한 지배력이 좌우된다.

건국 초대 내각의 해밀턴은 재무장관이 되자 평소 소신대로 영란은행을 본떠 중앙은행 제도를 추진했다. 그는 중앙은행을 세워 화폐 발행 업무를 수행토록 할 것을 의회에 제안했다.

"중앙은행 본부는 필라델피아에 두고, 각 지역에 지점을 설립한다. 정부의 화폐와 세금 징수는 이 은행 시스템으로 관리해야 하며, 이 은행은 국가 화폐를 발행하며 미국 정부에 대출을 해주고 이자를 받는다. 개인이 80%의 주식을 보유하고 나머지 20%는 정부가 보유한다. 이사회 20명은 주주 중에서 추천하며, 5명은 정부가 임명한다"는 것이 주요 내용이었다.

개인이 대부분 주식을 보유하는 민관 합작은행으로서 정부에 대출해주고 이자를 받는다는 면에서 영란은행과 유사한 시스템이었다. 주당 400달러씩 총 2만 5000주를 발행하는, 당시로선 미국 최대 규모인 자본금 1000만 달러짜리 은행이었다. 우여곡절 끝에 해밀턴은 1791년 2월 설립안을 관철시켰다. 상·하원 모두 연방주의자가 우세했던 덕이다.

최초의 중앙은행 제1미국은행 설립(1791~1811)

워싱턴 대통령으로서는 강력한 정부를 부르짖는 해밀턴에게 마음이 더 쏠렸다. 1791년 워싱턴 대통령은 미국의 첫 번째 중앙은행인 제1미합중국은행 설립안에 서명했다. 법안의 특징은 제1미국은행, 곧 중앙은행의 존속기간을 20년으로 제한한 것이나. 숭앙은행을 반대하는 반연방파를 누그러뜨리기 위한 고육책이었다.

이 은행이 신생국 미합중국 최초의 중앙은행이다. 그때부터 미국 지폐는 이 은행에서만 발행하도록 했다. 당시 미국에서 제일 큰 주식회사였다. 큰 은행들과 돈 많은 집단이 대주주가 되었다.

미합중국은행은 오랜 논란 끝에 정부의 신용 회복을 위해 독립전쟁 기간 중 발행한 대륙지폐의 가치를 환불해주기로 했다. 마침내 대륙지폐는 1781년에 발행된 재무성 중기채권으로 바꿀 수 있게 되었다.

1792년, 달러가 미국의 유일한 공식 화폐로 채택되다

이런 혼란을 겪고 난 뒤 정부는 화폐금융제도를 정립하였다. 1792년 제정된 '조폐법'에 의해 조폐소가 만들어지고 연방 통화 시스템이 확립되었다. 중앙은행은 은행권을 제한된 수량 안에서 발행할 수 있고 지점을 설립할 수 있었다. 연방정부는 대륙회의 시절 여러 공식 화폐 가운데 하나였던 달러를 미합중국의 유일한 공식 화폐로 채택하면서 근대국가 최초로 십진법 화폐체계를 도입했다.

.:. 1792년 당시의 1달러

새 경화의 한 면에는 자유의 여신상이, 다른 면에는 미국 독수리상이 새겨졌다. 10달러, 5달러, 2.5달러는 금화로 제조되었다. 1달러 이하 동전은 은화로 제조되었다. 1달러는 정확히

371.4그레인의 은과 같은 가치를 가졌다. 모든 경화의 무게를 정하고 마모와 파손을 막기 위해 경화를 파손하면 사형에 해당하는 범죄로 규정했다.

미합중국, 금은양본위제로 시작하다

대륙회의 시절의 은본위제와 달리 화폐에 관한 최초의 미합중국 법은 금은양본위제도(금은복본위제도)였다. 이제는 금화와 은화가 모두 법정통화였다.

1792년 미국 화폐주조법은 금 1.7g과 은 27g의 값을 동일하게 정했다. 약 1:15.9의 비율이었다. 당시 금 1온스(31.1g)의 값은 18.3달러였다.

그러나 그 뒤 38년 동안 은화가 금화보다 더 많이 통용되었다. 이는 금의 가치 상승이 상대적으로 더 컸음을 뜻한다. 하지만 금과 은의 양이 모자라 유통량이 적었다. 경화는 점차 깎이고 쓸리고 상태가 불량해졌다. 법으로도 막기 어려웠다. 경화가 모자라 외국 경화도 함께 사용되었는데도 계속 모자랐다. 이것이 훗날 지폐 발행의 중요한 요인이 된다.

금과 은의 교환비율

고대 문명에서 최초의 금과 은의 교환비율은 1년이 13개월이라

1:13이었다. 태양의 주기를 금, 달의 삭망주기를 은으로 본 결과였다. 그 뒤 5000년의 서양 역사 속에서 금과 은의 교환비율은 기본적으로 1:16 내외에서 안정되었다.

16~17세기 네덜란드 동인도회사가 동양과의 무역을 독점하면서 떼돈을 번 것은 상품교역이 아니었다. 그들이 동양의 비단과 도자기를 수입해 높은 수익을 올린 건 사실이지만 상품교역에서 번 돈은 전체 수익의 22%에 불과했다. 그들이 떼돈을 번 것은 바로 환거래였다. 당시 중국은 은으로 조세를 받던 시절이라 금과 은의 교환비율이 1:5였다. 동인도회사가 서양에서 은을 갖고 와 이를 중국에서 금으로 바꾸어 가면 3배 이상의 고수익을 얻을 수 있었다.

최근에는 금의 가치 상승이 두드러져 금과 은의 가격 비율이 1:60 이상으로 유지되고 있다. 1975년 이후 금·은 가격 비율의 장기평균은 58배 수준인데 2016년 8월 3일 현재 66.3배를 기록 중이다.

이것은 예전보다 은값이 몹시 저평가되어 있다는 것을 뜻한다. 중국의 쑹훙빙은 자신의 저서《화폐전쟁 3》에서 "금의 가치가 계속 상승한다면 은은 더욱 빠른 속도로 가격이 올라갈 수밖에 없다"고 주장해 중국에 은투자 열풍을 일으키기도 했다.

중앙은행을 중심으로 은행 시스템을 구축하다

해밀턴은 제1미국은행, 곧 중앙은행을 중심으로 은행 시스템을 구축했다. 필라델피아에 본부를 두고 뉴욕, 보스턴, 볼티모어, 뉴올리언스 등으로 지점을 확대하여 전국적인 영업망을 갖추었다. 대출이자는 6%로 규제되었으며 은행 경영은 재무장관의 감독을 받았다.

중앙은행의 은행권은 금으로 태환이 보장받을 뿐 아니라 세금 납부에 사용할 수 있기 때문에 다른 주법에 의해 설립된 은행들의 은행권에 비해 안정적 가치를 인정받았다.

중앙은행은 일련의 통화신용정책을 수행할 수 있었다. 곧 경제가 과열 양상을 보이면 주은행의 은행권을 금으로 태환해줌으로써 시중의 신용 규모를 줄였고, 경기를 촉진하기 위해서는 주은행들의 은행권을 사들여 주은행들이 추가적으로 은행권을 발행할 수 있도록 했다.

그런데 중앙은행이 막대한 유동성을 풀어 시장을 활성화시키자 은행주들이 비정상적으로 폭등했다. 그러나 곧 거품이 빠지면서 1792년은 미국 역사상 최초의 경제공황으로 기록되었다. 이때 해밀턴은 은행주를 적극 매입함으로써 시장을 안정시켰다.

경제수장 해밀턴, 제조업을 육성해
미국 경제를 일으키다

이어 해밀턴은 미국 경제 시스템의 기본 골격을 만들었다. 그는 그간 영국에 의존했던 제조업의 자립을 위해 그 육성을 최우선 정책으로 추진했다. 해밀턴이 내놓은 경제정책은 하나하나가 고민의 산물이었다. 그는 독립전쟁 때 경제가 얼마나 중요한지를 깨달았다. 또 자신이 경제에 대해 얼마나 무지한지를 자각하고, 포화 속에서 밤새워

∴ 10달러 지폐 속의 알렉산더 해밀턴

경제지식을 쌓아가면서 고민 고민한 끝에 만든 방안과 정책들이었다. 위기에 경제수장의 역할이 얼마나 중요한지를 깨닫게 해준다.

그 뒤 그는 마침내 제조업 중심으로 경제를 급성장시켰다. 그래서 미국인들은 해밀턴을 미국 독립의 실질적인 주인공으로 여긴다. 10달러 화폐에 해밀턴이 있는 이유이다.

많은 사람이 그를 천재라고 불렀다. 그러나 해밀턴은 "사람들은 내가 가진 약간의 천재성에 대해 칭찬한다. 내 모든 천재성은 이렇게 이루어졌다. 나는 무언가 해야 할 일이 생기면 깊이 공부하며 밤낮 가릴 것 없이 그것에 대해 고민한다. 그리고 마침내 통달한다. 그렇게 이룬 성과에 대해 사람들은 천재성의 과실이라 말하지만 그것은 노력과 통찰의 결실일 뿐이다"라고 말했다.

제1미국은행의 대주주는 유럽 로스차일드 가문

제1미국은행은 처음 5년 동안 정부에 820만 달러에 달하는 대출을 해주었는데, 그 기간 동안 돈이 많이 풀리자 미국은 72%에 달하는 인플레이션을 경험해야 했다. 이후 미국은행은 인플레이션을 잡기 위해 통화를 축소했는데 이 때문에 경기가 축소되면서 불황에 시달려야 했다. 그러자 시중에 이는 미국은행을 사실상 조종하고 있는 로스차일드 가문의 의도적인 조작이라는 소문이 퍼졌다. 실제로 당시 제1미국은행의 외국인 자본 비중이 아주 높았다.

1811년 제1미국은행의 외국 자본은 1000만 주 가운데 700만 주로 70%를 차지했다. 영란은행의 대주주 네이선 로스차일드를 비롯한 유럽의 로스차일드 가문은 미국 중앙은행의 대주주가 되어 있었다. 이때부터 유대계 자본이 미국 자본을 주도하기 시작했다.

제퍼슨, 민주국가의 기틀을 잡다

한편 건국 초 제퍼슨의 정신이 무시된 것만은 아니었다. 워싱턴이 정부를 조직하기 2년 전부터 헌법 수립에 대한 논란이 뜨거웠다. 헌법의 초안이 대표들의 투표로 통과되었다. 그러나 미국은 연방인 만큼 13개 국가가 모인 형국이라, 이곳에 파견된 대표들은 제헌회의에서 통과된 헌법 초안을 자기 주로 가져가서 통과시켜야 하는 절차가 남아 있었다. 3/4 이상의 주, 곧 9개의 주가 비준하면 연방의 헌법으로 제정될 예정이었다.

전국에서 갑론을박하는 논쟁이 벌어져 헌법 비준 절차가 2년이나 걸렸다. 드디어 찬반 양 진영 사이에 타협이 이루어져 미합중국 헌법이 탄생했다. 이 헌법 논쟁에서 강력한 연방을 주장하는 해밀턴이 이끄는 연방파는 공화당의 정신적 시조가 되고, 제퍼슨이 이끄는 반연 방파는 민주당의 시조가 되었다.

당시 제퍼슨은 헌법 초안이 국가 조직만을 논하고, 국민의 권리에 대해서는 아무 말도 없다는 맹점을 지적했다. 그리고 전문 10개의 수 정조항을 첨부해야만 헌법 초안을 통과시킬 수 있다고 주장했다. 제 헌회의가 열릴 당시 제퍼슨은 1785년부터 1789년까지 프랑스에 공 사로 파견 나가 있었기 때문에 국내 사정을 잘 몰랐다. 귀국 후 국민 과 주정부의 권리를 보호하고 연방정부의 역할을 제한하는 미국판 권리장전을 제안한 것이다.

제퍼슨이 제시한 수정조항은 1조에 종교의 자유와 집회, 출판, 결 사 등 표현의 자유를 포함한다. 다음 9개의 조항도 미국 인권의 기초 가 되는 재산권에서부터 행복추구권까지 나열한다. 그의 수정 요구 는 받아들여졌다. 10개 수정조항은 지금까지도 시민권의 기본 조항 이다. 이런 제퍼슨의 공로로 그는 시민의 권리를 대표하는 자로 추앙 받으며, 해밀턴은 국가의 기틀을 잡은 자로 추앙받는다.

양당 정치의 시조, 해밀턴과 제퍼슨

워싱턴은 내심 해밀턴에게 마음이 기울어도 손아래 동료로서 오 래도록 함께 국가 건설에 기여했던 제퍼슨을 잊지 않았다. 제퍼슨은 생래적으로나 문화적으로 야심 찬 해밀턴의 정반대 측에 서 있었다.

제퍼슨은 워싱턴과 마찬가지로 부유한 농장주 집안에서 태어나 제대로 가정교육을 받고 자란 애국파로 유럽 계몽 지식인들에게 큰 감명을 받아 계몽사상을
자신의 평생 정치철학으로
삼았다. 제퍼슨은 반연방
주의를 지향하여 각 주의
독립적인 권한을 중시해 제
한된 연방정부를 지향했다.

∴ 해밀턴(왼쪽)과 제퍼슨(오른쪽)

　제퍼슨은 해밀턴과의 정
책 대립으로 1793년 사임하고 연방파에 대항하기 위해 현재 민주당
의 뿌리인 민주공화당을 설립해 1796년 대선에 나섰다.

1800년의 혁명

　워싱턴이 은퇴하면서 1796년 미국에서 최초의 대통령 선거유세
가 시작되었다. 연방파 의원들은 부통령 존 애덤스를 제1후보로, 사
우스캐롤라이나의 토머스 핀크니를 제2후보로 선출했다. 알렉산더
해밀턴은 골수 연방파들에게까지 군주제를 옹호하는 완고한 인물로
간주되어 제외되었다. 제퍼슨은 민주공화당의 공천 후보자였다. 당
시 헌법상 선거인단은 모두 2표를 행사해 1위가 대통령이 되고 2위
가 부통령이 되는 구조였다. 애덤스는 가까스로 대통령에 당선되었
다. 제퍼슨은 야당 후보였음에도 두 번째로 많은 선거인단 표를 얻어
부통령이 되었다.

　그 뒤 1800년 대통령 선거는 백중세였다. 우여곡절 끝에 제퍼슨이
연방파에게 현 상태를 그대로 유지하겠다는 개인적 약속을 한 후 하

∴ 토머스 제퍼슨(왼쪽)과 존 애덤스(오른쪽)

원은 제퍼슨을 대통령으로 선출했다.

제퍼슨의 당선으로 북부 연방파의 12년 집권이 마감되고 남부 공화파 집권이 시작됐다. 제퍼슨은 3대 대통령으로 새 수도 워싱턴에서 취임하여 1809년까지 연임했다. 임기 동안 영국과의 전쟁을 막아내고, 1803년에는 나폴레옹으로부터 루이지애나를 1500만 달러에 사들여 영토를 두 배로 늘리는 등 미국 발전에 많은 공헌을 했다.

토머스 제퍼슨의 중앙은행관, '군대보다 위험하다'

미국 2달러 지폐에 새겨진 사람이 바로 미국 건국의 아버지인 토머스 제퍼슨이다. 행운을 가져다준다는 속설 덕에 2달러 지폐는 미국에서 가장 인기 있는 돈이다. 그래서 시중에서는 보기가 쉽지 않다.

제퍼슨은 민간은행인 중앙은행에 화폐 발행권을 독점적으로 주는 게 위험하다고 생각했다. 그는 다음과 같이 말했다. "금융기관은 군대보다도 위험하다. 그들은 이미 금전 귀족계급을 창조했으며 정부를 무시하고 있다. 화폐 발행권을 은행의 손에서 되찾아야 한다. 그것은 당연히 주인인 국민에게 속해야 한다." "만약 미국인이 끝까지 민간은행으로 하여금 국가의 화폐 발행을 통제하도록 둔다면, 이

♣ 2달러 지폐 속의 제퍼슨

들 은행은 먼저 통화 팽창을 이용하고 이어서 통화 긴축정책으로 국민의 재산을 강탈할 것이다. 국민이 사설은행에 통화 발행권을 넘겨주면 은행과 금융기관의 이러한 행위는 이 나라의 자녀들이 거지가 될 때까지 그들의 재산을 거덜 낼 것이다." 그는 금융재벌들이 인위적으로 공황을 만들어 기업과 국민 재산을 강탈할 것이라고 내다본 것이다.

최초의 중앙은행 20년 만에 문을 닫다

중앙은행 반대파들은 중앙은행 철폐 운동을 포기하지 않았다. 특히 농민들은 큰 권력을 가진 중앙은행이라는 개념을 싫어했다. 중앙은행의 허가는 19세기에만 두 번 취소되었다. 중앙은행 설립 자체가 위헌이라는 것이 이유였다. 최초의 취소는 토머스 제퍼슨에 의해서였다.

1811년 중앙은행의 20년 면허기간이 끝났을 때 다수당으로 올라선 토머스 제퍼슨이 이끄는 민주공화당에 의해 만기 연장안이 의회에서 한 표 차로 부결되었다. 그리하여 존속 기한인 1811년 3월 문을 닫았다.

그 뒤 주정부는 주은행을 자유롭게 인가할 수 있었다. 1811년 당시 귀금속으로 보증하는 은행권을 발행하는 주은행이 88개나 되었다.

'독립'과 '자유'는 신생 미국의 기본 개념이었다. 사람들은 화폐 독점을 두려워하여 이에 관한 연방정부의 권한을 제한했다. 동시에 자유의 이상은 은행가가 마음대로 지폐를 발행하고 대출할 수 있는 완벽한 자유를 허락했다.

중앙은행 폐쇄로 인한 불환지폐 남발이 결국 경제공황을 초래하다

최초의 13개 주는 1803년 프랑스 나폴레옹으로부터 루이지애나 구입을 계기로 방대한 북미 대륙으로 팽창하기 시작했다. 나라가 팽창하자 돈의 필요성도 커졌다.

제퍼슨의 연임이 시작되던 1805년에 유럽 대륙에서는 나폴레옹 전쟁이 일어났다. 영국과 프랑스의 전쟁이 시작되자 제퍼슨은 미국의 중립을 선언했다. 영국과 프랑스는 다 같이 상대방 나라에 드나드는 선박을 제한하려고 해상통제를 강화했다. 특히 프랑스와 미국의 밀착된 관계를 벌려놓기 위한 영국 측 해상통제는 정도가 지나쳤다. 영국은 미국 측에 교역금지를 요구하며 선원과 화물을 압수하곤 했다. 프랑스로 가는 미국 선박들을 나포해 미국 수출에 타격을 주기도 했다. 결국 이는 미영 전쟁으로 치달았다. 미국과 영국은 1812년부터 3년간 전쟁을 치렀다.

　그러자 은행들은 담보 없는 은행권 발행이라는 유혹에 빠져들기 시작했다. 이들이 은행권을 남발해 미영 전쟁 동안에 인플레이션이 발생했다. 별 성과 없던 전쟁은 1814년 크리스마스 전날인 12월 24일 벨기에 겐트에서 겐트 조약을 맺고 끝냈다. 1816년에는 246개의 주 은행이 은행권을 발행했다. 인플레이션으로 금리는 뛰고 신뢰는 추락해 미국 정부가 빚더미에 앉게 되고 경제공항이 시작되었다.

07

제2미합중국 중앙은행의 탄생과 폐쇄

전쟁이 끝난지도 모르고 치른 전쟁

크리스마스이브인 1814년 12월 24일 켄트 조약으로 미영 전쟁은 끝났으나 전쟁이 끝난지도 모르고 그 보름 뒤에 발생한 뉴올리언스 전투가 미영 전쟁 중 가장 치열한 전투였다. 1815년 1월 8일 앤드류 잭슨의 군대는 자신들의 진지를 습격한 7500명의 영국군과 싸웠다.

❖ 앤드류 잭슨

지형지물과 솜 포대로 진지를 요새화한 것이 효과를 거두어 싸움은 반 시간 만에 미국의 대승리로 끝나고 영국군은 철수했다.

영국군 사상자는 사망자 289명을 포함해 2000명이 넘었으나 미국군 사상자는 71명(31명 사망)뿐이었다. 승리의 소식이 겐트 조약 체결 소식과 같은 시간에 워싱턴에 전해지자 그때까지 떨어져 있던 미국의 사기는 크게 높아졌다.

뉴올리언스 전투로 앤드류 잭슨은 영웅이 되었고, 뒤에 그는 미국 7대 대통령이 된다.

제2미합중국 중앙은행의 탄생(1816~1836)

결국 미영 전쟁은 누구의 승리랄 것도 없이 끝났지만 미국은 백악관이 불타는 등 많은 피해를 입었다. 불에 그을린 백악관 외벽을 4대 제임스 메디슨 대통령이 하얗게 칠했다. 백악관White House이란 이름은 건물 외벽이 하얀 데서 유래하였다.

전쟁 중 불환지폐 남발로 인플레이션이 심해져 결국 경제공황이 시작되었다. 이 때문에 1816년에는 정치적 분위기가 다시 중앙은행을 만들자는 쪽으로 기울었다. 작은 표 차이로 의회는 미합중국 제2은행을 허락했다. 4대 대통령 제임스 매디슨은 1815년 두 번째 중앙은행 설립을 승인했다.

⁂ 백악관

∴ 제임스 매디슨 대통령

그는 '건국의 아버지' 중 한 명으로 오늘날 민주주의 토대를 이룬 삼권분립이 바로 그의 아이디어였다. 매디슨은 제퍼슨 대통령 때 국무장관으로 일하며 루이지애나 구입을 성사시켰다. 그 뒤 제퍼슨에 이어 4대 대통령으로 당선되자 미국의 경제 독립권을 지키기 위해 영국과 1812년 전쟁을 감행하기도 했다. 그러한 그가 중앙은행의 설립에 손을 들어준 것이다. 결국 1816년 미국의 두 번째 중앙은행인 제2미합중국은행이 탄생한다. 이번에도 유효 기간은 20년이었다. 연방정부는 설립자금의 20%를 부담하고 80%는 민간자금이었다.

앤드류 잭슨 대통령, 중앙은행의 외국인 소유를 규탄하다

미영 전쟁에서 친영 성향으로 인해 매국노로 몰린 연방파는 몰락했다. 그리고 1824년 존 애덤스 6대 대통령 당선 직후 민주공화당은 앤드류 잭슨 지지파인 민주파와, 이에 반대하는 존 애덤스를 지지하는 자유주의 휘그파가 대치하게 된다. 이는 뒤에 결국 노예제를 찬성하는 민주당과 노예제를 반대하는 공화당이 창당되어 오늘날의 양당 체제가 된다.

미국 중앙은행 면허는 19세기에만 두 번에 걸쳐 취소되었다. 중앙은행은 설립 자체가 위헌이라는 것이 그 이유였다. 중앙은행 옹호파

∴ 20달러 지폐 속의 앤드류 잭슨 대통령

와 반대파의 싸움은 7대 앤드류 잭슨 대통령의 시기에 절정으로 치달았다.

중앙은행을 싫어하는 잭슨이 1828년 대통령이 되자 그는 중앙은행을 없애겠다고 약속했다. 그는 은행을 '화폐권력'이라 부르며 혐오했다. 은행 지배권력에 대한 그의 공격은 대중의 지지를 얻었다. 1832년 잭슨은 당시 통화 발행권을 관장했던 민간 중앙은행 '제2미합중국은행'에 대해 강하게 비판했다.

"우리 정부의 이익금이 국민들에게 돌아가지 못하고 있다. 800만 이상의 은행 주식을 외국인(유럽 금융자본조직)이 소유하고 있다. 우리의 것이어야 할 은행의 구조가 오히려 우리의 자유와 독립성을 위협하지 않는다고 누가 감히 말할 수 있겠는가? 이 사회의 돈을 관리하면서 우리 국민의 자주성을 외국인이 좌지우지한다는 것은 적에게 막강한 군사력이 있는 것보다 더 위험천만한 일이다. 하늘에서 내리는 비가 높은 곳이나 낮은 곳이나 골고루 적시는 것과 마찬가지로 정부가 부자나 가난한 자를 공평하게 보호하는 것이 마땅하다. 그러나 현 정부는 그런 자격이 없다."

1832년 잭슨 대통령 재선운동 때도 중앙은행 문제가 정치적 핫이슈가 되었다. 대통령과 당시 중앙은행장이었던 니콜라스 비들은 물과 기름 같은 존재였다. 두 사람은 곧잘 충돌을 일으켰다. 비들은 언론을 앞세워 잭슨 재선 반대운동에 나섰다. 비들의 견제에도 재선에 성공한 잭슨 대통령은 중앙은행 폐지를 추진했다. 1832년 미국 의회는 중앙은행의 면허를 갱신했으나 잭슨 대통령은 거부권을 행사했다. 이 때문에 아직 허가 기간이 4년이나 남아 있었지만 제2미합중국은행은 사형선고를 받은 것이나 다름없게 되었다.

앤드류 잭슨, 미국 최초로 국채를 청산하다

잭슨은 빚이란 그 자체로 나쁜 것이라 생각했다. 그는 1824년 대통령 선거운동 당시 국채를 '국가에 내린 저주'라고 말했다. 그는 "돈을 쥔 귀족들이 정부를 좌지우지하거나, 나아가 우리나라의 자유를 파괴하지 못하도록 국채를 모두 청산하겠다"고 공약했다.

대통령에 당선된 잭슨이 처음으로 취한 조치가 '국채 청산'이었다. 당시 은행들은 연방정부 채권을 은행권을 발행하는 보증수단으로 사용하고 있었다. 그는 화폐 발행이 국가채무와 연결되어 있는 방식을 도저히 이해할 수도, 용서할 수도 없었다. 그러한 시스템을 폐지하고자 했던 잭슨은 먼저 국가채무를 모두 갚아야겠다고 생각했다. 1835년 1월 미국 역사상 처음으로 국채를 전부 상환했다.

암살 기도에 직면했던 앤드류 잭슨,
자유은행법 채택

그리고 그는 중앙은행 계좌에서 정부 자금을 전액 인출하여 23개 주의 은행에 분산 예치시켰다. 정부 예금이 빠져나가자 제2미합중국 은행은 빠른 속도로 늘어나는 주은행들을 규제할 힘을 상실하게 되었다. 중앙은행 총재 비들은 여기에 맞서 그간 시중에 풀었던 돈을 거둬들였다. 대통령은 중앙은행을 말려 죽이려 하고 중앙은행 총재는 경제를 볼모로 정권에 저항한 셈이다.

앤드류 잭슨 대통령이 은행 연장안에 거부권을 행사한 날이 1월 8일이었다. 같은 달 30일 잭슨 대통령은 암살 기도에 직면했다. 영국 출신 페인트공 리처드 로렌스가 두 개의 권총으로 잭슨을 저격했으나 한 발은 불발탄이 되고 한 발은 급소를 피해 가 다행히 살아났다.

잭슨이 그토록 쟁취하고 싶었던 것은 서민들이 은행을 지배하고 통화 공급 결정권을 쥐는 '민주적인 화폐경제'였다. 잭슨에 의해 '자유은행법'이 채택되어 인가 없이 누구나 은행을 개설할 수 있게 되었다. 건국 초기 미국 금융제도의 변천 과정은 정치권 판도와 쌍둥이였다.

현실은 잭슨의 생각과 반대로 엉망이 되다

중앙은행이 없어지자 주정부 면허 은행과 인가 없이 세워진 자유은행이 각자 은행권을 발행했다. 은행권들은 금이나 은으로 태환할 수 있었다. 은행은 요구불예금을 만들어 이를 기초로 수표나 약속어음을 발행했다. 수표 거래량이 늘어나자 1853년 뉴욕청산거래소를 만들어 은행들이 여기서 수표를 교환하고 거래를 청산했다. 이로써 자금 유통이 빨라지자 시중 유동성이 급격히 증가했다.

그러자 현실은 잭슨의 생각과는 반대로 진행되었다. 중앙은행 폐지로 통화조절 기능이 상실되고 통화량이 많아지자 실물경기는 호황을 가져왔다. 하지만 이는 증권 시세를 끌어올렸고 서부에서 땅투기 열풍을 불러왔다. 잭슨 대통령은 경악했다. 자신의 정책이 지폐를 엄청나게 증가시켜 투기를 불러오리라고는 미처 생각지 못했던 것이다.

게다가 복병이 나타났다. 다름 아닌 위조지폐의 출현이었다. 이 시기에 화폐를 발행하는 은행들이 700개가 넘었고 저마다 특색 있는 지폐를 수천 종류나 발행하다 보니 일반인들은 어떤 달러가 진짜이고 어떤 달러가 가짜인지 구별할 방법이 없었다. 후대의 연방준비제도(연준)는 당시 유통되었던 지폐의 1/3은 위조지폐였을 것으로 추정했다.

잭슨은 고민 끝에 이 문제를 자신의 방식으로 해결하려 했다. 은행권, 곧 지폐의 유통을 제한하기로 했다. 정부가 토지를 불하할 때 은행권이 아닌 금화나 은화 등 소위 정화로만 받도록 하는 이른바 '정화 유통령'을 선포했다. 효과는 바로 나타났다. 투기가 중단되었다. 하지만 이번에는 다른 심각한 부작용이 나타났다.

서부에서 정화 수요가 급격히 늘어나면서 동부 은행들로부터 금과 은이 빠져나가기 시작했다. 그럼에도 유동성 부족에 빠진 서부 은행들이 위기를 맞고 대출금을 회수하자 채무자들이 파산하기 시작했다. 이 때문에 서부 은행들까지 줄줄이 도산했다. 서부에서 시작된 은행 도산은 동부로 번져 급기야 영국에까지 영향을 미쳤다. 그러자 영국은행은 외국으로의 금 유출을 막기 위해 금리를 올렸다. 그리고 미국 증권에 대한 투자와 미국 면화 수입도 줄였다.

직격탄의 위력은 강력했다. 미국 최대의 수출품인 면화 가격이 50%나 떨어졌다. 그러자 공장의 90%가 문을 닫고 연방정부 세입은 반으로 줄었다. 미국 경제는 깊은 불황의 늪에 빠졌다. 급기야 뉴욕 등 동부 은행들은 정화 지불을 중단했다. 영국은 미국에 대한 대출을 중지했고 유럽 중앙은행들 역시 미국에 대한 대출을 줄였다. 미국은 이렇게 인위적으로 조성된 화폐 부족의 국면에 빠져들면서 1837년 경제공황이 시작되었다. 대통령과 중앙은행장 양자 간의 알력은 이렇게 대공황으로 이어져 무려 5년간이나 지속되었다.

재정과 은행의 이혼

앤드류 잭슨 대통령의 뒤를 이어 8대 대통령이 된 마틴 밴 뷰런은 전임 대통령의 정책을 고수하겠나는 공약으로 당선되었다. 마틴 밴 뷰런 대통령은 국제 은행가들의 화폐 공급 긴축에 대응해 이를 타개할 수 있는 독립 재무 시스템을 만들어 정면승부를 택했다. 재무부 관장의 화폐를 민간은행에서 모두 인출해 재무부 금고에 보관했다.

역사학자들은 이를 가리켜 '재정과 은행의 이혼'이라 표현했다. 당연히 은행가들은 반발했다.

다음 9대 대통령 윌리엄 해리슨도 민영 중앙은행 부활에 부정적이었다. 그는 대통령 취임 이후 한 달 만에 폐렴으로 숨진다. 일부 음모론적 시각의 역사학자들은 그가 비상 독에 독살당했다고 주장한다.

해리슨의 후임인 10대 존 타일러는 대통령직을 승계한 최초의 대통령이다. 그 역시 해리슨과 같은 입장이었다. 당시 여당이던 휘그당은 1841년 두 차례에 걸쳐 중앙은행의 부활과 독립 재무 시스템의 폐지를 제기했다. 그러나 두 번 모두 타일러 대통령에 의해 부결되었다. 이로써 타일러는 미국 역사상 유일하게 자기 당에서 제명당한 무소속 대통령이 되었다.

이어 제임스 포커를 거쳐 휘그당의 재커리 테일러가 12대 대통령이 되었다. 그도 자기 임기 내에는 중앙은행을 고려하지 않겠다고 했다. 재임 16개월 즈음 그는 설사병에 걸려 죽었다. 1991년 후손의 동의로 테일러 시체에 대한 검사 결과 독살이 아니라는 결과가 보고되었는데 결과를 믿지 않는 이들에 의해 비상 중독으로 암살당했다는 음모론은 계속 거론된다.

1847년의 금융위기

영국에서 1845년에 정점이었던 철도투기는 버블이 꺼지기 시작했다. 이듬해 여름에는 흉작마저 들어 영국 경제는 최악의 상황으로 빠져들었다. 이 때문에 1847년 1월 영란은행은 금 보유량이 계속 줄어들어 이자율을 4%로 올렸다. 초가을에는 밀 풍작 소식으로 밀값이 폭락했다. 이 여파로 곡물업자 13명과 런던 거상 40명이 파산했다. 1847년 10월 또다시 금 유출이 발생하자 영란은행은 개인들을 상대로 금의 지급보증을 중단했다. 이는 즉각 유럽 대륙과 미국 시장에 영향을 미쳐 철도 파산 등 연쇄작용을 불러일으켰다. 영국에서만 파산한 기업이 6000개를 넘어섰다. 당연히 실업자가 급증했다. 이러한 경제위기로 1848년

∴ 〈공산당 선언〉

2월 프랑스 혁명과 동시에 런던에서 〈공산당 선언〉이 발표되었다. 유럽 대륙을 뒤흔드는 혁명이 찾아왔다. 영국과 프랑스에서 발화된 혁명의 불길은 독일과 오스트리아 등으로 번져나갔다. 자본주의의 위기였다.

당시 자본주의를 구한 장본인은 금이었다. 미국과 호주에서 금광이 발견되었다. 골드러시가 불기 시작하면서 유럽의 실업자들이 앞다투어 신대륙과 호주로 이주하였다. 주로 미국행이었지만 호주로도 10년 사이에 70만 명 이상이 건너갔다. 그 뒤 금 공급이 증가해 시중에 돈이 풀리면서 서구는 10년에 걸친 새로운 번영기를 맞이했다.

골드러시의 후유증, 1857년 세계공황

그 뒤 캘리포니아에서 1848년부터 1855년까지 지속된 골드러시

로 풍요로운 세월이 10년 이상 지속되자 철도 주식과 국공채의 수요 증가로 그 자산가치가 날로 높아졌다. 그러다 도가 지나쳐 거품이 꼈다. 호황 뒤에 꼭 나타나는 반갑지 않은 손님이다.

미국 경제는 최초로 국제적인 공황을 맞게 된다. 사태의 도화선은 1857년 8월 24일 오하이오생명보험신탁회사 뉴욕지점의 파산이었다. 직원의 횡령으로 미국 굴지의 금융회사가 파산한 것이다. 이 소식으로 뉴욕에서 먼저 예금인출 소동이 일어났다. 그러자 주가가 폭락했다. 이 소식은 미국뿐 아니라 태평양 건너 유럽에도 퍼졌다. 인류가 경험한 최초의 세계공황이 시작된 것이다. 이는 이미 미국과 유럽이 투자와 금융 연계가 많아져 공동 운명체가 되었음을 뜻했다.

그 뒤 미국 전역의 은행들이 연쇄적으로 무너지기 시작했다. 그리고 영국 금리가 올라가던 시기여서 뉴욕 시장의 혼란으로 겁먹은 해외 투자가들이 앞다투어 빠져나갔다. 당시 미국 연방 국채의 46%, 주정부 채권의 58%, 핵심 블루칩인 철도 주식의 26%를 보유한 영국 자본이 먼저 미국을 등졌다.

그들이 떠날 즈음 엎친 데 덮친 격인 해상재난도 불황을 키웠다. 캘리포니아에서 14톤의 금괴를 싣고 뉴욕으로 오던 배가 폭풍으로 침몰해 금융대란에 대응할 자금도 사라졌다. 14톤의 금괴는 작은 양이 아니었다. 2010년 우리나라 중앙은행의 보유 금괴가 그 정도였다. 결국 연말까지 뉴욕 증시의 주가가 1/3 토막이 나고 기업 6000여 곳이 문을 닫았다.

이 공황을 로스차일드 가문의 음모로 보는 시각도 있다. 중앙은행을 폐쇄한 미국을 혼내주기 위한 작전이라는 것이다. 음모론자들은 로스차일드가가 그간 영국 유대 자본이 미국 투자를 늘리고 신용대출을 남발해 거품을 조성했다가 갑자기 대출을 회수해 공황을 유발시켰다고 주장한다.

사정은 유럽도 마찬가지였다. 크림 전쟁 종결로 러시아가 곡물 수출을 재개하자 식료품 가격이 급락하고 철도 부지 주변 부동산 가격이 하락했다. 이어 소비가 둔화되고 생산이 격감하는 악순환에 빠졌다. 이로써 "세계는 하나다. 증기선과 전신이 세계를 하나로 만들었다"라는 말이 나왔다.

미국 정부는 영국 자본을 다시 불러들이기 위해 수입 관세를 내리는 등 안간힘을 썼지만 공황은 4년간 지속되다 남북전쟁이 시작된 1861년이 되어서야 끝났다. 전쟁은 수요를 폭발적으로 증가시켜 경기를 활성화시키는 힘을 갖고 있었다.

유럽 유대 자본, 미국 국공채의 절반 이상을 사들이다

미국에서 유통화폐 부족으로 5년간 끈 공황은 다행히 캘리포니아에서 거대한 금광이 발견되어 유동성이 증가하면서 끝났다. 이러한 금 공급의 확대는 유럽 금융재벌의 미국 금융시장에 대한 통제를 약화시켰다. 그러자 이들은 이번에는 국공채 등 미국의 우량자산들을 사들이기 시작했다.

유럽의 로스차일드는 오거스트 벨몬트란 인물을 미국으로 보내 뉴욕증권거래소에서 헐값에 팔리는 주식, 채권을 대량으로 사들였다. 그는 주로 국채, 주정부 공채, 철도 주식 등을 샀다. 특히 연방정부와 주정부에서 발행하는 국공채의 절반 이상을 매입했다. 이 일로 미

．．．오거스트 벨몬트

국 사회에서 벨몬트는 극진한 환영을 받았다. 얼마 안 돼 백악관에서 그를 경제고문으로 모셔 갔다.

벨몬트는 14세에 로스차일드의 프랑크푸르트 본점에서 일을 시작해 17세에 벌써 나폴리 지점 감독 업무를 맡았다. 이후 교황청과의 대출협상을 잇달아 성공적으로 처리해 21세의 젊은 나이에 로스차일드의 절대적인 신임을 얻어 뉴욕으로 건너갔다.

금 함량을 줄여 달러 가치를 절하시키다

미국 최초의 중앙은행에서 발행된 1792년의 1달러 가치는 금 1.584g이었다. 그러던 것이 1834년에는 슬그머니 1.4848g으로 줄어들었다. 이는 로마 시대 네로가 썼던 수법으로 명백한 모럴 헤저드였다. 그 강했던 로마 제국이 망한 원인 중의 하나였다. 그 뒤에도 달러 가치는 계속 줄어왔다.

독립전쟁 이후 영국 자본이 미국의 산업투자를 이끌었다. 1850년에서 1914년 사이에만 영국의 미국에 대한 투자와 대출은 총 30억 달러였다. 그 무렵 투자는 수익성이 좋았을 뿐 아니라 대출이자도 높아 같은 기간 미국의 영국에 대한 이자와 배당 등 순지급액만 58억 달러나 되었다. 그럼에도 갚아야 할 원금은 많이 남아 있었다.

미국은 당시 영국으로부터 유입된 자본의 상환부담을 덜기 위해

의도적으로 달러 가치를 약하게 만들었다. 1792년 금 1.584g으로 시작된 1달러가 1934년에는 금 0.877g까지 쪼그라들었다. 금본위제 하인데도 달러 동전의 금 함량을 줄여 화폐가치를 인위적으로 낮춘 것이다. 더구나 파운드 가치도 19세기 파운드당 4.86달러에서 순차적으로 평가절하되어 1.60달러까지 떨어졌다. 미국으로서는 빚 갚기가 수월해졌다.

남북전쟁의 혼란 속, 9000종의 은행권과 5000종의 위폐 통용

캘리포니아에서 금광이 발견된 것을 계기로 서부 개척은 급진전되었다. 하지만 서부를 둘러싼 북부와 남부의 다툼으로 1861년 격렬한 내전인 남북전쟁이 일어났다. 서부가 노예제도 존속 여부의 캐스팅 보트 역할을 했기 때문이다. 링컨의 위기는 중상주의와 중농주의의 갈등, 보호무역과 자유무역의 대립이었다. 상공업이 발전한 북부는 보호무역을 옹호한 반면, 면화 수출이 주력인 남부는 자유무역을 선호했다. 갈등과 대립이 남북전쟁으로 분출된 것이다.

남북전쟁 당시 미국의 화폐는 혼란 그 자체였다. 그 무렵 주별로 산재한 은행들이 모두 지폐를 발행하다 보니 무려 9000종의 은행권이 나돌아 다녔다. 이에 더해 5000종의 위조지폐까지 통용되었다. 그러나 합법적인 은행권이건 위조된 것이건 구매력이 제로라는 면에서 그 가치는 같았다. 사태가 너무 혼란스러웠다.

이 와중에도 은행 수가 많이 늘어났다. 1836년 713개였던 것이

∴ 5달러 지폐 속의 링컨 대통령

1860년에는 1562개로 증가해 문제가 생겼다. 그 많은 은행이 모두 지폐를 발행한 것이다. 귀금속이나 주정부에 예치한 유가증권을 기초로 자그마치 9000종의 은행권이 발행되었다. 각종 결제제도와 예금보험도 발달했다. 그러나 이 모든 것을 관리할 중앙은행은 없었다. 스캔들이 많았는데도 신기하게 은행 파산은 적었다. 그런데도 금융 파탄이 일어나지 않은 것은 그 무렵 미국 경제가 급속히 팽창하고 있었기 때문이다.

링컨, 협상 결렬 후 '정부권'을 발행하다

전쟁을 하면 돈이 많이 들었다. 남북전쟁도 예외가 아니었다. 남북전쟁 초기에 링컨을 가장 괴롭힌 것은 자금난이었다. 링컨 대통령은 남북전쟁 전비를 마련하기 위해 뉴욕에 올라가 금융가들과 협상을 벌였다. 금융가들이 연 24~36%의 터무니없이 높은 이자를 요구하자 링컨은 이 돈을 빌릴 경우 미국 정부는 전쟁에 이겨도 파산할 수밖에 없다고 판단했다. 그는 금융재벌들의 제안을 거부하고 돌아왔다.

남북전쟁이 시작할 낌새를 보이자 당시 재무장관 체이스는 1861년 군비물자를 무역을 통해 안정적으로 들여오기 위해 모든 은행에 있는 금을 정부 산하로 끌어오게 된다. 물론 체이스의 이러한 결정 때문에 미국 북부에 있는 모든 은행은 만성 금 부족에 시달릴 수 있는 상황에 놓이게 되었다.

링컨은 묘안을 짜냈다. 그리고 의회를 본격적으로 설득했다. 당시 은행들은 정부 비축 금과 은의 보유량이 줄어들자 달러를 금으로 바꿔줄 수 없었다. 태환지폐가 불환지폐가 된 것이다. 이에 링컨은 금으로 교환해주지 않아도 되는 지폐, 곧 태환성이 없는 지폐를 정부도 발행할 수 있도록 해줄 것을 의회에 요구했다.

결국 의회는 전쟁 수행을 위해 재무부가 담보 없이 20년 동안 연 5%의 이자가 붙는 국채를 발행하도록 승인했다. 마침내 금이나 은의 담보 없는 불환지폐를 정부 지폐로 발행할 수 있는 획기적인 권한을 얻어냈다. 이로써 은행권이 아닌 '정부권'이 발행됐다. 미국 독립후 화폐로서 금과 은의 역할이 처음 폐기된 게 남북전쟁이었다.

그린백 달러, 천하를 평정하다

새 화폐는 기존의 다른 은행권들과 구별하기 위해 녹색 도안을 사용했다. 1861년 재무부는 국채Demand Notes라 불린 최초의 10달러 지폐를 발행했다. 연방정부가 직접 정부권 지폐를 찍어 유포시킨 것이었다. 이때 링컨 대통령의 초상화가 인쇄된 10달러 지폐는 색상 때문에

∴ 그린백

'그린백green back'이라 불렸다. 1861년 이래 발행된 모든 미국 화폐는 오늘날에도 여전히 그 가치가 유효하며 액면가 그대로 전액 상환받을 수 있다.

어쨌거나 그린백 4억 5000만 달러어치는 미국 시장에서 금을 대체하면서 자금 사정을 순식간에 해결시켰다. 여기에다 부분지급준비금제도를 통한 은행의 화폐 창출작업이 더해져 시중에 돈이 급격하게 풀렸다. 풀려나온 돈들은 군수산업이나 철도, 도로 건설 등으로 흘러들어 가 북부가 남부를 누르고 전쟁에 승리하는 데 지대한 역할을 끼쳤다.

그린백 달러는 인플레이션을 가져왔지만 화폐 통일이라는 뜻밖의 효과를 낳았다. 전쟁 전에 각 주와 은행들이 임의대로 금융증서와 지폐를 찍어내는 통에 1만여 종에 달하는 개별 은행권들이 대량 발행된 그린백에 묻혀 점차 사라졌다. 마침내 연방 구성보다 어렵던 화폐 통합이 이루어졌다. 그리고 1862년에는 위조 방지 수단으로 화폐 도안에 재무부 인장과 서명이 들어갔다.

링컨, 마르크스가 주장한 소득세를 도입하다

그럼에도 정부의 전쟁자금은 모자랐다. 링컨은 마르크스가

1848년 〈공산당 선언〉에서 주장한 누진 소득세 제도를 도입했다. 전쟁 중인 1862년 3월 연 500~1만 달러의 소득은 3%, 그 이상 버는 사람에게는 5%의 소득세를 물렸다.

금융가들은 링컨의 조세제도 도입에 극렬히 반대하며 이를 경계의 눈초리로 지켜보았다. 야당인 북부 민주당의 반대는 물론 위헌 논란에서도 소득세는 유용하게 쓰였다. 주로 관세에만 의존하던 세입이 늘어나 북부는 전쟁비용의 21%를 세금으로 충당했다.

전시 소득세는 전후 한때 소멸됐다. 그러다 1894년 민주당 정부가 평시 소득세를 도입했다. 4000달러 이상 소득에 대해 2% 세율이 적용되어 10%가 안 되는 가구가 과세 대상이 되었다. 결국 자산소득에 대한 과세 문제로 다툼이 계속되다가 1913년 헌법 수정으로 전면 부활해 연방정부의 가장 큰 수입원이 되었다. 그 뒤 루스벨트가 대공황을 극복하기 위해 세율을 대폭 올린 이후 제2차 세계대전과 한국전쟁 기간 중에는 최고 소득세율이 92%까지 뛴 적도 있다.

1863년 국립통화법, 연방정부가 최초로 은행을 규제하다

당시까지도 은행권의 남발로 사태가 너무 혼란스럽게 되자 전쟁 중이던 1863년에 국립통화법이 제정되었다. 의회는 재무부가 국가은행 업무 시스템을 확립해 국책은행권 발행을 감독하도록 승인했다. 이로써 국책은행 설립 허가와 규제에 관한 정부 가이드라인이 발표되었다. 그리고 이들 은행이 채권을 구입해 이를 토대로 화폐를 발행하도록 승인했다. 연방정부가 은행을 최초로 규제하게 된 것이다.

이 법은 전쟁으로 재정적 어려움을 겪는 연방정부를 지원해 통화 공급 문제를 해결하기 위해 제정되었다. 이 법에 의해 전국적으로 면허받은 국책은행이 만들어져 이들이 찍어낸 은행권은 정부가 보증했다. 이는 그간 각 주정부가 인가해준 주립은행에 대응해 연방정부 통화감독국이 은행 설립 인가를 맡게 한 것이다.

이렇게 설립된 국책은행national bank들은 정부의 채무를 인수하는 대신 이를 바탕으로 은행권을 발행할 수 있게 했다. 이 국책은행권은 재무성이 보증하는 최초의 표준통화가 되었다. 참고로 국책은행은 용어상 국가가 세운 은행으로 오해될 수 있으나 실상은 이렇듯 주정부에서 인가해준 주립은행과 구별해 연방정부가 인가해주었다는 뜻이다. 이들은 민간 상업은행이다.

1864년 국책은행법, 국채를 담보로 은행권을 공급하다

은행화폐에 대한 신뢰는 1864년 국책은행법이 제정되면서 높아졌다. 이 법은 국책은행들이 납입자본금의 1/3만큼 정부 채권을 구입할 것과 이를 재무성에 예치하면 채권 시장가치의 90%에 해당하는 은행권을 공급하도록 규정했다. 이로써 자유분방하던 자유은행 시대는 막을 내렸다.

그리고 미국 정부는 화폐 위조범들을 단속할 목적으로 1865년 재무부의 한 부서로 비밀정보국을 설립하였다. 대륙화폐 시절 위조지폐로 인해 통화가치가 폭락한 사례를 미연에 방지하기 위한 대책이었다.

한편 당시 1400여 개의 주립은행들은 지불준비금으로 금과 은을 은행 금고에 보관하거나 다른 도시의 은행에 '거래처 계좌correspondent account'를 만들어 지불준비금을 예치했다. 이 법은 이러한 관행을 인정하여 국책은행에 대해서도 유사한 방식으로 지불준비금을 보유하게 했다.

그리고 극심한 화폐의 난립을 막기 위해 1865년 3월 의회는 주립은행 은행권에 액면가의 10%에 해당하는 세금을 부과하는 법안을 통과시켰다. 이 조치로 많은 주립은행이 국책은행으로 전환되었다. 그리고 수천 가지의 지폐가 자취를 감추었다.

전쟁의 승리, 금융 시스템

링컨을 승리로 이끈 일등공신은 그린백과 국채였다. 북부는 전쟁 초기에 정부권인 그린백을 직접 발행해 연패의 늪에서 벗어났다. 이후 전세가 다시 기울었지만 국채투자 붐을 일으켜 국채 발행에 성공했다. 그리고 북부는 소득세를 도입해 전비를 충당해나갔고 결국 승리를 거머쥐었다. 그래서 북부의 승리는 금융 시스템과 재정수입의 승리이기도 했다.

미국은 건국 초기부터 지방분권제의 뿌리가 깊은 나라이다. 그것은 금융에도 예외가 아니었다. 식민지 시대와 건국 초기 지방 곳곳에 은행들이 있었다. 지방은행들은 연방정부가 아닌 주정부 통제 아래 금은복본위제 하의 은화로 거래하며 지방경제를 주도했다. 각 은행들이 금융증서나 지폐를 발행했다. 당시 미국은 초대 재무장관 해밀턴이 결정한 금은복본위제도였다. 금과 은을 동시에 화폐 발행을 위한 지불준비금으로 삼는 제도다.

4년에 걸친 참혹한 전쟁에 참전자 수는 국민의 10%에 해당하는 600만 명이었다. 전사자만도 62만 명에 이르렀고 부상자 수는 이루 헤아릴 수조차 없었다. 막대한 재산이 전쟁통에 잿더미로 변했다. 이런 비극을 거친 전쟁을 치르고서도 물가 인상은 두 배에 그쳤다. 북군에 의해 전비조달 통화인 '그린백'이 1861년부터 1863년 사이에 45억 달러어치나 발행되었는데도 말이다. 요즘 가치로 450억 달러가 넘는 돈이다.

제이 쿡의 활약

문제는 그린백을 그렇게 많이 찍어냈는데도 정부는 돈이 모자랐다는 점이다. 링컨은 국채를 발행했다. 연 7.3%라는 좋은 조건으로 발행했지만 팔리지 않았다. 그때 이를 해결해준 사람이 재무장관 체이스가 도움을 요청한 제이 쿡이다. 쿡은 누구도 생각해내지 못한 액면 분할과 일반 공모를 선보였다. 1000달러인 국채를 50달러짜리로 쪼갰다.

쿡은 기적을 일으켰다. 주식이나 채권이라고는 들어보지도 못한 서민들에게 전쟁채권을 팔았다. 그는 미국 중산층 가정의 문을 처음으로 두드렸으며, 시민의 애국심에 호소하는 비정통적 방법을 사용했다. 그의 구상은 판매원 2500명이 전국 가가호호 방문하여 개별적으로 투자를 호소하는 것이다. 1800개 넘는 신문을 통해 채권을 광고했다.

∴ 제이 쿡

쿡이 고용한 판매원들은 "국채 매입은 애국이자 횡재하는 지름길"이라는 신문 기사와 전단지를 가지고 전국을 누볐다. 덕분에 채권투자 붐이 일고 5억 달러어치의 국채가 모두 팔려나갔다. 은행, 증권사 등 전문 투자가들의 전유물이었던 채권투자는 이렇게 해서 대중화의 첫발을 내디뎠다.

그는 놀라울 정도로 지략이 풍부하고 낙관적이었다. 1864년까지 모든 전쟁채권이 그의 회사를 거쳐 판매되었다. 1년 뒤 전쟁 말기에 쿡은 전쟁채권을 추가로 6억 달러 판매했다. 신문에서는 그를 '나라를 구한 사람'이라고 칭송했다. 전쟁 뒤에도 쿡은 같은 방법으로 8억 3000만 달러어치의 국채를 팔아 갑부로 떠올랐다.

남북전쟁의 진정한 승리자는 '자본'이었다. "적어도 우리는 전쟁터에서 패하지는 않았다. 우리 군대를 거꾸러뜨린 것은 다름 아닌 제이 쿡이다." 남북전쟁이 끝난 뒤 한 남군 장군이 이렇게 한탄했다고 한다.

국채 판매방식에 대한 쿡의 혁신은 남북전쟁의 승패를 갈랐을 뿐 아니라 미국 경제에 지대한 영향을 남겼다. 경제사학자인 존 스틸 고든은《부의 제국》이란 책에서 '연방 국민의 5%를 일종의 소자본가로 변모시키고, 침대 매트리스 밑에서 죽어 있던 자본을 해방시켜 생산적으로 소비될 수 있게 만들었다'고 평가했다.

남부의 통화 붕괴

남군의 화폐 남발은 더 심했다. 물경 170억 달러어치의 불환지폐를 찍어냈다. 북부의 그린백은 금 대비 50센트의 가치를 유지한 반면 남부의 그레이백은 그 가치가 1센트에 불과했다. 전쟁 기간 북부 물가는 60% 오르는 데 그친 반면 남부 물가는 4000%나 올랐다. 남부는 전쟁터에서 무너지기 전에 초인플레이션으로 내부에서 무너져 내렸다.

경제사가들은 남군 패배의 원인을 과도한 화폐와 국채 발행, 그리고 무리한 징병제도에 있다고 진단할 정도였다. 남부는 북부에 비해 인구 면에서도 1:4로 불리하자 백인 남성 80% 이상을 징집했는데, 이 가운데 1/3이 전쟁 중 죽었다.

링컨 대통령, 암살당하다

비록 전시 기간이긴 했지만 정부의 일방적인 화폐 발행으로 발권력을 제한당해 위축되었던 금융재벌들의 반발이 극심하였다. 전쟁 기간 중 천문학적인 돈을 벌 것으로 기대했던 국제금융재벌들의 기대가 링컨 대통령에 의해 무산되었을 뿐 아니라, 링컨 대통령은 "남부 정부가 전쟁 중 진 빚은 모두 무효"라고 선포했다.

금융재벌들은 승리한 북부로부터도 돈을 벌지 못했고 패배한 남부로부터도 엄청난 손실을 감당해야 했다. 그 무렵 남부 농민들은 농산물 가격 안정을 위해 자유로운 화폐 발행을 원했다. 농민을 앞세운 은행가들은 연방정부가 쥐고 있는 화폐 주조권을 자유화하거나 화폐 발행을 크게 늘리라고 압박했다. 더 나아가 전후 복구와 국가 재건을 위해 막대한 자금이 필요한 연방정부를 상대로 국제금융 자본가들은 지금의 연준과 비슷한 금융 카르텔의 창설과 자신들의 참여를 요구했다.

그러나 전쟁 기간 동안 그들이 취했던 태도에 대해 불만을 품고 있던 링컨 대통령은 그들의 제의를 거부했다. 그리고 링컨 대통령은 전쟁 후에도 그린백의 유통량을 계속 늘려나가려 했다. 이 때문에 링컨이 암살당했다고 보는 견해도 있다. 다른 한편으로는 북군의 승리가 확정되자 남부연합 대통령 데이비스와 국무장관 벤자민이 서명한 링컨 살해명령서가 발령되어 링컨이 암살당했다는 의견도 있다.

링컨이 재선되어 두 번째 임기를 시작한 지 41일 만인 1865년 4월 14일, 링컨 대통령은 닷새 전 남군의 리 장군이 마침내 투항했다는 승리의 소식을 접했다. 기쁨에 들뜬 링컨은 워싱턴의 포드 극장에서 공연을 감상하는 중이었다.

암살범은 경호원이 없는 대통령 전용석에 잠입해 대통령의 뒷머리를 쏘았다. 링컨은 이튿날 새벽 사망했다. 링컨을 저격한 범인은 '존 윌크스 부스'라는 유명한 배우였다. 그는 4월 26일 도주하던 중 총에 맞아 사망했다고 기록되어 있다.

그의 마치 안에서는 깨알 같은 글씨로 쓴 편지와 '유다 벤자민'의 개인 물품이 발견되었다. 유다 벤자민은 유대

인으로 당시 남부연합의 국무장관이었다. 그는 전직 변호사로 남부 금융의 실권자였다. 이 사건 이후 벤자민은 영국으로 도피해 영국 여왕의 자문관이 되었다.[*]

1873년 대불황

남북전쟁 후 그랜트 대통령이 철도 건설에 심혈을 기울이자 이에 필요한 자금을 만들기 위해 발행된 철도 채권과 철도회사 주식들이 인기를 끌게 되었다. 이때 비로소 증권거래소가 틀을 갖추게 된다. 철도회사 주식들이 얼마나 인기를 끌었던지 유럽의 자금이 다 몰려들 정도였다. 이러한 버블 뒤에는 항상 공황이 따르게 마련이다.

1873년 공황은 선진 자본주의 국가군에서 거의 동시에 발생했다. 금본위제 회귀로 인한 유동성의 부족이 결정적 이유였다. 대불황은 종래의 불황과 다른 몇 가지 특징이 있었다. 먼저 종래의 경기 순환에서 유례를 찾을 수 없도록 불황 기간이 길었다. 1890년대 중엽까지 20여 년간 지속된 장기간의 불황 국면이 이어졌다. 그래서 이를 '대불황'이라 부른다.

주택 모기지로부터 발생한 공황은 먼저 유럽 대륙 은행들을 무너뜨렸다. 당시 금융제국이었던 영국 은행들은 어느 기관들이 모기지 위기에 연루되어 있는지 불확실했기 때문에 무차별적으로 자본을 거둬들였다. 은행이 다른 은행에서 돈을 빌리는 비용인 콜금리가 엄

---

[*] 쑹훙빙 지음, 차혜정 옮김, 《화폐전쟁 1》, 알에이치코리아, 2008

청나게 치솟았다. 은행 위기는 1873년 가을에 미국을 강타했다. 당시 대륙 간 철도 등 왕성한 사업을 벌이던 철도회사들이 맨 먼저 쓰러졌다.

그들은 고정된 수익을 약속하는 복잡한 금융 도구들을 고안했는데, 디폴트가 발생할 경우 투자자들에게 보증되어 있는 기초자산을 이해하는 자는 거의 없었다. 그 채권들은 처음에는 잘 팔렸다. 그렇지만 1871년 이후에 투자자들이 그것들의 가치를 의심하여 가격이 하락하자 많은 철도회사는 사업을 계속하기 위해 단기은행대출에 의존했다. 1873년에 단기대출 이자율이 치솟기 시작하자, 철도회사들은 곤경에 처하게 되었다. 철도 금융가인 제이 굴드가 그의 채무를 변제하지 못하게 되자 9월에 미국 주식시장은 붕괴하고, 그다음 3년 동안 수백 개의 은행들이 문을 닫았다. 공황은 미국에서는 4년 이상 계속되고, 유럽에서는 6년 이상 갔다.

공황이 깊어가자 보통 미국인들은 엄청나게 고생했다. 1873년에서 1877년 사이에 많은 중소 공장들과 가게들이 문을 닫게 되자, 수만 명의 노동자들이 떠돌이 신세가 되었다. 실업자들은 보스턴, 시카고, 뉴욕에서 공공근로를 요구하며 데모를 하였다. 미국 역사에서 가장 격렬한 파업들은 이 시기에 일어났다. 1877년에는 전국적인 철도 파업이 뒤따랐다. 중부와 동부 유럽에서 상황은 더 고달팠다. 많은 정치 분석가들은 그 위기의 원인을 외국 은행들과 유대인 탓으로 몰아쳤다. 민족주의 정치 지도자들은 실식한 수만 명에게 어필하는 반유대주의를 포용했다. 유대인 대학살이 1880년대에 뒤따랐고, 크든 작든 공동체들은 자기들 안에 있는 이방인들에게서 희생양을 찾아냈다.

1893년 공황

금 부족이 불황으로 이어졌다. 1893년에 일어난 은행공황은 미국이 처음 겪은 최악의 경기불황이었다. 그러자 의회는 1893년 은구매법을 폐지했으나 세기말까지 후유증에 시달렸다. 6개월 동안 8000개가 넘는 기업과 156개의 철도회사, 400개의 은행이 문을 닫았다. 안 그래도 제값을 못 받았던 농산물 가격은 더욱 폭락했다. 노동력의 20%인 100만 명의 노동자가 일자리를 잃었다. 이 혹독한 공황은 5년이나 지속되었다. 파업과 유혈 진압이 잇달았다.

많은 사람이 불황의 원인이 불충분한 화폐 공급이라고 믿었다. 당시 금융산업의 지배자였던 JP 모건의 힘으로 겨우 안정을 찾았다. 이 사건으로 전국 은행과 금융제도를 깊이 있게 생각하게 되었다. 유럽의 흉작과 미국의 풍년, 모건의 적절한 개입이 없었다면 공황은 더욱 오래 지속됐을지도 모른다. 금과 은을 둘러싼 미국의 화폐금융사는 불안정한 통화는 불황을 심화시킨다는 점을 말해준다.❖

1907년 공황

1898년부터 미국 경제는 다시금 번영을 구가했다. 해외의 흉작으로 농산물 가격은 치솟았다. 미국 기업은 또 한 번 호황의 팽창 주기에 들어섰다. 번영과 금본위제는 긴밀하게 결합되어 있는 것처럼 보

❖ 권홍우 편집위원, [오늘의 경제소사] "로젠월드", 〈서울경제〉, 2009년 2월 28일

였다. 1898년 미국의 금 생산은 8년 전의 2.5배로 증가했다. 통화 공급량은 팽창했다. 1900년 미국이 금본위제도가 되었을 때 은행 수는 3500개로 증가하였다. 1907년 런던에서 미국은행이 발행한 어음의 할인이 거부되는 사태가 발생했다. 이것은 미국 전역에 신용위기를 불러왔다. 월스트리트 투기의 탐욕이 실패로 끝나면서 심각한 은행공황을 낳았다.

모건이 다시 재앙을 막아주는 구세주로 등장했다. 1908년 알드리히법이 1907년의 공황 대응책으로 만들어져서 위기 중 긴급통화를 발행했다. 또 국립통화위원회를 만들어 나라의 은행과 금융 문제를 푸는 장기 방안을 찾아 나섰다. 이후 대부분의 미국인은 은행제도의 개혁을 요구했다. 점차 미 국민들 사이에 중앙은행기구를 만들어서 건강한 은행제도를 확립하고 통화를 탄력적으로 공급해야 한다는 의견이 높아갔다.

연방준비제도이사회의 탄생

　몇 차례의 공황과 재정 실패를 겪고 나자 미국은 절실하게 안정을 추구했다. 특히 1907년 금융공황은 사람들로 하여금 중앙은행의 필요성을 절감하게 했다. 이를 계기로 은행가들 사이에 강력한 중앙은행, 곧 발권은행이 필요하다는 공감대가 형성되었다. 먼저 1907년 의회에 국가금융위원회가 신설되었다. 의회는 이 특별위원회에 은행의 모든 문제에 대한 대책을 세워 제시토록 하였다.

　우선 위원장으로 넬슨 올드리치 상원의원을 선출하였다. 그는 미국에서 가장 부유한 은행 가문의 대표자였다. 훗날 그의 딸이 록펠러와 결혼하여 5명의 아들을 낳았는데, 이들이 록펠러 3세들이다. 그 가운데 둘째 아들 넬슨이 뉴욕 주지사 4선을 거쳐 1974년에 부통령이 되었다. 넷째 아들 윈스롭은 아칸소 주지사가 되었고, 다섯째 아들 데이비드는 사실상 미국의 대외정책을 결정하는 외교문제협의회장과 체이스맨해튼은행의 회장을 역임했다. 은행가들로 구성된 위원회는 새로운 민간 중앙은행인 연방준비은행을 설립할 것을 협의하고 의회로 하여금 법안을 발의토록 준비하였다.

　그 뒤 3년 후 1910년 11월 모건의 별장이 있는 조지아 주 연안의 휴양지 지킬 섬에서 비밀회의가 열렸다. 기자들이 눈치 채자 이들은 오리사냥이라고 둘러댔다. 지킬 섬은 조지아 앞바다에 있는 JP 모건 소유의 땅이었다. 여기에 모인 사람은 모두 7명이었다.

∴ 휴양지로 유명한 지킬 섬의 한 골프클럽

넬슨 올드리치가 모임을 주최했다. 하지만 실제로 자리를 준비한 사람은 폴 워버그라는 독일계 이민자였다. 그는 로스차일드가 남북전쟁 이후 미국 내의 주요 금융업체로 삼고 있던 쿤로브의 공동 경영자이자 중앙은행 제도에 대한 가장 심도 깊은 전문가였다.

다른 참석자로는 당시 모건의 뱅커스트러스트 사 회장으로 있던 벤저민 스트롱, JP 모건 사장 헨리 데이비슨, 모건계 뉴욕 퍼스트내셔널 은행장 찰스 노턴, 하버드대학 교수 출신 재무부 차관보 피아트 앤드류, 당시 뉴욕에서 가장 강력한 은행이었던 록펠러계 내셔널시티뱅크 프랭크 밴덜립 행장 등이었다. 밴덜립은 윌리엄 록펠러와 쿤로브를 대표했다.

10일간의 비밀회의 끝에 오늘날의 '연방준비법'이라고 하는 연방준비은행법 초안이 마련되었다. 대중에게는 1911년 1월 16일에 공개되었다. 재미있는 것은 이 법안을 입법부에서 만든 것이 아니라 유대인들이 주도하여 만들었다는 점이다. 수로 모건, 록펠러, 로스차일드 3대 금융가문이 주축이었다. 이 중에서도 로스차일드 가문의 대리인 폴 와버그가 주도했다.

이들은 중앙은행이 주는 부정적 이미지를 없애기 위해 연방준비

시스템이라는 용어를 사용했다. 그리고 과거의 중앙은행이 20% 정부 지분을 인정했던 데 비해 100% 민영으로 설계했다. 이들을 뒤에서 조종한 연방준비은행의 막후 추진자들 역시 유대계였다. JP 모건, 철도재벌 제임스 힐, 퍼스트내셔널 조지 베이커는 모건 그룹에 속하는 사람들이다. 그리고 JD 록펠러, 윌리엄 록펠러, 내셔널시티 제임스 스틸먼, 쿤롭 사의 야곱 쉬프는 록펠러 그룹으로 분류된다. 이들 7인이 진정한 막후 조정자들이라고 알려져 있다.[*]

물론 이 법안은 곧장 상원에 회부되어 논의가 시작되었다. 한편 올드리치 상원의원은 금융위기 이후 "모건이 우리의 금융위기를 영원히 막아주지는 않을 것"이라며 국내 은행들이 재무부 지시에 따라 채권을 발행하여 현금 부족을 막는 것을 골자로 하는 또 다른 법안을 제안해 통과시켰다.

1910년에는 시어도어 루스벨트 대통령이 몇몇 대기업에 대해 소송을 제기했다. 록펠러의 스탠더드오일과 듀크의 아메리칸타바코 담배회사가 독점 협의로 제소되었다. 1912년에는 푸조 청문회에 월스트리트의 일급 은행가들이 대중들 앞에 처음으로 모습을 드러냈다. 푸조 의원은 당시 하원 은행통화위원회 위원장이었다. 그가 지휘한 청문회는 몇몇 월스트리트와 금융계 인사들이 부당하게 돈과 신용을 주물러왔다는 사실을 밝혀냈다. 그 결과 1913년 연방준비위원회 제도법과 1914년 클레이튼 반독점법이 제정되는 계기가 된다.

---

[*] 쑹훙빙 지음, 차혜정 옮김, 《화폐전쟁 1》, 알에이치코리아, 2008

미국 연방준비은행은 민간기구

의회는 연방준비위원회제도 법안을 5년여의 치열한 논쟁과 우여곡절을 거친 끝에 1913년 12월 크리스마스 이틀 전에 통과시켰다. 월스트리트 금융세력들에게 적대적인 민주당과 공화당 의원들이 크리스마스 휴가를 떠난 틈을 이용하여 상하 양원에 기습 상정하여 처리한 것이다. 이로써 지금의 중앙집권적 형태의 연방준비국(지금의 연방준비제도이사회)이 탄생하였다.

상하원을 통과하는 순간 미국 월스트리트와 영국 런던의 은행가는 대 환호성을 질렀으며 크리스마스 최대 선물을 의회가 미국민들에게 안겨다 주었다고 신문은 대서특필했다. 그러나 《화폐전쟁》의 저자 쑹훙빙은 연방준비은행법이 의회에서 통과되던 날 찰스 린드버그의 연설을 다음과 같이 소개하고 있다.

"연방준비은행은 지구상에서 가장 큰 신용을 부여받았습니다. 대통령이 법안에 서명한 순간부터 금권이라는 보이지 않는 정부는 합법화될 것입니다. … 의회가 저지른 최대의 범죄는 바로 화폐체제 법안인 연방준비은행법입니다. 이 은행법의 통과는 우리 시대 가장 악랄한 입법 범죄입니다. 양당의 지도자들이 밀실에서 담합해 국민이 정부로부터 이익을 얻을 기회를 앗아간 것입니다."

우드로 윌슨 대통령도 유

∴ 워싱턴의 연방준비제도이사회(FRB) 전경

대인의 압박에 못 이겨 FRB 법에 서명한 후 이렇게 토로했다 한다. "위대하고 근면한 미국은 금융 시스템에 의해 지배되고 있다. 금융 시스템은 사적 목적에 집중돼 있다. 결국 이 나라의 성장과 국민의 경제활동은 우리의 경제적 자유를 억압하고 감시하고 파괴하는 소수에 의해 지배된다. 우리는 문명 세계에서 가장 조종당하고 지배당하는 잘못된 정부를 갖게 되었다. 자유의사도 없고, 다수결의 원칙도 없다. 소수 지배자의 의견과 강요에 의한 정부만이 있을 뿐이다."

이 법안이 통과되면서 미국은 비로소 연방준비제도이사회_{FRB: Federal Reserve Board}를 비롯해 12개 연방은행을 주축으로 하는 중앙은행 체제를 확립할 수 있었다. 일종의 은행 카르텔이 탄생했다.

연준 초대 이사회 의장으로는 찰스 햄린이 임명되었다. 그리고 뉴욕 연방은행 총재에는 JP 모건의 오른팔인 벤저민 스트롱이 임명되었다. 그러나 연준의 실질적인 실력자는 독일계 유대인 폴 볼커 이사였다. 그가 처음부터 연준의 청사진을 그려냈고 또 그 설립을 앞장서서 주도하였다. 연준의 실질 내막과 운영 방법에 대해 그만큼 잘 알 수 있는 사람이 없었다. 그는 로스차일드의 후원으로 야곱 시프가

운영하는 유대계 금융기관인 쿤-로웹의 중역이자 야곱 시프의 의동생이었다. 한마디로 로스차일드 가문의 심복이었다. 그는 12개 지역 연방은행 총재들로 구성된 '연방자문위원회'가 실질적으로 연준 이사회를 컨트롤하도록 시스템을 설계해놓았다.

무자본 특수법인인 우리나라의 한국은행과는 달리 연준은 자본금이 있는 주식회사로 그

∴ 폴 볼커

지분은 민간은행들이 나누어 갖고 있다. 세계 각국의 주요 유대계 은행들이 대주주라는 것이 통설이다. 워털루 전쟁에서 한몫을 잡고 세계 금융시장의 대부분을 석권한 로스차일드 가문의 투자은행으로 알려진 골드만삭스나 런던과 베를린의 로스차일드 은행, 그리고 석유재벌 록펠러 가문의 JP 모건체이스 은행도 FRB의 주요 주주다. 그외에 파리의 라자르브라더스 은행, 이탈리아의 이스라엘 모세시프 은행, 그리고 FRB 창립위원장을 역임한 폴 볼커 가문의 바르부르크 은행 등이 FRB의 주요 주주로 알려져 있다. 신용위기를 시작하게 만들었던 리먼브러더스 역시 FRB의 주요 주주였다.

제정 러시아를 붕괴시킨 볼셰비키 혁명이 끝나고 1917년 임시정부가 결성되는 데 2000만 달러를 지원했던 쿤뢰브 은행도 FRB의 주주다. 다행스럽게도 세계 기축통화인 달러를 주무르는 기관의 대주주는 세계 각국에 고르게 분산되어 있었다. 한 나라에 예속되지 않았던 달러화는 지금까지는 비교적 공정하게 기축통화로서 위치를 공고히 할 수 있었다.

FRB 조직은 미 전역을 보스턴, 필라델피아, 뉴욕, 클리블랜드, 리치먼드, 애틀랜타, 시카고, 세인트루이스, 미니애폴리스, 캔자스시티, 댈러스, 샌프란시스코 등 12개 지역으로 나누었다. 1914년 11월 16일 12개 지역 준비은행이 업무를 시작했다. 12개의 지역 준비은행은 산하에 다시 25개의 지점을 두고, 연방 은행법에 따른 약 1000개의 주법은행과 연계된 방대한 조직을 구성하게 된다.

연준, 14년 단임 7명 이사로 구성

미국의 수도 워싱턴에 위치한 FRB 본점에는 7명의 이사진을 선출해 여기서 추대된 대표 1명에게 관리 책임을 맡겼다. FRB 본점에 있는 7명의 이사는 대통령이 지명하고 상원에서 인준하도록 되어 있다. 임기는 14년 단임이고, 일단 임명된 이사와 대표는 어느 누구도 해고할 수 없다. 이는 이사의 독립성을 보장하기 위해서다. 새 이사의 임명 터울은 2년이다. 창립 초기 이사진에는 미국 재무장관과 감사원장이 7명의 이사에 속했다. 그러다 그나마도 민간이사로 교체되면서 연준은 미국 정부와는 완전 별개의 독립적인 기구가 되었다.

이렇게 탄생한 연준은 출범 당시부터 월스트리트의 대형 은행가와 중개인들의 그늘에서 벗어나지 못했다. 《화폐전쟁》을 쓴 쑹훙빙은 폴 볼커가 FRB 초대 이사이지만 그를 배후에서 조종한 것은 런던에 있는 알프레드 로스차일드라고 주장했다. 그의 주장에 따르면 FRB의 주인은 12개 지역 연방은행이다.

뉴욕 연방은행의 초기 지분 형태가 밝혀지다

연방준비은행이 생기기 전에는 뉴욕의 은행가들이 뉴욕 지역의 자금만 장악할 수 있었다. 그러나 이제는 국가 전체의 은행 준비금을 주관할 수 있게 되었다. 12개 지역 연방은행 가운데 가장 큰 뉴욕 연방은행의 초기 지분 형태가 밝혀졌다. 베일에 가려진 내막이 반세기에 걸친 추적 끝에 최초의 뉴욕 연방은행 영업 허가증을 찾아낸 것이다.

주식 총수 20만여 주 가운데 록펠러와 쿤롭 사의 뉴욕 내셔널 씨티은행이 3만 주, JP 모건의 퍼스트내셔널뱅크가 1만 5000주, 폴 볼커의 뉴욕내셔널 상업은행이 2만 1000주, 로스차일드 가문이 이사로 있는 하노버 은행이 1만 2000주, 체이스 은행이 6000주, 케미컬 은행이 6000주 등이었다. 1955년에 뉴욕 내셔널 씨티은행과 퍼스트내셔널 씨티은행의 합병으로 씨티은행이 탄생했으므로 오늘날 씨티은행이 뉴욕 연방은행의 최대주주이면서 사실상 주인이다. 이들은 모두 로스차일드 가문 등 유대계 금융세력이다.❖

연준을 설립한 후 정부는 재무부의 정부 화폐를 회수하고 연준이 은행권을 발행하도록 하였다. 연방준비국은 국가가 보유한 금의 통제권을 넘겨받았으며, 금본위제 하에 연방준비은행권을 발행하기 시작했다. 연준의 창설로 대규모 은행인수 어음시장이 설립되었다. 미국 연방은행이 은행인수어음BA: Banker's Acceptance을 할인할 수 있게 된 것이다. 이것을 통해 미국은 유럽에 상품을 수출할 수 있었고, 미국이 독일에 전쟁을 선언한 1917년 이전까지 전쟁자금을 간접적으로 지원했다. 이는 뉴욕 금융시장이 국제 금융시장으로 성장하는 계기가 되었다. 이때 미국에서는 은행이 우후죽순 격으로 늘어나, 1914년에 7500개였던 은행이 이듬해인 1915년에는 1만 4600개를 넘어섰다.

1819년 영국에서 시작된 금본위제도는 제1차 세계대전 전까지 안정적으로 유지되었다. 그러나 1차 대전이 발발하면서 각국은 전비조

❖ 쑹훙빙 지음, 차혜정 옮김, 《화폐전쟁 1》, 알에이치코리아, 2008

달을 위해 통화를 증발했으며, 금태환을 중지하고 금본위제에서 이탈하면서 전반기에는 변동환율제도로 운영된다.

1차 대전 때 미국은 영국과 프랑스에 많은 전쟁 물자를 팔고 그 대금으로 대량의 금을 받았다. 이때 FRB는 민간은행에 유동성을 넉넉히 공급했는데, 유동성이 증가하자 1차 대전 동안 미국에서는 농산물과 부동산에 대한 대규모 투기가 일어났다. 전쟁 물자의 생산으로 활기를 띠던 경기가 전쟁이 끝나자 주저앉게 되었다. 생산이 감소할 무렵 새 달러가 쏟아져 나와 증가된 화폐량이 줄어든 상품의 양을 쫓기 시작하였다. 결국 1919년부터 이듬해에 걸쳐 대규모 인플레이션이 발생했고, 1920년부터 2년 동안 불경기를 가져왔다. 1912년과 1927년 사이에 미국의 물가는 두 배로 뛰었다. 이로써 FRB는 과도한 유동성 공급이 인플레이션을 부른다는 교훈을 얻게 된다.

통화 증발에 따라 극심한 인플레이션을 겪게 되면서 1919년 미국, 1935년 영국이 다시 금본위제로 복귀하게 된다. 그러나 1929년 세계 대공황으로 각국은 경쟁적으로 자국 무역을 보호하기 위해 평가절하를 하기 시작했고, 또다시 금본위제에서 이탈하게 된다.

1920년대 공개시장조작 시작

1914년부터 1928년까지 14년간이나 뉴욕 연방은행장이었던 벤자민 스트롱은 '금'이 더 이상 '신용'을 통제하는 핵심 요소가 아니라는 사실을 인정했다. 그는 1923년에 경기후퇴를 막기 위해 정부 채권을 대량으로 사들였다. 이것이 은행 제도에서 공개시장조작Open Market

Operation이 처음으로 시도된 것이다. 여기서 신용이란 중앙은행이 정부 채권을 사들이는 대신 통화를 공급한다는 뜻이다. 과거에는 통화를 공급하려면 그 근거가 되는 금이 있어야 했으나 금 없이도 통화를 공급할 수 있게 되었다.

1929~1933년 시장 붕괴와 대공황

1920년대 중반 글래스는 주식시장 투기가 심각한 결과를 낳을 것이라 경고했다. 1929년 그의 예언이 맞아 주식시장이 무너지고 나라는 최악의 공황으로 들어갔다. 1930년에서 1933년 사이 약 1만 개 은행이 도산하였다.

1933년 3월에 루스벨트 대통령은 3월 4일 취임하자마자 월스트리트와의 대립을 기치로 내걸었다. 그는 취임 당일 은행 감사를 위해 3월 6일부터 은행의 영업 중단을 선언했다. 이는 미국 역사상 전국 은행이 처음으로 문을 닫는 조치로 국민들에게 신선한 충격을 주었다. 그리고 정부 관리들이 나라의 경제적 비극을 구제할 방안을 찾느라 악전고투했다. 많은 사람이 중앙은행이 투기적인 대출을 중단하지 못했다고 비난했다. 이 투기적인 대출이 붕괴를 만들었다.

당시 대공황이 왜 발생했는지에 대해서는 80년이 지난 지금까지도 여러 가지 설들이 존재한다. 그 가운데 1919년 제1차 세계대전이 끝난 다음 전 세계의 생산량은 넘쳐나는 데 비해 수요가 줄어든 데 따른 디플레이션 현상이 악재의 발단이었다는 설과 1920년대 중반 경기진작을 위해 취해졌던 대규모 공공사업과 통화 완화정책에 의

한 후유증이라는 견해가 주를 이루고 있다. 확실한 것은 경기과열을 의식하고 1929년 3분기부터 시작된 유동성 공급 정지로부터 발생한 신용경색이 어느 순간부터 악화되어 돈이 돌지 않으면서 시장에 잠재되어 있던 악재들이 한꺼번에 불거지는 공황 상태가 시작되었다는 것이다.

미국의 금본위제 탈퇴와 세계 금융시장 제패

당시의 디플레이션 현상을 살펴보자. 그 무렵 화폐제도는 금태환을 기준으로 하는 고정환율제였다. 각국은 보유한 금의 양에 따라 화폐를 찍어낼 수 있었고, 중앙은행은 언제든 화폐를 금으로 바꿔줄 수 있어야만 했다. 다시 말해 각 중앙은행들이 보유한 화폐의 양은 각국이 보유한 금의 양에 따라 정해졌다. 하지만 당시 세계 경제가 급속히 성장하는 상황에서 금본위제도는 시대의 흐름을 따라잡지 못하였다. 상품은 공장에서 끊임없이 쏟아져 나오고 있었음에도 상품 판매량은 눈에 띄게 떨어져 간 것이다. 세상이 너무 풍족해서 그랬던 건 아니었다. 분명 누군가는 상품을 꼭 필요로 할 것이었지만, 시장에 돌아다니던 화폐가 너무 부족했기 때문에 만들어진 물건은 팔리지 않았다. 수요를 초과해서 만들어진 제품은 이제 기업가의 호주머니를 채워주는 대신 물가를 떨어뜨리는 역할을 하게 된다. 그러나 물가가 떨어졌음에도 물건을 사겠다는 사람은 나타나지 않았다. 다들 화폐가 부족했다.

결국 공장은 생산을 줄이기 위해 문을 닫고, 노동자를 해고했다.

해고된 노동자는 구매력을 잃고, 낮아진 구매력은 물가를 떨어뜨리고, 떨어진 물가는 공장문을 닫게 하는 악순환이 반복되었다. 이후 후버 대통령은 금융위기 상황을 극복하기 위해 임금삭감 금지 등 다양한 정책을 썼으나, 결국 금본위제로 인해 정책 효과는 무력화되었다. 결국 정권 말기에는 금태환 요구를 감당하지 못한 은행들의 휴업률이 최고조에 이르렀다.

한편 1931년도에 오스트리아로부터 확산된 금융혼란이 유럽으로 번지자 각국의 채권자들은 금태환을 각국 정부에 요구하기 시작했고, 이에 각국 채권자들은 결국 미국에 대해 금태환을 요구하였으며 FRB는 이에 응하지 않을 수 없었다. 미국은 루스벨트가 1933년 취임할 때까지 금본위제를 유지하였다. 이 기간 동안 지속적인 금의 유출을 막기 위해 연방준비제도이사회는 금리를 올려야 했고, 이 때문에 금의 유출은 중단되었지만 금리가 오르면서 채권가격이 하락했다. 그리고 대출수요가 축소되면서 많은 채권을 보유한 은행의 재무구조를 급격하게 악화시키는 원인이 되었다.

순금을 화폐가치의 기준으로 하는 금본위제도는 일찍이 1816년 영국이 채택한 제도였다. 금본위제에 기반한 통화 붕괴를 막아보기 위해 열린 1933년 6월 런던통화회의 개최 직전, 미국은 아예 금값을 올리면서 1933년 4월 금본위제에서 전격 탈퇴하였다.

당시 미국도 대공황 끝자락이라 뉴딜정책 등을 시행하기 위해 유럽을 도와줄 여력이 없었지만, 실업률이 25퍼센트까지 치솟은 미국으로선 국제 경쟁력 회복을 위해 달러 가치 절하가 절실한 판이었다. 이로써 결과적으로 미국은 경쟁 상대국들을 외환위기로 몰아넣어 유럽의 경제복구를 사실상 방해한 셈이 되었다. 미국이 일거에 힘의 우위를 차지하였다. 대공황이 맹위를 떨치던 와중에 국제연맹 가맹국 66개국이 모여 런던에서 열린 '통화 및 경제 문제에 관한 국제회의'는 이렇게 실패로 끝났다. 유럽은 분노했고 대공황은 더 길게 이어졌다.

미국의 패권시대: 달러 중심의 세계 경제 출범

금 준비가 비교적 풍부했던 프랑스는 금본위제를 포기하지 않고 오히려 주변 국가들을 긁어모아 금블록을 형성했다. 1933년 7월 3일 프랑스, 벨기에, 네덜란드, 스위스, 이탈리아, 폴란드 등 6개 나라가 금본위제의 유지를 위해 금블록 협정을 체결하였다. 스털링 블록과 달러 블록에 대항하려는 의도를 가진 것이었다.

루스벨트는 미국 전역에 걸쳐 금의 해외 유출을 차단하고, 외국과의 교역으로 이익을 보는 족족 이를 금으로 바꾸란 명령을 내린다. 그리고 이는 대공황이 끝나고도 한동안 지속되었던 미국 경제정책의 한 축이었다. 그런데 금이란 총량불변의 자원이다. 지난 5000년 동안 인간이 캐낸 금의 양은 26만여 톤. 매년 새로 캐내는 금의 양은 전체의 1%에 불과한 2000톤 남짓이다. 미국에 유입되는 금만큼 다른 나라들은 금을 잃을 수밖에 없는 노릇이다.

금을 잃은 나라는 화폐의 양도 같이 줄여나가는 수밖에 없었다. 하지만 그렇다고 무한정 화폐의 양을 줄여나갈 수만도 없었다. 경제를 돌리려면 화폐가 필요하였다. 결국 영국을 비롯한 많은 나라는 금본위제를 포기하였다. 자국 화폐를 금과 연동시키지 못하게 된 것이다. 이는 통화정책의 완화를 의미하는 것이었고, 달러가 하락하도록 허용한 것이었다.

프랑스가 주도한 금블록의 통화가치가 다른 통화 대비 높게 설정돼 자본 유출이 지속됐고, 그 결과 임금삭감 등 디플레 정책을 시행할 수밖에 없었다. 게다가 세계적 불황과 대외무역의 불리 등으로 금블록 여러 나라도 경제적 어려움에 처하게 되었다. 이에 따른 경제 및 사회 불안으로 1935년 3월에 벨기에가 금본위제도를 이탈하고 1936년 폴란드, 뒤를 이어 1937년 프랑스도 결국 금본위제를 포기했다.

그 뒤 미국의 보호주의는 유럽 내의 보호주의를 낳고, 이는 다시 독일·이탈리아·스페인·벨기에 등이 폭력적 국수주의와 국가사회주의를 뒤섞은 파시즘으로 치닫게 했다. 이렇듯 '너 죽고 나 살자'는 보호주의 뒤에 기다리고 있었던 것은 제2차 세계대전이었다.

미국이 세계 시장에서 금을 사들이는 행위를 중단한 건 1944년, 2차 대전의 종전을 눈앞에 둔 때였다. 그동안 세계 많은 나라의 금 보유고가 거덜 났고, 금태환제를 포기하도록 강요받아야 했다. 이들 나라는 자국의 화폐를 싼값에라도 달러와 맞바꾸어야만 했다. 어쩔 수 없었다. 사람들은 금을 보유하고 있는 미국의 화폐를 더 신뢰하고 있었다. 결국 달러화의 가치는 점점 높아졌고, 이는 이후 달러가 세계의 기축통화로서 작동할 수 있는 근거를 마련하게 된다. 1944년, 미국은 뉴햄프셔 주의 브레턴우즈에 세세 각국의 경제 대표들을 초청한다. 회의 직후 그들은 금환본위를 바탕으로 하는 달러 중심의 세계 경제 출범에 동의를 표하게 된다.

대공황 탈출 위해 국가채무를 담보로 화폐 발행하다

미국이 건국 이후 100여 년 이상 지탱해온 금본위제를 폐지한 것은 1933년 4월 루스벨트 대통령 시절이다. 대공황 후 경기부양을 위해 정부가 돈을 풀어야 하는데, 금본위제도 아래서는 화폐 발행을 폭발적으로 늘릴 방법이 없었다. 결국 민간은행들이 주도해 만들어진 연방준비제도이사회는 달러 가치를 금이 아닌 미국 정부의 신용, 즉 국가채권을 담보로 잡고 달러를 찍어내 경기부양에 동원했다.

루스벨트는 "우리가 알다시피, 잭슨 시절 이래 거대한 금융 영역이 정부를 소유하고 있다는 것이 사태의 진상이다. 이 나라는 잭슨이 연방은행과 싸운 일을 되풀이하고 있다"고 말했다. 그러나 그 뒤에도 미국 정부는 엄청난 희생을 통한 화폐전쟁을 통해서도 화폐 발행권을 획득하지 못했다. 이후 미국 정부의 뉴딜이 성공을 거두긴 했지만 그게 과연 금본위제를 포기한 통화정책 덕분이었는지, 아니면 과잉유동성과 과잉생산을 해소하는 데 결정적 역할을 한 제2차 세계대전과 한국전쟁 때문이었는지는 아직도 많은 학자 사이에 논란거리다.

여하튼 미국은 이후로도 정부 국채를 담보로 계속해서 달러 발행 규모를 늘려왔고, 달러 발행이 늘어날수록 미국의 채무구조가 같이 늘어나는 희한한 통화정책 구조가 고착된다. 달러를 발행하면 할수록 미국 국민들의 빚이 늘어날 수밖에 없으니, 결과적으로 말하면 현재의 경기를 살리기 위해 푸는 돈은 결국 미래의 미국 국민들이 갚아야 할 빚인 셈이다.

1933년 공황 이후, 글래스-스티걸법

대공황 이후 의회는 1933년 은행법을 통과했다. 글래스-스티걸법으로 더 잘 알려져 있다. 이 법은 상업은행과 투자은행 업무를 분리하고, 정부 채권을 은행권의 담보로 사용할 것을 요구했다. 또 이 법은 연방예금보험공사FDIC: Federal Deposit Insurance Corp를 만들고, 공개시장조작을 중앙은행 아래에 두고, 은행지주기업은 중앙은행의 조사를 받도록 했다. 이 조치는 나중에 중요한 의미를 갖게 된다. 지주회사가 일반적인 은행 소유구조가 되었기 때문이다. 그리고 아주 큰 개혁으로 루스벨트는 모든 금과 은 증서를 회수하여 실질적으로 금속본위제도를 끝냈다. 1800년과 1929년의 물가는 거의 차이가 없었다. 그러나 1933년 금본위제도를 폐기한 이후 물가는 거의 네 배가 올랐다.

연준, 주식 전량이
회원은행들에 의해 소유되는 민간기업

그 뒤 연방준비국은 1935년에 연방준비제도이사회FRB: Federal Reserve Board로 변경되었다. 이 조직은 형식상 의장이 대통령에 의해 임명된다는 점에서 정부기관의 성격을 보이지만 주식이 전량 회원은행들에 의해 소유되는 민간기업이다.

연준이 이렇게 기이한 형태를 취하게 된 것은 미국의 헌법 정신을 위반하지 않으면서 중앙은행을 설립하기 위한 일종의 편법 때문이었다. 1935년 은행법 개정은 연준 구조에 더 많은 변화를 낳았다. 연방공개시장위원회FOMC: Federal Open Market Committee를 별도 법적 기구로 분리하고, 정부의 재무부장관과 통화통제관을 연준이사회에서 빼 버리고 이사의 임기를 14년으로 정했다. 정부의 입김을 원천봉쇄한 것이다.

그리고 제2차 세계대전 후 고용법에 의해 중앙은행의 임무에 새로 이 최대 고용촉진이 들어갔다. 1956년에는 은행지주회사법이 제정되어 연준이 하나 이상의 은행을 소유한 지주회사를 감독하도록 했다. 1978년에는 험프리-호킨스법이 제정되어 연준 의장이 일 년에 두 번 의회에 통화정책의 목표와 대상을 보고하도록 했다.

연준은 오늘날까지도 국가 화폐를 통제하고 있는 민간은행 카르텔 이다. 연준 의장이 미국 대통령에 의해 임명되지만, 그 주식은 전적으로 회원은행들에 의해 소유되는 특이한 정부-민영 혼합기관이다. 그러나 실제로 속내를 들여다보면, 현재 FRB의 의장은 미국 대통령이 임명하지만 후보 결정권은 민간은행들이 가지고 있다. 엄밀히 말하면 연준은 사실상 이익단체들에 의해 소유되고 있는 사적 법인이다.

실제로 미국의 '옐로 페이지Yellow Page(업종별 전화번호부)'를 보면 '연준'은 정부기관란이 아닌 민간기업란에 나와 있다. 이와 비슷한 경우가 영국의 중앙은행이다. 영국의 중앙은행은 원래 로스차일드 가문의 개인 소유 은행이었다가 1946년 노동당 정부가 국유화했다. 공식적으로는 국가 소유이지만, 실질적으로는 여전히 민간은행의 성격을 띠고 있는 것이다.

1달러 지폐에 녹아 있는 뜻

1달러짜리 미국 지폐만큼 얘깃거리가 많은 돈도 없을 것 같다. 뜬금없이 음모론이 불거져 나오는가 하면, 미국의 정치, 경제, 역사가 앞·뒷면에 빼곡히 들어차 있다. 뒷면에는 미국의 국새the Great Seal를 그대로 옮겨놓았다. 왼쪽은 피라미드, 오른쪽은 독수리와 성조기를 그래픽으로 함께 처리했다. 양쪽의 연결고리는 '13'이란 숫자다. 독수리 위의 별들에도, 독수리 양쪽 발톱에도 각각 13개의 화살과 올리브 나뭇잎이 새겨져 있다. 평화(올리브)를 위협하는 세력에는 힘(화살)으로 응징하겠다는 결의가 담겨 있다.

1달러 지폐의 뒷면을 보면 'IN GOD WE TRUST'란 문구가 한가운데 찍혀 있다. 1955년부터 법에 의해 모든 화폐에 "우리는 하느님

을 믿습니다"라는 국가적 표어를 사용해야 했다. 이 표어는 1957년 발행된 $1 실버증권 시리즈에 처음 사용되어 연방준비은행권 1963년 시리즈부터 사용되기 시작하였다. 이것은 또한 이 화폐를 신에게 위탁함으로써 그 가치와 권위가 신으로부터 나오고 있음을 나타내는 것이다. 즉 인간의 경제체제도 궁극적으로 신에게 위탁함으로써 그것이 기능을 시작하게 된다는 뜻이다. 헤브라이즘의 핵심적 사상이다.

헬레니즘과 함께 서양 사상의 원류를 이루는 헤브라이즘을 한마디로 표현할 수는 없다. 하지만 헤브라이즘이란 유대인의 토라에서부터 시작된 종교 사상으로, '우주 만물은 전능한 신의 계획에 의해 창조되었고, 사람은 신이 창조한 걸작품으로 신의 의지에 따라 선의로 모든 세상을 지배하며 궁극적으로는 신에게 귀의한다'는 뜻으로 요약할 수 있다.

왼쪽의 원圖 안에는 라틴어가 여럿 있다. 그 뜻을 좀 풀어보면 이 헤브라이즘은 더 명확해진다. 'ANNUIT COEPTIS'는 영어로 번역하면 'God approved what man undertook'란 뜻이다. 이것은 신이

우리 인간이 만든 경제제도(화폐의 발행)를 승인하셨다는 의미다. 따라서 화폐는 신에게 위탁하여 신용을 얻음으로써 그 기능을 하게 되었다는 것이다. 그 아래로 피라미드 위엔 만물을 꿰뚫어 보는 듯한 눈, 이른바 모든 걸 볼 수 있는 '전시안all-seeing eye'이 그려져 있다. 때로는 메시

아의 눈이라고 불리기도 한다. 피라미드는 미국의 건국과 달러의 창안이 기념비적 인간의 과업임을 상징적으로 나타내고 있다.

그리고 밑에 있는 로마 숫자 '1776'은 미국의 독립연도인데, 새로운 경제질서도 1776년의 독립선언과 함께 시작되었다는 것을 뜻한다. 바로 그 밑에 'NOVUS ORDO SECLORUM'이란 'The New Order of the World', 곧 '이 화폐가 세상의 새로운 경제질서의 출발이다'는 뜻이다. 이렇게 1달러 지폐 한 장에는 헤브라임적 경제질서가 몽땅 들어가 있는 셈이다.

1달러 지폐에 처음부터 미국 국새가 인쇄된 것은 아니었다. 재도안을 지시한 대통령은 프랭클린 루스벨트다. 1930년대 중반 대공황의 후유증으로 나라 살림이 갈수록 피폐해지자 경제 회복과 부흥을 바라는 심정으로 뒷면에 국새를 인쇄하도록 했다. "하느님이 우리와 함께 계시니 번영의 피라미드를 계속 쌓아 올리자"며 국민들에게 희망과 용기를 불어넣어 준 것이다.

음모론 신봉자들은 또 다른 각도에서 1달러 지폐를 보고 있다. 논란은 오른쪽 상단의 '1'자를 둘러싼 테두리다. 10시 반 방향에 부엉이가 걸터앉아 있다는 것이다. 육안으로는 식별이 어려워 확대경을 놓고 봐야 한다. 부엉이는 지혜의 여신인 아테네 여신의 상징이자 또한 반기독교 비밀결사 조직인 '프리메이슨Freemason'의 상징동물이다. 그래서 세계 지배를 노리는 '프리메이슨'의 음모가 숨어 있다는 말이 그럴싸

하게 포장되어 굴러다닌다.

반면 2달러 지폐는 행운의 지폐로 통한다. 2달러 지폐는 유명한 여배우 그레이스 켈리가 1960년에 〈상류사회〉라는 영화에 같이 출연했던 프랭크 시나트라로부터 2달러 지폐를 선물 받은 후 모나코 왕비가 되자, 행운을 가져다주는 소중한 지폐로 사랑을 받아왔다. 실제 미화 2달러는 미국 역사상 중요한 의미를 지니고 있는데 1776년 미국을 보호하는 신뢰의 징표로 처음 발행된 이래 1928년 독립선언을 한 2대 토머스 제퍼슨 대통령의 초상이 인쇄되어 현재의 크기로 발행되었다. 그리고 1976년에는 미국 독립 200주년을 기념하기 위해 재발행되는 등 미국 역사의 중대한 전환기에는 항상 기념으로 발행될 만큼 의미 있는 지폐로 인정받고 있다.

치열하게 대립하고 있는 화폐 발행권의 문제

역사 이래로 화폐 발행권, 곧 발권력을 누가 가지느냐는 문제는 항상 초미의 관심사로 극심한 논쟁과 대립을 불러일으켰다. 이 문제는 일장일단이 있다. 발권력을 정부가 가질 경우, 정부는 항상 재정 확대의 유혹에 노출되어 독립적인 물가관리가 안 될 소지가 크다. 로마 제국과 스페인 제국이 망한 것도 바로 억제되지 않는 재정 확대로 인한 과도한 인플레이션 때문이었다. 감독하는 의회가 있긴 하지만 이를 적절히 견제할 방법이 마땅치 않다.

민간은행연합회가 발권력을 가질 경우, 정부 재정과 분리되어 통화운용의 독립성은 어느 정도 확보할 수 있다. 하지만 정부 입장에서는 조세수입을 초과하여 재정을 집행해야 할 경우에는 의회의 동의를 얻어 국채를 발행하여 은행권을 빌려야 한다. 곧 그만큼 이자를 물어야 한다. 여기에 큰 차이가 있다. 정부가 발권력을 갖고 있으면 이자를 물 필요가 없을 뿐 아니라, 돈을 찍어내어 오히려 이자수입을 엄청나게 올릴 수 있다. 이를 발권력이 갖는 '시뇨리지 효과'라 한다. 바로 이 시뇨리지 효과가 엄청난 이해관계인 것이다.

미국의 경우는 100여 년에 걸친 치열한 힘겨루기 끝에 현재 후자를 택하고 있다. 지금도 이 시뇨리지 효과의 덕을 민간은행인 연방준비은행이 보고 있다. 곧 연준의 주주로 참여하는 회원은행들이 시뇨리지 효과를 거두어 가는 것이다. 시뇨리지 효과는 수치상으로 계산이 안 될 정도로 엄청난 금액이다.

현재 연방준비제도이사회에서는 기준금리와 콜금리의 결정, 지급준비율의 변경, 주식거래에서의 신용규제, 가맹은행의 정기예금 금리의 규제, 연방준비은행의 재할인율을 결정한다. 중앙이사회는 워싱턴 DC에 자리하고 있으며, 미국 각지에 12개의 지역 연방준비은행FRB: Federal Reserve Banks이 있다.

미국 연방준비은행은 정부 소유가 아니라 민간 회원은행들의 소유다. 사실상의 주주들이 JP 모건체이스 등 민간은행들이다. FRB를 설립한 금융자본은 겉으로는 미국에서 가장 부유한 은행인 JP 모건이지만 속을 들여다보면 유럽의 금융재벌들이 80%에 가까운 지분을 나뉘 갖고 있다 한다. FRB의 실질적인 소유수인 로스차일드 등 유럽의 금융재벌들은 유럽중앙은행European Central Bank 소유주이기도 하다. FRB는 바로 유럽의 거대한 국제금융재벌들이 장악한 사설 금융기업이다.

대부분의 사람들은 당연히 미국 정부의 중앙은행이 화폐 발행권을 갖고 있다고 생각한다. 미국 정부는 화폐 발행권이 아예 없다. 미국은 아이러니하게도 FRB로부터 돈을 빌려 쓰고 있는 채무국이다. 그 때문에 미국이 천문학적인 빚을 지고 있는 것 또한 엄연한 현실이다. 그나마 케네디가 서명하여 갖고 있었던 은증서 달러의 발행 권한마저 1963년 케네디가 암살된 이후에 폐지되었다.

화폐 발행권을 둘러싼 비운의 케네디

　　계속해서 빚을 늘려야 유지되는 통화구조로는 결국 경제 전체가 도산할 수밖에 없는 게 당연한 이치다. 뉴딜로 당장의 위기를 극복하기는 했지만 장기적으로 미국 경제를 골병들게 하는 또 다른 위기의 씨앗을 뿌린 셈이다. 이런 심각성을 깨닫고 달러화의 본원적 교환가치를 회복하기 위한 시도가 있었다.

　　케네디 대통령은 1963년에 국채를 담보로 하는 달러화가 아닌 은증서와 은 달러를 복원하려고 시도했다. 실제 일정량의 은을 함유한

∴ 존 F. 케네디

달러 동전과 일정량의 은을 반드시 예탁해야 발급되는 은 증서를 유통하려 시도했던 것이다. 하지만 이런 조치는 FRB의 주요 주주들인 대형 은행 금융자본들의 엄청난 반발에 부딪힌다. 달러를 찍어내며 막대한 국채이자와 원금을 챙겨오던 FRB 입장에서는 반가울 리 없는 게 케네디의 시도였다.

케네디는 1962~1963년에 연준과는 별도로 정부가 보유한 은괴를 바탕으로 은증서를 발행하여 정부 지폐로 사용하는 것을 핵심으로 하는 국가 재정체계의 개선책을 구상했다. 그는 《경제해법》이라는 책에서 이자를 내는 개인 은행인 연준발행권을 이자 없는 정부권으로 바꾸기 위해 1963년 대통령령 1110호로 43억 달러의 정부권을 찍어냈다고 설명하였다.

그러나 그가 1963년 11월 암살당하는 바람에 이 계획도 결국 사라지고 말았다. 그의 뒤를 이은 존슨은 곧 시중에 통용되는 정부권 화폐를 조용히 거두어들였다. 케네디는 화폐 발행권을 미국 정부에 귀속시키려다 암살당한 것으로 추정하는 사람들이 많다. 미국 대통령 가운데 잭슨, 링컨, 가필드, 케네디 등이 공교롭게도 모두 화폐 발행권을 둘러싼 논쟁의 와중에 정신이상자들에 의해 암살되었다.[✷]

미국 정부도 연준에 이자를 주고 달러를 빌려 쓴다

미국 헌법에 따르면 화폐 발행권한과 관리권한은 연방의회에 있다. 반면 연방정부는 화폐 발행권 보유 여부에 대한 헌법상 명문 규정이 없다. 연방최고법원의 판례에 따라 연방의회가 채무증서를 발행하고 그것을 법정 지급수단으로 정하는 권한을 갖고 있다.

다만 법률상 재무 장관은 3억 달러를 한도로 '합중국 지폐'를 발행할 수 있다. 이는 남북전쟁 중 전비조달의 필요성을 배경으로 1862년

✷ 이리유카바 최 지음, 《그림자 정부 (경제편)》, 해냄, 2005

에 제정된 '법화법'에 따라 발행이 인정된 것이 시발점이었다. 그러나 1971년 1월 이후 미국 정부는 합중국 지폐를 새로 발행하지 않았다.

연방준비법 제16조에 따르면 은행권에 상당하는 연방준비권은 미국 정부의 채무이며, 그 종류는 연방준비법에서 규정하고 양식은 재무장관 지시에 따른다. 다시 말하면 미국 정부는 달러가 필요한 경우 재정을 담보로 국채를 발행해 팔거나 국채를 주고 연방준비은행권인 달러를 가져온다. 곧 미국 정부도 연준에 이자를 주고 달러를 빌려 쓰는 것이다.

이를 좀 더 실무적으로 설명하면, 의회가 국채 발행규모를 승인하면 재무부가 국채를 다양한 종류로 발행한다. 만기가 1년 이하인 단기채권을 T-Bills_{Tresury Bills}라고 부르며, 2~10년 만기의 중기채권을 T-Notes, 30년 만기의 장기 채권을 T-Bonds라고 칭한다. 이러한 채권은 각각 다른 발행빈도와 시간대에 공개시장에서 경매 입찰로 팔린다. 경매에서 끝까지 팔리지 않은 국채를 재무부가 연방준비은행으로 보내면 연준이 액면가로 전량을 사들인다. 곧 미국 정부가 국채를 연준에 보내면 민간업체인 연준이 달러를 찍어서 내주는 것이다. 그 뒤 연준은 정부로부터 채권이자를 꼬박꼬박 받는다. 그러나 본질적으로 공짜로 얻은 채권은 이자가 문제가 아니라 채권 자체가 마이더스의 손인 지급준비금의 토대가 되어 지급준비율에 의해 엄청난 신용창조를 일으켜 은행의 배를 불리는 것이다.

또 연방준비제도이사회는 연방준비권의 제조량을 결정한다. 한마디로 통화량을 결정하는 권한을 갖고 있는 것이다. 연방준비은행은 이 연방준비권을 각 예금취급 금융기관에 지급하고 당해 예금취급 금융기관의 당좌예금에서 동액을 인출함으로써 연방준비권이 유통되게 된다.

연방준비은행FRB은 단순한 도구로 강력하게 경제를 통제하기 시작했다. 이들은 회원은행들의 지급준비율과 재할인율을 규정한다. 연방정부에서 재정지출을 할 때는 그 자금을 FRB에서 빌려 온다. 결과적으로 연방준비제도이사회는 화폐제도뿐만 아니라 정부의 신용까지 통제하게 되었다. FRB의 결정은 비공개회의에서 이루어지고, 민간기업이기 때문에 역사상 단 한 번도 회계감사를 받지 않았다. 케네디 대통령 이후인 1965년부터 오늘날까지의 모든 미국 달러는 연방준비은행권으로 이루어졌다.※ 이번 금융위기를 계기로 미 의회는 금융개혁안을 마련하면서 의회의 연준에 대한 회계감사를 정기화하는 것을 벼르고 있다. 지켜볼 일이다.

※ 하상주, "미국 중앙은행의 역사"

케인스가 보기에 대공황은 수요가 부족한 상태였다. 그냥 두면 재화와 서비스를 소비할 사람이 없어 기업의 수익이 줄고, 기업의 수익이 주니 기업가와 노동자의 소비력이 주는 악순환에서 벗어날 수가 없었다. 케인스에 따르면 이러한 문제를 해결하려면 정부가 빚을 내서 소비를 늘려야 한다. 즉 그는 대공황의 타개책으로 재정적자를 통한 정부지출 확대를 내놓은 것이다.

신자유주의의 대두: 통화주의와 공급 중시 경제학

케인스 이론은 이른바 자본주의의 황금기와 함께하였으나, 1970년대 이후 세계적인 불황이 다가오면서 이에 대한 반론이 제기되었다. 장기적인 스태그플레이션은 케인스 이론에 기반한 경제정책이 실패한 결과라고 지적하며 대두된 것이 신자유주의 이론이다. 1940년대 이후 수십 년 동안 세계는 번영을 누렸고, 케인스 이론은 만병통치약처럼 군림했다. 하지만 이도 그리 오래가진 못했다. 임금상승 때문에 기업들의 수익성이 줄기 시작했다. 사회보장 지출을 크게 늘렸던 정부도 숨이 차올랐다. 케인스가 설명할 수 없는 불황 속 인플레이션, 즉 스태그플레이션이 나타나고 말았다.

케인스 경제학은 근본적 한계를 갖고 있었다. 기업의 의사결정을 완전히 자본가에게 맡겨야 한다고 주장했다. 재정금융정책은 간접적 영향만 줄 수 있다고 본 것이다. 이 때문에 1970년대 초 경제침체 아래서 통화량이 확대되자 스태그플레이션이 발생하여 케인스 경제학은 무력해졌다.

임금인상을 자제시켜 물가상승을 억제하는 소극적인 소득정책을 펴는 데 머물렀다. 이렇게 케인스 경제학은 1970년대 석유위기로 인해 발생한 세계적 스태그플레이션에 제대로 대처하지 못하는 무능이 드러나면서 40년 만에 위세가 꺾였다. 경제학의 큰 물줄기가 이동하였다.

이에 따라 정부의 역할에 테두리를 둘러야 한다는 신자유주의가 태동했다. 1980년대부터는 케인스 경제학의 대척점에 서 있던 시카고대학의 시장만능주의 경제학이 호령하는 시대가 되었다. 시카고학파의 경제학은 레이건과 대처에 의해 채택되었다. 자유시장은 만인에게 경제적 이익을 가져다주는 것으로 칭송받고, 자본주의 경제체제를 수호하는 것으로 간주되었다. 시장이야 물론 경제운용에서 불가결한 제도지만, 매사를 시장에 맡기고 정부는 경제에서 손을 떼야 한다는 시장근본주의가 영국과 미국의 경제정책에서 중요한 위치를 차지하게 되었다. 통화정책에서 중심 변수이던 금리를 조작하는 정책이 퇴색하고, 통화량을 중시하는 통화주의가 전면에 부상하였다.

밀턴 프리드먼은 국민소득과 통화량 사이에는 밀접한 상관관계가 있다고 보았다. 그는 물가안정을 위해 통화량을 엄격하게 제한할 것을 주장했다. 통화정책의 목적은 물가안정에 둬야 한다는 것이다. 이러한 통화주의 경제이론은 재정정책과 금융정책의 무력성을 주장하는 합리적 기대가설로 발전했다. 통화주의 이론은 공급주의 경제학과 함께 감세, 규제 완화를 통한 투자 촉진을 통해 경제침체에서 벗어나야 한다는 정책 처방을 뒷받침했다. 이깃이 바로 오늘날 우리가 겪고 있는 신자유주의다. 시카고학파로 대표되는 신자유주의자들의 주장은 닉슨 행정부의 경제정책에 반영되었고, 이른바 레이거노믹스의 근간이 되었다.

케인스로 대표되는 신중상주의 사조는 약 1세기 동안 확장을 하다가 1980년대 이후 현재까지 자유주의에 밀려 퇴조하고 있다. 신자유주의는 신중상주의가 퇴조하면서 다시 등장하게 된 자유주의 사조를 일컫는다. 복지국가를 지향하던 서구 선진국과 사회주의 국가에서 정부의 부정과 부패가 누적되어 비효율이 문제화되면서 1980년대 이후 급속히 자유주의 사조가 확대되기 시작했다.

영국의 대처 행정부는 전후 영국 경제가 지속적으로 침체되어 패권을 미국에 내어주게 된 원인이 지나치게 경직된 사회구조에 있다고 판단하고, 정부 기능을 축소하고 시장경쟁을 지향하는 자유주의 정책으로 전환했다. 미국의 레이건 행정부도 레이거노믹스로 불리는 공급 위주 경제정책을 실시하여 정부의 간섭을 줄이고, 경쟁을 촉진하는 등 자유주의적인 경제정책을 수행했다. 게다가 경제전쟁에서 패배한 구소련과 동구가 붕괴되면서 세계 각국은 정부 실패가 경제의 효율성 상실이 원인이라는 데 공감하기 시작했다. 자유무역체제를 수용한 홍콩과 싱가포르 등이 새로운 강자로 떠오르면서 자유무역과 시장 중시의 신자유주의 이념을 각국은 새로운 패러다임으로 받아들였다. 신자유주의는 자유방임경제를 지향함으로써 비능률을 해소하고 경쟁시장의 효율성 및 국가경쟁력을 강화하는 긍정적 효과가 있는 반면, 불황과 실업, 그로 인한 빈부격차 확대, 시장개방 압력으로 인한 선진국과 후진국의 갈등 초래라는 부정적인 측면도 있다.

밀턴 프리드먼은 경제를 이해하는 또 다른 중요한 관점을 제시했다. 그는 통화량이야말로 경제가 원활하게 돌아가는 데 중요한 요소라고 보는 통화주의 경제학을 개척했다. 통화주의는 통화량이 많으면 인플레이션이 생기고, 통화량이 적으면 디플레이션이 생긴다고 설명한다. 1930년대 대공황이 생긴 원인은 미국의 FRB가 통화량을 지나치게 줄였기 때문이었다. 따라서 1930년대와 같은 대공황을 막으려면 중앙은행이 통화량을 넉넉하게 풀어 이자율을 낮춰야 한다. 이자율이 낮아야 경기가 활성화되고, 공황을 벗어날 수 있기 때문이다. 케인스와 프리드먼의 주장이 널리 퍼지면서 경제를 이해하는 두 가지 학파, 즉 케인스주의와 통화주의가 탄생하고, 오늘날 주류경제학의 기초가 완성된다.

개인과 시장의 자유를 중시했던 자유시장경제의 수호자이자 신자유주의를 주창한 시카고학파의 태두 밀턴 프리드먼은 1912년 뉴욕의 빈한한 유대인 가정에서 태어났다. 프리드먼의 부모는 오늘날의 우크라이나에서 유대인 박해를 피해 미국으로 이민 왔다. 프리드먼 가족은 밀턴이 태어나자마자 뉴저지 주로 이사했다. 그의 어머니는 초기에는 근무 환경이 열악하기 이를 데 없는 곳에서 재봉사로 일하다가 얼마 후에는 고가철도 옆에서 초라한 잡화점을 운영했다. 아버지는 조그만 사업에 실패하고 후두염에 시달리다가 밀턴이 15세 되던 해에 세상을 떠났다. 유년기 및 청년기에 프리드먼은 항상 경제적으로 쪼들렸다.

1928년 16세의 프리드먼은 당시 작은 사립대학이었던 뉴저지 럿거스대학에 장학생으로 입학했다. 대학 시절 그는 숱한 종류의 아르바이트를 해야만 했다. 아침에는 백화점에서 모자를 파는 점원으로 일했고, 점심 무렵에는 학교 근처의 식당에서 음식을 날랐으며, 밤에는 소방서에서 야간

⁂ 밀턴 프리드먼

근무를 했다. 오전에 식당 일이 끝나면 오후에 강의를 들으러 다녔는데, 아르바이트가 끝나고 강의가 시작될 때까지 시간적 여유가 별로 없었던 그는 강의시간을 맞추기 위해 식당에서 주는 공짜 점심을 항상 급하게 먹을 수밖에 없었다. 이때 생긴 급히 먹는 버릇은 평생 계속되었다. 밀턴의 부인인 로즈 프리드먼의 집안 역시 이민 온 가난한 유대인 가족이었다. 식당 종업원에서 노벨경제학상을 받게 되는 프리드먼의 성공은 '아메리칸 드림'의 상징이기도 하다.

프리드먼은 1932년 럿거스대학을 졸업하고 1년 만인 1933년 시카고대학에서 석사학위를 받았다. 그는 1935년부터 1937년까지 워싱턴에서 루스벨트의 뉴딜정책에 대한 소비통계를 작성하는 일을 하였다. 정부의 중앙집권화와 정부 역할의 비대화에 대한 가장 유명한 비판가가 되는 그가 개입주의 정책의 시초가 되는 뉴딜정책의 통계조사 업무에 참여했었다는 것은 아이러니한 일이 아닐 수 없다.

프리드먼은 그 업무를 담당하면서 그의 일생에서 매우 중요한 것을 하나 얻게 된다. 바로 실증적 자료의 중요성이다. 이후 그의 이론은 철저하게 경험적·통계적 증거에 의해 뒷받침되었고, 그만큼 그의 주장은 신뢰성과 설득력을 지닐 수 있었다. 뛰어난 기억력을 바탕으로 방대한 실증적 증거를 적재적소에 활용하는 그와 대적할 수 있는 논쟁 상대는 없었다. 프리드먼도 이를 두고 "아이러니하게도 뉴딜정책은 개인적으로 나의 은인이었다"고 말한 적이 있다.

프리드먼은 미국의 전국경제연구소NBER와 재무부 근무를 거쳐 1946년 컬럼비아대학에서 박사학위를 받았다. 박사학위를 취득한 후 시카고대학으로 자리를 옮겨 30년 동안 그곳에 재직하면서 자유주의 시장

경제를 근간으로 하는 시카고학파의 대부가 되었다.

통화주의의 대부, 현대 경제학의 거두로 손꼽히는 프리드먼은 평생에 걸쳐 정부의 역할을 축소하는 대신, 개인과 시장의 역할을 강조했다. 프리드먼의 명성은 1960년대 후반, 시장과 경제에 대한 정부의 적극 개입을 주장한 케인스 경제정책이 스태그플레이션을 불러올 것이라는 예측이 적중하면서 돋보였다. 끝을 모르고 이어지는 스태그플레이션으로 세계 경제가 침체기에 빠지자 사람들은 케인스 이론의 한계를 깨닫고, 인플레이션을 퇴치하기 위해서는 정부의 지출을 줄이고 통화량을 늘려야 한다는 프리드먼의 주장에 관심을 갖게 되었다.

급진적으로까지 불렸던 프리드먼의 이론들은 대부분 정부의 정책으로 채택되기 시작했다. 1971년 미국이 고정환율제를 폐지하고 변동환율제를 도입한 것이나, 1973년 징병제를 지원병제도로 전환한 것들이 바로 그 예다. 자연실업률 개념에 입각한 이 업적으로 그는 1976년 노벨경제학상을 받았다. 시카고대학 시절 형성한 시카고학파, 일명 '시카고 보이'들은 케인스학파를 물리치고 자유시장에 입각한 신자유주의 경제학을 전 세계에 수출했다.

정부의 역할 축소, 자유시장 확대를 주창한 밀턴 프리드먼은 1980년대 이후 미국 레이건 정권과 영국 대처 정권의 신보수주의 정책의 이론적 지주였다. 하이에크와 함께 현대경제학과 실물경제 이론에 가장 큰 영향을 끼친 학자로 손꼽히는 프리더먼의 경제철학은 통화 연구를 통해 이론적으로 뒷받침되있다. 그는 고전학파의 화폐수량설을 기초로 신화폐수량설을 발전시키고 화폐이론을 체계화하였다. 통화량이 경기변동에 끼치는 실증 연구를 통해 정부의 역할을 성장률에 맞춘 통화 공급에

만 한정하는 통화주의를 확립한 것은 프리드먼의 최대 성과로 평가받고 있다.

밀턴 프리드먼은 자신의 저작《자본주의와 자유》에서 경제적 자유를 이룩하기 위한 장치이자 정치적 자유를 위한 필요조건으로서 경쟁적 자본주의의 역할에 주목했다. 프리드먼의 경제이론을 한마디로 표현하면 '민주주의에 입각한 시장경제'라 할 수 있다. 프리드먼은 자원의 효율적 배분을 위해서는 정부 개입을 줄이고 시장 기능에 의존해야 한다고 주장했다. 국방이나 환경문제, 독점규제와 같은 문제에서는 정부의 역할이 필요할 수도 있지만, 경기부양을 위한 임의적인 정책 실시나 공익을 위한 답시고 가하는 수많은 규제는 경제를 왜곡시키거나 더욱 혼란시킬 수 있기 때문이다.

"경제적 자유의 증가가 정치적·시민적 자유의 증가와 함께 이루어졌고, 더 큰 번영으로 이어졌으며, 경쟁적 자본주의와 자유는 분리할 수 없는 것임이 드러났다"고 밀턴 프리드먼은《자본주의와 자유》의 서문에서 자신의 주장에 다시 한 번 힘을 실었다. 그는 자유주의를 주장함으로써 신자유주의 이론을 체계화하였다. 신자유주의 이론의 타당성을 떠나 세계사는 물론 경제사에서도 뚜렷이 흐르는 하나의 흐름이 있다. 곧 인류의 역사는 자유를 확보하기 위한 투쟁의 역사라는 공통점을 보여주고 있다.❖

❖ 최재호 지음,《유대인을 알면 경제가 보인다》, 한마음사, 2001

유대인 경제학자 폴 새뮤얼슨

폴 새뮤얼슨은 1915년 미국 미시간에서 태어나 시카고대학에서 학사와 석사를, 하버드대학에서 경제학 박사학위를 취득하였다. 그는 하버드대학 교수가 되기를 바랐지만 1930년대만 해도 유대인 차별이 심해 뜻을 이루지 못했다. 그는 같은 도시 케임브리지에 있는 유명한 매사추세츠공과대학에 가서 경제학과를 개척해 세계 굴지의 학과로 만듦으로써 한을 풀었다. 1930년대 말부터 2009년 말 94세로 작고하기 전까지 그의 경제학에서의 활동성과는 실로 방대한 것으로, 온갖 중심적인 문제 영역을 모두 커버하고 있다. 그 가운데도 1947년에 출간된 그의 박사 논문 《경제분석의 기초》와 그 뒤의 《경제학: 입문적 분석》은 금세기를 통해 경제학에 아마도 가장 큰 영향을 준 책으로, 세계 각국에 널리 보급되어 그에게 백만장자의 부까지 안겨주었다.

새뮤얼슨의 대표작 〈경제분석의 기초〉는 실질적으로 1930년대 말, 즉 그의 나이 20대 전반까지의 산물이고, 그 뒤 그는 만능의 거인이라 불릴 만큼 경제이론의 모든 분야에 손을 미쳤다. 새뮤얼슨의 《경제학》은 1948년 출판 이래로 경제학계를 주름잡아 왔다. 미국뿐 아니라 전 세계에서 가장 많이 사용되는 경제학 교과서가 바로 새뮤얼슨의 《경제학》이었다. 지금은 그레고리 맨큐의 기세가 워낙 강해 주춤하고 있지만 40개국에서 번역되어 세계에서 제일 많이 읽힌 경제원론 교과서의 대명사는 누가 뭐라 해도 새뮤얼슨의 《경제학》이

∴ 폴 새뮤얼슨

었다.

새뮤얼슨은 1970년 2회 노벨경제학상을 받았다. 그가 미국인 경제학자로는 최초로 노벨경제학상을 받은 것이다. 특히 경제학에 미적분 등 수학을 도입해 동태분석, 정태분석 등을 체계화한 것은 대단한 공적이었다. 공공재public goods의 경우 비배타성과 비배제성이 있으므로 민간이 아닌 정부가 생산해야 한다는 것을 '수학적으로' 증명하였다. 고전학파의 미시적 시장균형이론과 케인스의 거시경제정책론을 접목했다는 신고전파 종합으로 이 계통의 대표가 바로 새뮤얼슨이다. 곧 경제의 완전고용을 위해서는 정부의 개입이 필요하지만, 일단 완전고용이 달성되면 정부는 개입하지 말고 시장의 메커니즘에 맡겨야 한다는 고전학파 시각을 대변하였다.

케인스 복지국가에 의한 1950~1960년대 '자본주의 황금기'에는 경제적 안정을 배경으로 미국에서 신고전파 경제학이 득세해 주류경제학이 되었다. 신고전파 경제학은 케인스주의 거시경제정책의 우산 밑에서 부활한 이론이다. 신고전파 경제학은 합리적으로 행동하는 개인을 경제 주체로 설정하고, 기술적 제약에도 이윤 극대화와 예산 제약 아래 효용 극대화를 가정한다. 거시경제이론에도 장기에서는 가격, 이자와 임금의 조정에 의해 완전고용이 달성된다는 한계주의이론을 계승했다.

경제학계의 왕자로 군림한 새뮤얼슨도 1980년대를 지나면서 빈틈을 조금씩 보이기 시작했다. 정부의 개입이 적정했는가의 여부, 수요 조절로 인한 경제 안정화 정책의 방향 등에 대해 비판이 나오기 시작하면서 주춤한 것이다. 또한 지나치게 수학을 중시한다는 비판도 많이 제기되었다. 그러나 이러한 비판들 속에서도 새뮤얼슨의 경제학에서의 공적은 대단하였다.《경제학》이라는 탁월한 교과서로 경제학도들에게 빛을 밝혀주었고, 수학을 이용해 경제분석의 틀을 확장했으며, 적절한 정책을 제시하기도 한 새뮤얼슨은 20세기의 대표적인 경제학자이다.✣

✣ 열혈청년(urijarang)의 블로그, "내가 경제학의 왕자다, 폴 새뮤얼슨", http://blog.naver.com/urijarang/80001113611

II

미국의
패권주의 대두

JEWISH ECONOMIC HISTORY

18세기 대영제국에 도전하는 새로운 힘이 신대륙 아메리카에서 꿈틀거리며 자라나기 시작했다. 그 뒤 영국 본국 정부의 압제로부터 벗어나기 위한 신대륙 식민지 정부의 독립전쟁은 식민지 정부가 내전을 국제전쟁으로 전환시키는 데 성공하여 마침내 승리했다. 이로써 1783년 파리 조약에 의해 미국의 독립이 승인되면서 '미합중국'이 탄생했다.

미국은 태어날 때부터 제국이었다. 인디언을 학살하면서 영토 확장을 한 것 자체가 제국의 행동이었다. 서부 개척이 한창이던 1800년대 초, 미국 원주민 가운데서도 체로키족은 문명 부족이었다. 독자적인 대의제를 갖춘 정부도 있었다. 체로키족의 지도자는 수도 워싱턴으로 가서 대대로 살아온 땅에서 지낼 수 있도록 대법원에 청원을 넣어 소유권 판결을 받기도 했다. 하지만 이들의 땅에 욕심을 낸 미국은 이들을 강제로 이동시켰고 체로키 2만여 명을 죽음으로 몰아넣었다.

정치 이론가 마이클 왈처는 세계에서 미국이 갖는 역할을 묘사할 때 '패권주의'라는 말보다는 '제국'이라는 말이 보다 낫다고 주장했다. 그러나 제국이라는 단어가 속된 말이기 때문에 미국을 극단적으로 비판하는 일부 나라를 제외하고는 공식적으로 미국을 그렇게 부르지는 않는다.

미국, 영국을 추월하다

한 나라의 통화가치는 그 나라의 국력과 비례한다. 이런 의미에서 미국의 힘이 외부로 분출하기 시작하는 20세기 미국의 패권주의는 시사하는 바가 크다. 이때부터 달러는 세계 기축통화로서 위상을 갖기 시작한다. 산업 역시 비약적으로 발전했다.

격동의 1860년대

1860년대 미국은 격동의 시대였다. 중요 산업의 기틀이 이때 잡혔다. 특히 전쟁은 산업과 금융 활동을 활성화시키는 힘이 있었다. 1861년 남북전쟁이 시작되었고 같은 해 JP 모건이 뉴욕에 모건 상사를 설립해 모건 금융왕국이 본격적으로 시작되었다. 1863년에는 철강왕 카네기의 키스톤 교량회사가 설립되었고 1865년에 남북전쟁이 끝나고 링컨이 암살당한다. 이후 전쟁 중이라 중단되었던 철도 건설과 이를 뒷받침하는 철강산업이 비약적으로 발전했다.

한편 1865년 록펠러가 본격적으로 정유사업을 장악해 그의 두 번째 정유회사 스탠더드 위크스가 설립되었다. 이듬해 대서양횡단 해저전신이 완성되어 금융업을 비롯한 정보산업이 눈부시게 발전하기 시작한다. 1867년에는 밴더빌트가 뉴욕 센트럴 철도를 인수해 철도왕에 오르고 카네기가 유니온 제철소를 설립했다. 마침내 1869년 대륙횡단철도가 완성되어 미국에 물류혁명이 일어난다. 이 시대를 보면 특히 유대인들의 활약이 눈부신 걸 알 수 있다.

미국, 영국을 추월하다

1865년 남북전쟁이 끝나고 본격적인 산업화와 서부 개척이 진행되면서 미국의 경제규모는 19세기 중엽 이후에 이미 대영제국을 추월하기 시작하여 1880년대에 이르러 공업생산에 있어서는 세계 최대가 되었다. 이로써 세계 경제의 중심축이 대서양을 건너 서쪽으로 넘어갔다. 역사학자 아놀드 토인비가 이야기한 '문명 서진설'이 본격적으로 시작된 것이다.

영국은 1860년대까지만 해도 세계 철강생산과 공업제품 교역의 반을 차지하면서 팍스 브리타니카를 유지했었으나 그 뒤 20년이 채 안 되어 미국에 추월당했다. 그만큼 당시 미국의 산업화가 맹렬했다는 이야기다. 그 뒤에도 19세기 말 즈음 영국은 약 1%의 경제성장에 머문 반면 1890년대의 제2차 산업혁명기에 미국, 독일, 프랑스, 일본 등은 1.5~2%의 성장을 계속했다. 특히 미국과 독일이 전기·화학·

철강산업에서 비약적으로 발전했다. 특히 미국은 과학과 기술이 융합적으로 발달하면서 대량생산체제를 갖추고 규격화된 소비제품이 등장하면서 규모의 경제를 갖춘 대기업이 발흥했다.

미국, 동양에 눈 돌리다: 셔먼호 사건

당시 미국이 해외시장 개척에 처음으로 눈을 돌린 곳은 공교롭게도 동양이었다. 산업혁명을 이룬 서양은 19세기 중반부터 상품시장과 원료 공급지를 찾아 동아시아를 침략하기 시작했다. 아편전쟁(1840), 난징조약(1842), 페리의 일본 원정(1853), 미일화친조약(1854) 등 서구 열강의 침략이 가속화되는 상황에서 조선 연안에도 서양 선박이 출몰하기 시작했다.

그 무렵 미국이 해외 통상에 적극적이라 쇄국정책을 고수하던 조선과 마찰이 있었다. 1866년 고종 3년 미국 상선 제너럴셔먼호가 조선에 통상을 요구하며 비단, 유리그릇, 천리경, 자명종 등의 상품을 싣고 8월 20일 대동강을 거슬러 평양에 들어왔다.

1866년은 조선의 대외 정책에 있어 중요한 해였다. 그해 초 흥선대원군은 천주교 탄압정책에 따라 프랑스 신부 9명과 천주교도 수천 명을 죽이

❖ 1866년 8월에 평양 대동강을 침입했던 미 상선 제너럴셔먼호

는, 이른바 병인사옥을 단행했다. 이를 계기로 조선의 외국인 배척 감정은 최고조에 달했다. 프랑스 선교사를 처형한 것에 대한 보복으로 프랑스 함대가 쳐들어오리라는 소문이 파다한 가운데 셔먼호가 나타난 것이었다. 길이가 55m에 너비는 15m나 되는 커다란 이 배에는 대포가 2문이나 설치되어 있었다.

셔먼호가 평양 경내에 정박하자 평안도 관찰사 박규수는 사람을 보내 평양에 온 목적을 물었다. 그들은 항해 목적이 상거래뿐임을 강조하며 그들이 가져온 비단, 자명종 등과 조선의 쌀, 사금, 홍삼, 호랑이 가죽 등의 교역을 제의했다. 그러나 관찰사는 통상이 국법으로 금지되어 있음을 이유로 그들에게 즉시 출국할 것을 요구했다.

조선 측의 경고에도 셔먼호는 만경대까지 올라와 그들의 행동을 제지하던 중국군을 붙잡아 감금했다. 사태가 이에 이르자 평양성 관민은 크게 격분하여 강변으로 몰려들었고, 셔먼호는 총과 대포를 쏘아 사태가 악화되었다. 셔먼호의 무모한 행동에 대해 강변의 군민은 돌팔매, 활, 소총으로 맞서 대항했다.

당시 계속된 비로 강의 수위가 높아졌다 평상시 수위로 돌아가자 셔먼호는 양각도 모래톱에 걸려 움직일 수 없게 되었다. 그러자 불안에 휩싸인 셔먼호의 승무원들이 대포를 발사해 평양 사람 7명이 죽고 5명이 다쳤다.

조선군은 작은 배들에 장작과 볏짚을 실어 불을 피워 셔먼호로 떠내려 보냈다. 화공이었다. 박규수는 이때 포격을 가한 뒤 대동강 물에 식용유를 풀

∴ 셔먼호 격침 140주년을 기념해 북한에서 발행된 우표

고 불을 붙여 셔먼호를 불
태워 격침시켰다. 승무원
23명 대부분이 불에 타 죽
거나 물에 빠져 죽었다. 이것
이 조정에 전해지자 박규수
는 대원군의 각별한 총애를
얻게 되었다. 박규수는《열
하일기》를 쓴 연암 박지원의 손자다.

　홍선대원군은 이 사건으로 자신을 얻었다. 이에 힘입어 같은 해 음
력 9월에 프랑스 함대의 침략도 물리쳤다. 이 사건이 병인양요다. 병
인양요는 대원군이 프랑스 선교사 9명을 학살한 사건에 항의해 프랑
스 함대가 강화도를 침범했으나 패배하여 철수한 사건이다. 이를 계
기로 대원군은 쇄국정책을 더한층 강화했다.❖

신미양요

　그 무렵 미국은 포경산업에 열을 올리고 있었다. 그들은 통상보다
는 동해에서 고래잡이 하는 미국 배의 유사시 대피와 식품 공급이
더 필요했다. 동해는 고대로부터 고래잡이로 유명한 곳이다. 당시 석
유가 발견되기 전이라 고래는 아주 유용하게 쓰였다. 고래 기름이 등
불 기름으로 사용되어 집 안과 밤길을 밝혀주었다. 그리고 기계의 윤

❖ 작성자 수위, "미국의 독립과 영토 확장"

활유로 사용되었으며 고래수염은 여자 치마를 부풀게 하는 재료로 사용되어 포경산업은 중요한 산업이었다. 실제 미국 고래잡이배가 세 번이나 동해안에 표류하여 이때마다 미

∴ 신석기시대 반구대 암각화의 고래잡이 전경(울산)

국 배를 청나라로 호송하는 친절을 베풀었다.

당시 팽창주의 정책을 추진한 미국은 셔먼호 사건을 계기로 조선을 응징하고 강제 통상을 계획하고 있었다. 그리고 1866년에 병인양요를 일으켰던 프랑스에 공동원정군을 편성해 조선을 침공하자고 제의했다. 그러나 당시 프랑스는 프로이센과의 전쟁을 준비하고 있을 때라 거절했다. 1868년에는 셔먼호 사건 진상을 규명하려 미군 함대 2척이 서해안에 왔으나 우리 정부는 회답도 주지 않고 돌려보냈다.

결국 미국은 셔먼호 사건에 대한 응징과 통상관계 수립을 목적으로 1871년 조선을 침략했다. 아시아함대 사령관 J. 로저스는 함재대포 85문의 군함 5척에 해군과 육군 1230명을 싣고 함포사격과 수륙양면공격으로 강화도의 초지진, 덕진진을 점령하고 광성보에 성조기를 게양했다.

광성보를 빼앗겼다는 소식이 전해지자 대원군은 자구책을 강구하면 프랑스 함대 경우와 마찬가지로 미국 함대도

퇴각할 것이라 생각했다. 그는 '양이洋夷를 매국지율賣國之律로 다스리겠다'는 내용의 교서를 발표하고, 전국 중요 도회지에 척화비를 세웠다.

이러한 조선 측의 반응은 패전한 조선이 당연히 교섭에 응할 것으로 예상했던 미국 측에는 의외로 받아들여졌다. 이에 미국 측은 다시 교섭을 요구했으나, 조선 정부가 응하지 않자 대규모 군사행동을 감행하지 않고는 목적을 달성하기 어렵다고 판단했다. 그러나 로저스는 당시 대규모 침략전쟁을 감행할 수 있는 병력이 없었다. 또한 대규모 군사행동은 본국으로부터 받은 훈령 외의 일이었다. 그는 결국 철수하기로 결정했다.

그리하여 5월 15일 조선에 공문을 보내 외교 교섭단의 접견을 거절하는 것은 불법이라고 전하고 장차 미국 국민이 조난되었을 경우에 구조·보호해달라고 요청한 후 청으로 돌아갔다. 이 소식이 전해지자 조선 사람들은 환호성을 올리며 의기충천했다. 이후 조선은 배타의식이 더욱 강화되어 쇄국 태도는 더욱 견고해졌다.

금과 은의 다툼

그 무렵 세계는 오랫동안 화폐로 통용되던 금과 은이 서로 다투고 있었다. 사실 근대사회까지 은을 기준으로 삼는 문명권이 일반적이었다. 19세기까지 동양과 서아시아, 남아메리카, 독일, 네덜란드, 스칸디나비아 국가들이 은본위제를 시행했다.

이 같은 금과 은의 경쟁에서 금이 결정적인 승자가 된 때는 1859년 미국 네바다에서 대규모 은광이 발견되면서부터다. 공급량이 많아지자 은의 가치가 급격히 떨어졌기 때문이다. 이로써 두 금속 사이의 균형이 무너져 은본위제 퇴출을 가져오는 동기가 되었다.

그런데 이보다 약간 앞서 대규모 금광도 발견되었지만 그때 금은 은과 다른 효과를 냈다. 1850년을 전후해 캘리포니아와 오스트레일리아에서 금광이 발견되어 금 가격이 하락했다. 하지만 금광 발견으로 금본위제가 위축된 게 아니라 오히려 프랑스, 벨기에

등에서 금은양본위제가 막을 내리고 금본위제가 시행된 것이다.

금은양본위제는 금과 은의 가격비를 고정시켜 화폐를 발행하는 것이다. 따라서 자국에서의 가격비와 국제 금·은 시세가 비슷해야 유지된다. 그러나 대규모 금광 발견으로 국제시장에서 은의 가치가 상대적으로 높게 평가되면서 은은 해외로 유출되고 국내에는 금만 유통되어 자연스레 금본위제로 전환된 것이다. 이에 따라 프랑스, 벨기에, 스위스, 이탈리아 등 이른바 프랑권 국가들이 1870년대 금본위제로 이행하게 된다.

1873년의 범죄

당시 세계의 금은 로스차일드 가문의 손아귀에 있었다. 영국의 네이선 로스차일드가 세계의 금 시세를 정했다. 이를 이용해 로스차일드는 금광 개발에 열을 올리며 세계의 금을 독점적으로 공급하여 큰돈을 벌고 있었다. 그로서는 금본위제를 쓰는 나라가 많아져야 금의 수요가 늘어 금값을 더 받을 수 있었다. 로스차일드는 미국 내 대리인 벨몬트와 셸리그먼을 시켜 미국이 금본위제로 회귀하도록 압력을 넣었다.

1866년 미국은 금본위제 회귀를 위해 '긴축법안'을 통과시키고 유통 중인 달러를 회수해 금화로 환전해주며 금본위제를 부활하려 했다. 이로써 통화 유통량은 1866년 18억 달러에서 10년 후 6억 달러로 줄어들었다. 그리고 1871년 은본위제를 고수하던 독일 역시 금본위제로 이행하면서 금 대세론은 굳어지게 된다.

미국에서도 캘리포니아 등에서 대량의 금광과 네바다 등에서 대량의 은광이 발견되었다. 금이 많이 생산되는 주는 금본위제를, 은이 많이 나는 주는 은본위제를 주장했다. 이것이 정치문제로 비화되어 서로 첨예하게 대립했다.

그러나 세계적인 대세를 따라 1873년 미국도 은화를 폐지하는 '화폐주조법'을 통과시켜 금본위제를 채택했다. 여기에는 은의 사용을 폐지하고 단일 금본위제를 주장하는 로스차일드의 압박도 작용한 것으로 보인다. 그러나 이게 패착이었다. 이때 금은양본위제를 선택했더라면 공황을 피할 수 있었다는 의견이 지배적이다. 그런 의미에서 금화를 법정통화로 정한 의회 결정을 '1873년의 범죄'라 불렀다.

1873년 대불황, 20여 년간 지속되다

19세기 중엽부터 세계는 철도와 철강산업에 경쟁적인 과다투자로 경기가 과열로 치닫는다. 19세기 중후반의 세계 경제는 일명 '팍스 브리타니카' 체제로 불린다. 이는 1830년부터 1870년까지 40년 동안 영국 중심의 국제 경제체제를 말한다. 영국의 산업혁명과 더불어 세계 공업시장과 원료시장이 급속히 확대되었다.

문제는 팍스 브리타니카 체제가 끝나가는 1870년 즈음해서 나타났다. 파리, 비엔나, 베를린 등 유럽 각국의 수도와 큰 도시들에서 황제들은 경쟁적으로 대형 건축물과 주택 건설을 위한 모기지 발행 대출기관들을 지원했다. 모기지 얻기가 쉬워지자 건설 붐이 일어났다. 당연히 땅값이 치솟기 시작했다. 건설업자들은 건설 예정지인 땅이나 건설 중인 집을 담보로 더 많은 은행 돈을 빌렸다.

그러나 경제 여건은 그다지 좋지 않았다. 특히 유럽과 러시아의 밀 수출업자들은 그들보다 훨씬 싼 가격으로 파는 새로운 경쟁자를 맞이했다. 바로 미국 농산물이었다. 그들은 곡물 엘리베이터와 컨베이어 벨트를 사용하여 엄청나게 큰 증기선에 열차 수십 대 분량의 밀을 한꺼번에 수출했다. 규모의 경제로 수출가격이 경쟁국보다 쌀 수밖에 없었다. 밀의 최대 수입국이었던 영국은 1871년에 저렴한 미국으로 수입처를 바꿨다.

이로써 당시 가장 중요한 곡물인 밀값이 폭락해 1873년 유럽 경제가 붕괴되기 시작했다. 유럽인들은 미국을 상업적 침략자라고 비난했다. 새로운 산업강국, 미국이 유럽의 무역과 생활방식을 위협하는 초강대국으로 등장한 것이다.

미국에서 그랜트 대통령 역시 철도 건설에 심혈을 기울이자 철도 채권과 주식들이 인기를 끌었다. 이때 증권거래소가 틀을 갖추게 된다. 철도회사 주식들이 얼마나 인기를 끌었던지 유럽의 자금이 다 몰려들었다. 그러나 이러한 버블 뒤에는 항상 공황이 따르게 마련이었다.

은행들이 무너지면서 어느 기관이 모기지 위기에 연루되어 있는지 불확실했기 때문에 자본수출국 영국 은행들은 자본을 무차별적으로 거둬들였다. 그러자 은행 간에 돈 빌리는 비용, 곧 콜 금리가 엄청나게 치솟았다. 신용경색이 온 것이다. 예나 제나 모기지 대출로부터 시작되는 신용위기는 패턴이 똑같았다. 불행히도 역사는 반복된다.

신용위기는 그해 가을 미국을 강타했다. 영국 은행들이 미국의 철도산업에 투자했던 11억 달러를 일시에 거둬들였기 때문이다. 시중에 돈이 말라버렸다. 당연히 과열로 치달았던 철도회사들이 맨 먼저 쓰러졌다. 유력한 철도 금융가인 제이 굴드가 채무를 변제하지 못하고 부도가 나자, 9월에 주식시장은 붕괴되었다. 그 뒤 3년 동안 수백 개의 은행들이 문을 닫았다.

앞서 언급했듯 1873년 공황은 선진 자본주의 국가들에서 거의 동시에 발생했다. 금본위제 회귀로 인한 유동성 부족이 결정적 이유였다. 대불황은 종래의 불황과 다른 몇 가지 특징이 있었다. 먼저 유례를 찾을 수 없도록 불황 기간이 길었다. 1890년대 중엽까지 20여 년간 지속된 장기간의 불황 국면이 이어졌다. 그래서 이를 '대불황'이라 부른다.

그리고 영국에서 시작된 대불황의 두드러진 특징은 장기간에 걸친 지독한 디플레이션이었다. 대불황이 시작될 1873년 당시의 도매 물가를 100으로 보았을 때 대불황이 끝나가는 1890년대 중반에는 68로 떨어졌다. 대불황 직전에 각국의 산업투자가 급증했지만 늘어나는 실물경제를 화폐경제가 뒷받침해주지 못했다. 그러자 각국의 산업생산은 급속하게 감소하고 기업 도산, 실업, 장기침체가 뒤를 이었다. 통화 부족으로 일어난 장기 공황이었다.

그린백 정당 창립

남북전쟁이 끝나고 나서 미국 농업은 장장 30년간의 불황기로 진입했다. 1874년 그랜트 대통령이 물가 앙등을 잡기 위한 재정 긴축과 통화 환수로 농산물 가격이 절반으로 급락했다. 통화 부족이 급격한 디플레이션을 부른 것이다. 그러자 농민들은 이에 맞서 그린백 정당을 창설했다. 아예 화폐 발행 증가를 당의 정강으로 삼았다.

그린백 정당은 정부에 그 화폐 공급량을 늘려 농산물 가격을 끌어 올리라고 요구했다. 그린백당은 일부 노동자 단체들을 끌어들였다. 그리고 1873년 화폐주조법 이후에는 은 광산주들과 연합해 강력한 저항에 나섰다. 세를 불린 그린백당은 대선에는 실패했으나 1878년에는 하원 의석 21석을 차지하는 기염을 토했다. 결론적으로 비록 통화 확대는 못 했어도 통화 환수는 막았다.

그린백 달러 회수 문제로 전후 20여 년 동안 격렬한 정치적 논쟁을 한 끝에 결국 1878년 의회는 미제액 3억 5000만 달러를 통화로 인정해 이의 항구적 유통을 결정했다. 그리하여 폐기 예정이었던 그린백 지폐가 20세기 후반까지 법정통화로 쓰였다.

그린백당 창당 이후 정당지도는 복잡해졌다. 금본위제를 반대하고 풍부한 은을 토대로 하는 금은양본위제에 찬성하는 농민들은 은을 상징하는 실버당을 만들었다. 그리고 여기에 찬성하는 공화당원들은 실버공화당을, 그리고 민주당원 일부는 실버민주당을 만드는 등 19세기 후반 정치권의 화두는 '은과 화폐제도'였다. 그 뒤 선거는 통화 시스템과 화폐제도가 선거 쟁점이 되었다.

금은양본위제, 블랜드-앨리슨법

1873년 대불황 이후 은행 도산과 금융공황이 계속되어 경제를 불안하게 만들자 1878년 2월 28일 미국 의회가 블랜드-앨리슨법을 통과시켰다. 골자는 보조화폐로서 은을 부활시킨 것이다.

재무부가 매월 200만에서 400만 달러어치의 은을 매입해 금화와 1:16의 비율로 교환되는 은전을 주조한다는 내용을 담았다. 법 제정에는 우여곡절이 많았다. 금융과 국제무역·제조업의 중심지인 북동부와 농업·광산업이 주력인 서부·남부 간의 해묵은 갈등이 '금과 은의 대결구도'로 표출되었기 때문이다.

북동부는 '금본위제도 시행이 인플레이션을 억제하고 국제적 신용도를 높이는 첩경'이라며 1873년 화폐주조법을 개정하여 은화 주조를 중단시켰다. 그러자 남부와 서부의 농부와 광산업자들은 즉각 반발하고 나섰다. 농산물 가격 상승을 초래하는 인플레이션을 축복이라고 여겼던 농부들은 은화 공급확대를 강령으로 삼는 정당까지 만들었다.

이 와중에 1881년 취임한 20대 제임스 아브라함 가필드 대통령은 당시 공화당 강경파의 리더였고 화폐 시스템이 극소수에 의해 통제되는 것을 반대했다. 그는 몇 개월 지나지 않아 또 한 사람의 정신병 환자에게 암살당한다.

갈등은 금은양본위제 블랜드-앨리슨법이라는 절충점을 낳았다. 그리고 1890년에는 은 구매를 대폭 늘리는 법이 마련되었다. 그러나 문제는 '악화가 양화를 구축한다'는 그레셤의 법칙에 따라, 공급확대로 은 가치가 떨어졌음에도 금화와의 교환비율이 고정된 탓에 금이 가치축적 수단으로 여겨져 장롱 속으로 사라져갔다.

금융자본주의가 시작되다, '도금시대'

미국의 재벌들에게 1873년 이후 4년의 공황기는 오히려 황금시기였다. 모건, 카네기, 맥코믹, 록펠러 등은 보유 자본금이 충분해 전혀 문제가 없었다. 그러나 외부 자본에 의존하던 작은 회사들에는 가혹한 상황이었다. 보유 자본이 바닥나자 작은 기업들은 버틸 힘이 없었다. 모건을 비롯한 카네기와 록펠러는 이러한 경쟁업체들을 헐값에 사들였다. 금융자본이 산업자본을 지배하면서 문어발식 확장을 거듭해나갔다.

미국은 재벌들에 의한 산업집중, 이른바 '도금시대The Gilded Age'가 시작되었다. 도금시대란 소설가이자 유머 작가인 마크 트웨인이 자신의 작품명으로 처음 쓴 말이다. 도금처럼 겉과 속이 다르다는데서 유래하였다. 겉모양은 번지르르한데 속은 썩었다는 뜻이다. 그는 《도금시대》에서 워싱턴 DC와 당대의 지도적 인물 여럿을 조롱했다. 특히 그는 유대인을 강하게 비판했다.

19세기 말과 20세기 초 미국 사회는 그야말로 황금으로 도금한 시대였다. 급속한 공업화와 도시화로 산업자본이 독점 이득을 누리면서 신흥 부호들이 엄청난 부를 축재했다. 당시에는 소득세도 없었기 때문에 버는 대로 부를 축적하였다.

양지가 있으면 음지가 있는 법이다. 도금시대의 이면에 비쳐진 그림자는 참혹했다. 독점자본가의 무자비한 노동착취로 인해 이민자와 농민들은 도시빈민으로 전락했다. 사회개혁 운동이

♣ 마크 트웨인

싹튼 것도 이때였다. 공황이 깊어짐에 따라 보통 미국인들의 고통도 심해졌다. 1873년부터 1877년 4년 사이에 많은 공장과 가게들이 문을 닫자 수만 명의 노동자들은 떠돌이 신세가 되었다. 실업자들은 보스턴, 시카고, 뉴욕에서 공공근로 일자리를 요구하며 데모를 벌였다. 미국 역사에서 가장 격렬한 파업들이 이 시기에 일어났다. 1877년에는 전국적인 철도 파업이 뒤따랐다.

세계 금융의 중심이 유럽에서 미국으로

1873년 공황의 교훈은 월스트리트 은행들이 쓰러지면서 실물경제도 마비되었다는 것이다. 그것도 아주 장기간 지속되었다. 미국과 유럽의 은행 재건이 질질 끌면서 광범위한 실업을 낳았다. 노동조합들이 번성했지만 기는 법 위에 나는 법을 배운 록펠러와 같은 재벌들에 의해 파괴되었다. 공황 후의 승자는 상당한 현금을 보유한 재벌들이었다. 결국 1873년 공황으로 세계 금융의 중심이 유럽에서 미국으로 옮겨졌다.

유럽의 상황은 더 고달팠다. 공황 직전에 각국의 산업투자가 급증하였고 임금도 등귀하였다. 그러나 곧이어 앞서 언급했듯 공황기에 각국의 산업생산은 급속하게 감소하고 기업 도산, 실업, 장기침체가 뒤를 이었다. 많은 정치가는 위기의 원인을 외국 은행과 유대인 탓으로 돌렸다. 특히 민족주의 정치 지도자들은 실직한 수만 명에게 어필하는 반유대주의를 외쳤다.

러시아를 비롯한 동유럽 지역에서 크고 작은 유대인 학살이

1880년대에 뒤따랐다. 1873년 공황은 이렇게 선진자본주의 국가군에서 동시에 발생하여 1890년대 중엽까지 장기간의 불황 국면이 이어졌다.

공황의 두 얼굴, 기업들의 체질이 강화되다

그 가운데서도 1882~1885년 사이에 일어난 공황을 1884년 철도공황이라 한다. 유럽의 금 보유고가 고갈되어 뉴욕 국립은행은 재무부의 묵인 아래 미제공채의 나머지 투자를 정지했다. 더 큰 위기는 뉴욕어음교환소가 파산 리스크를 떠안고 은행을 구제하면서부터였다. 그럼에도 그랜드 & 워드 투자회사, 뉴욕 해양은행, 피츠버그 팬

은행 등을 포함한 1만여 개의 중소기업이 파산했다. 이때 미국 최대 산업인 철도회사들의 주식 가격이 폭락하며 많은 회사가 줄줄이 도산하기 시작했다. 게다가 은행들의 파산으로 산업활동 둔화, 실업 증대, 임금하락 현상이 나타났다. 이 속에서도 카네기 그룹은 헐값에 경쟁사 공장을 사들임으로써 확장했다.

19세기 마지막 25년 동안 미국 철도회사의 절반인 700개 사가 문을 닫았다. 극심한 공황에서도 미국 자

.. 1884년 5월 14일 아침 월스트리트 장면: 〈하퍼스 위클리〉 그림

본주의는 두 가지 반사이익을 누렸다. 첫째는 체질 강화다. 한계기업이 정리되면서 기업 경쟁력이 강해졌다. 둘째는 산업자본의 자국화였다. 유럽 투자자들이 보유 주식을 헐값에 내던지는 바람에 35%에 이르던 외국 자본의 철도산업 지분이 10%로 줄었다. 유럽인들은 수익을 한 푼도 못 건진 채 광대한 미국 철도망만 건설해준 꼴이 돼버렸다. 공황이 마무리되던 1880년대 중엽부터 유럽 자본은 다시 들어와 미국인들의 주머니를 불려줬다.

금이 또다시 늘어나다

시대의 어려움을 또다시 구해준 것은 금이었다. 1887년 스코틀랜드의 화학자 3명이 시안화법을 개발했다. 분말의 광석을 시안화물 용액에 담근 다음 고체들을 걸러내고 아연 가루를 넣어 금과 은을 회수하는 방법을 찾아낸 것이다. 이 방법으로 낮은 등급의 금광석에서도 금을 추출해낼 수 있게 되었다. 이 때문에 남아프리카공화국이 캘리포니아보다 더 큰 금 생산지로 자리 잡아 세계 최대의 금 공급국이 되었다. 이것이 세계 주요국들이 금본위제를 계속 실시하게 된 원인이었다.

팽창정책을 정강으로 채택하다

미국은 1890년대에 들어 자국의 산업자본이 성장하자 제국주의에 참가해 해외 영토 팽창을 추구하기 시작했다. 기실 그 이전에도 해외 진출은 있었다. 미국인이 진출하고 있는 하와이는 1875년에 제3국이 이 지역을 합병할 수 없다는 조약을 맺었다. 이어 1878년에는 태평양 무역의 중계 요지인 사모아 군도 내에 해군기지를 설치할 수 있는 권리를 확보했다. 동양에서는 1882년에 중국의 알선으로 조선과 우호통상조약을 맺는 데 성공했다. 그러나 이러한 성과는 유럽 열강의 제국주의 진출에 비하면 보잘것없었다.

미국도 1880년대 말에 해외 진출에 대한 종래의 소극적인 정책을 비판하고, 적극적인 정책으로의 전환을 모색하게 되었다. 팽창 요구에 대해 지식인들과 정치가들도 열렬히 옹호했다.

오래전부터 미국의 팽창주의자들은 유럽 국가들의 중남미 침투를 막아야 한다는 전략적인 이유에서 팽창을 주장했고, 또 어떤 팽창주의자들은 우월한 국민으로서 미국인이 더욱 넓은 영토를 차지할 '명백한 운명_{Manifest Destiny}'을 지니고 있다는 인종주의적 측면에서 팽창을 주장하기도 했다. 그리고 기업가들은 미국 경제는 해외시장이 필요하다는 경제적인 논리로 팽창을 주장했다.

정치가 헨리 로지와 함께 해군력의 필요성을 강하게 주장한 사람은 알프레드 머핸이었다. 그는 1886년에 해군대학에서 행한 연설에서 영국이 대제국으로 발전하게 된 원인을 분석하여 그 바탕이 무역에 있다는 것을 지적하고, 상선대의 무역을 보호하려면 대해군이 필요하다고 주장했다. 미국은 1890년대에 해병대를 창설한다. 해양전투에 대한 준비였다.

머핸은 이어 1897년에 저서를 통해 카리브 해를 세력 범위로 해야하며, 태평양의 재해권을 잡고 극동에 있어서의 미국의 입장을 강화해야 한다고 주장했다. 당시 이러한 머핸의 이론은 해외 진출을 갈망하는 팽창주의자들에게 이론적인 근거를 제공했다.

이로써 팽창주의자들은 파나마 운하 건설, 캐나다 합병, 태평양 진출 정책을 주장했다. 공화당은 1896년 선거에서 그 정책을 정강으로 채택하여 압승했다.

미국, 1898년 '미서전쟁'으로 태평양 시대를 열다

1898년에 일어난 미서전쟁은 미국이 제국주의로 진입하는 결정적 계기가 된다. 이미 1853년에 미국은 마드리드 주재 미국 공사를 통해 1억 5000만 달러에 쿠바 매입 의사를 타진했으나 스페인의 강한 반발만 불러일으켰다.

이러한 역사적 배경을 갖고 있는 미서전쟁은 1895년 쿠바의 스페인에 대한 독립전쟁이 장기화되면서 1898년 미국이 개입해 일어났다. 쿠바인의 반란은 1868년과 1878년에도 있었으나, 당시는 미국이 후원하지 않아 실패로 끝났다. 그러나 1890년대에 접어들자 정세는 크게 변했다. 첫째, 미국인의 쿠바에 대한 경제적 관심이 높아져서 쿠바의 설탕 생산에 타격을 주는 일은 많은 미국 투자가에게 손실이었다. 둘째, 미국에서 1840년대에 일어났던 '명백한 천명天命'이라는 생각이 다시 일어났다. 미개발 지역에 미국 문화를 나누어 주는 것은 하느님으로부터 미국인에게 주어진 사명이라고 생각했다. 스페인의 압정에 시달리는 쿠바인을 도와야 한다는 분위기가 강하게 미국인 사이에 퍼졌다.

1895년에 일어난 쿠바의 반란에 미국은 거주 미국인 보호를 명분으로 최신 군함을 쿠바에 파견했다. 많은 의용병이 쿠바로 향했다. 또한 뉴욕에 본거지를 둔 쿠바인 혁명단체가 발매한 공채도 잘 팔렸다. 해외 진출에 반대한 미국인들조차 쿠바의 해방 자체에는 찬성했으며, 쿠바에 재산을 둔 미국인은 그 보호를 요구했다. 클리블랜드 대통령은 불간섭 방침을 견지했으나, 맥킨리는 1896년에 실시되는 대통령 선거의 공약으로 쿠바의 독립을 내세웠다.

쿠바에 파견된 군함 메인호가 1898년 2월 아바나 항에서 갑자기 수수께끼의 폭발과 함께 침몰한 사건이 발생해 여론은 급격히 전쟁으로 기울어졌다. 이에 따라 4월 11일 대통령은 대스페인 개전 요청 교서를 의회에 보내고, 20일 의회가 선전포고를 했다.

하와이 합병, 푸에르토리코·괌 할양,
필리핀은 2000만 달러에 팔리다

의회가 전쟁을 결의하자 정식 선전포고도 하기 전 홍콩에 있던 미 극동함대는 먼저 필리핀으로 진격하여 양국은 전쟁 상태에 들어갔다. 미국은 마닐라 만, 산티아고 등 여러 곳에서 승리를 거두어 전쟁은 불과 100일 만에 끝났다.

12월 10일 파리 조약이 체결되어 쿠바는 독립하고, 푸에르토리코·괌은 미국에 할양되고, 필리핀은 2000만 달러에 미국에 팔렸다. 스페인과 전쟁 중이던 1898년 하와이는 미국에 합병되었다. 당시 하와이 인구 중 2/3는 일본인 이민자였다. 이로써 미국의 태평양 시대가 개막되었다. 미국은 이를 기려 윌리엄 맥킨리 25대 대통령을 500달러 지폐에 넣어 자축했다.❖

∴ 500달러 지폐 속의 윌리엄 맥킨리 대통령

❖ 미야자키 마사카츠 지음, 오근영 옮김, 《하룻밤에 읽는 세계사 2》, 알에이치코리아, 2011

쿠바, 카리브 해의 미국 거점이 되다

쿠바는 카리브 해의 미국 거점이 되었다. 미서전쟁 이후 1901년에 미국은 쿠바의 독립을 인정했지만 쿠바 헌법에 미국의 개입권, 해군 기지 건설을 인정하는 수정조항을 추가시켜 거대한 관타나모 기지를 건설했다. 쿠바를 사실상의 보호국으로 삼은 것이다. 이후 관타나모 기지는 100여 년이 지난 오늘날까지도 미국이 점령하고 있다.

관타나모가 서양인들에게 최초로 주목받기 시작한 것은 1494년 4월 30일 콜럼버스가 관타나모 만에 상륙하면서였다. 관타나모는 카

** 관타나모 기지

리브 해의 악명 높은 허리케인을 피할 수 있는 천혜의 항구로서 신대륙을 찾는 이들에게 널리 알려졌다. 우리에게도 관타나모는 낯선 지명이 아니다. 이유는 학생 때 누구나 한 번은 들어본 노래 〈관타나메라〉가 바로 '관타나모의 여인'이란 뜻이기 때문이다.

피델 카스트로와 체 게바라

1953년 몬카다 병영을 공격한 피델 카스트로가 감옥에서 풀려나와 멕시코로 망명한 뒤 현지에서 쿠바 혁명단체를 조직해 훈련시켰다. 이때 합류한 사람이 아르헨티나 의사 체 게바라였다. 두 사람은

1956년에 80여 명의 혁명가들과 함
께 쿠바로 진격했다.

∴ 체 게바라(왼쪽)와 피델 카스트로(오른쪽)

하지만 82명 대부분이 사살되고
말았다. 절망적인 상황에서 피델 카
스트로는 체 게바라, 라울 카스트
로, 카밀로 시엔푸에고스 등과 함
께 산악지대로 숨어들어 게릴라 부
대를 꾸려 힘을 길렀다. 1959년 1월
8일 마침내 카스트로 군대는 시민

들의 환영 속에 아바나에 입성했다. 20세기 아메리카 대륙에서 처음
으로 사회주의 혁명이 성공했다.

미국은 소련과 손잡고 있는 카스트로를 무력으로 굴복시킬 수는
없었다. 그래서 그를 권좌에서 끌어내리기 위해 생각해낸 것이 쿠바
경제를 초토화시키기 위한 쿠바 페소화의 위조지폐 살포였다. 이 작
전은 베트남 침공 때도 사용되었다. 북베트남의 화폐 동dong을 대량
위조하여 살포했다. 하지만 두 번 모두 성공하지 못했다. 최근에는 거
꾸로 미국에 비우호적인 국가들이 위조달러를 찍어 미국 경제에 피
해를 끼치고 있다. 양적으로는 콜롬비아 마약상들이 가장 많은 위조
달러를 발행하고 있으나 슈퍼노트라 불리는 정교한 위폐는 북한이
의심받고 있다.✧

오래전부터 쿠바는 미국에 관타나모 기지를 철수할 것을 요구했
다. 그는 이를 쿠바 영토를 무단점거한 주권침해 행위라고 주장했다.

✧ 크레이크 카민 지음, 맹정섭 옮김, 《달러의 비밀》, 따듯한손, 2009

그러나 미국은 이를 거부하고 있다. 원래의 협정에 따라 미국은 매년 기지 임대료로 협정 당시 기준 2000달러에 해당하는 금화를 지불하게 되어 있다. 그래서 미국은 해마다 쿠바 정부에 임대료를 내지만, 쿠바 정부는 항의 표시로 수납을 거부하고 있다.

그리고 1990년대 중반부터 아이티와 쿠바 난민 수천 명이 수용된 적이 있는 이 기지가 근래에는 테러 용의자 수용소로 이용되고 있다. 9·11테러 이후 부시 정권이 테러와의 전쟁을 선포하면서 테러 용의자를 법원의 동의 없이 체포·구금할 수 있는 수용소로 활용되고 있는 것이다. 특히 인권의 사각지대로 호되게 국제적인 비판을 받았다. 결국 오바마 대통령은 관타나모 해군기지 내에 자리한 수용소를 폐쇄하라는 행정명령을 발령했다. 현재는 철조망과 선인장으로 둘러싸인 27km 접경선을 사이에 두고 양국 군이 대치하고 있다.

미국, 1902년 파나마를 콜롬비아로부터 떼어내다

1901년 25대 맥킨리 대통령이 암살된 후 부통령이었던 시어도어 루스벨트가 42세의 최연소 나이로 대통령이 되었다. 그는 젊은 대통령답게 패기가 있었다. 대통령에 취임한 그는 우선 정부가 국민을 위해 무엇인가를 하고 있다는 신뢰감을 심어주었다. 그는 안으로는 독점규제, 밖으로는 제국으로의 기틀을 마련해 고립주의 정책을 폐기하고 팽창주의를 택했다.

파나마 운하 건설은 이미 1896년에 공화당 정강정책이었다. 방법을 찾는 일만 남았다. 1898년 미서전쟁을 통해 카리브 해 일대의 패

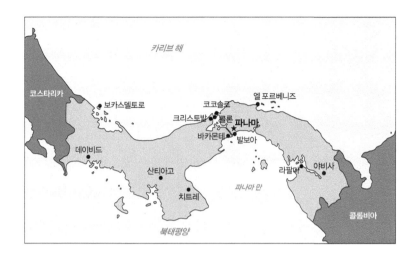

권과 필리핀 점령을 통해 태평양 전진기지를 확보한 미국은 태평양
과 대서양을 관통할 수 있는 최단거리 해로가 시급했다. 대서양에서
태평양으로 항해하기 위해서는 장장 1만 5000km 이상을 돌아가야
했기 때문이다.

처음 파나마 운하 건설을 시작한 것은 프랑스의 페르디낭드 드 레
세프였다. 하지만 공사는 여러 가지 악재들로 인해 10년의 작업과
14억 프랑(3228억 7500만 원)이라는 거액을 투자하고 2만 명의 희생자
를 낸 뒤 중단되었다.

중미 운하 건설이 미국의 국가적 사업으로 등장한 것은 맥킨리 대
통령 시절이었으나 그가 암살되자 시어도어 루스벨트 대통령에게 인
계되었다. 미국 정부는 파나마 운하의 건설권을 얻어내기 위한 콜롬
비아와의 교섭이 난항을 거듭하자 몰래 파나마 지역의 독립운동을
선동해 이를 지원했다. 그리고 미국 군함의 위협 하에 파나마 지역을
콜롬비아로부터 독립시켜 1902년 파나마 공화국을 탄생시켰다.

이로써 미국은 파나마와 운하 건설을 위한 조약을 체결한다. 이로써 운하 양측 폭 각 8km의 '운하지대'가 설치되어 파나마 영토 중 5%를 할양받았다. 미국은 파나마에 일시불로 1000만 달러를 주고 매년 운하 사용료로 25만 달러씩 주기로 했다. 이 지역은 형식적으로는 파나마령이지만 운하의 관리는 물론 사법권까지 행사하여 운하지대는 실질적으로 미국 영토와 같았다.

운하 건설은 1904년 5월에 재개되었다. 종래 큰 장애였던 말라리아와 황열병에 대한 철저한 방역대책 덕분에 난공사를 극복하여 파나마 운하는 1914년 8월 제1차 세계대전이 발발하던 달에 개통되

었다. 이 운하로 선박이 뉴욕에서 샌프란시스코까지 항해하는 데 거리가 9500km 정도인데, 기존 방식대로 혼 곳으로 우회하면 거리가 그 두 배가 넘는 2만 2500km에 달한다. 이로써 대서양과 태평양이 단거리로 연결되어 미국은 군사적으로나 경제적으로 큰 이익을 얻게 되었다. 미국의 파나마 운하 관리는 2000년 1월 1일 파나마로 이양되었다.

먼로주의와 중남미 문제,
'감히 미국의 뒷마당을 넘보다니'

먼로주의란 1823년 미국의 제5대 대통령 J. 먼로가 의회에 제출한 연두교서에서 밝힌 외교 방침으로 한마디로 미국도 유럽 일에 간섭을 안 할 테니 유럽도 미국 일에 간섭하지 말라는 일종의 불가침조약 같은 것이었다.

미국은 1867년 멕시코에 침투한 프랑스 세력을 먼로주의의 명분하에 물리친 바 있다. 그것은 먼로 독트린 선언 이후 미국은 라틴아메리카에 특수한 이해를 가지고 있다고 생각했기 때문이다. 중남미를 미국의 뒷마당으로 인식한 것이다. 1902년에 베네수엘라는 영국과 독일로부터 많은 차관을 얻어 왔다. 그러나 차관 상환이 제대로 이루어지지 않자 두 나라는 베네수엘라의 항구들을 포격하고 세관을 접수했다. 그러자 미국은 독일과 영국이 먼로주의를 위반했다 하여 베네수엘라를 지원했다.

동양에서 열강의 각축, '3국간섭'과 조선의 명성황후

그 무렵 동양에선 러시아와 일본 간 세력 다툼이 있었다. 일본은 메이지 유신 이후 서양의 사상과 기술을 받아들여 짧은 시간에 근대화된 산업국가가 되었다. 일본은 열강과 같은 세력으로 인정받기를 바랐다.

러시아는 동쪽에 대한 야망이 있었다. 러시아는 1890년대에 주변

나라들을 흡수하면서 중앙아시아는 물론 아프가니스탄까지 영토를 확장했다. 러시아 제국은 폴란드에서 캄차카 반도까지 뻗어 있었다. 러시아는 블라디보스토크에 이르는 시베리아 횡단철도를 놓으면서 이 지역에서 영향력을 굳히려 했다.

청일전쟁에서 일본이 승리하고 1895년 4월 시모노세키 조약이 체결되었다. 청나라는 조선에 대한 종주권을 포기하고 대만과 요동반도를 일본에 양도했다. 요동반도에는 뤼순旅順항이 포함되어 있었다.

그런데 조약 내용을 본 러시아, 프랑스, 독일 3국은 일본에 할양하도록 되어 있는 요동반도를 청국에 반환하도록 일본 정부에 강력히 요청했다. 이른바 '3국간섭'이었다. 일본은 마침내 요동반도를 청국에 반환하고, '3국 정부의 우호적인 권고대로 요동반도의 점령을 포기한다'는 각서를 3국 정부에 전달했다.

반환 조약은 1895년 11월 8일 청일 양국 간에 체결되고 대신 일본은 청국으로부터 4500만 원의 보상금을 받았다. 이 반환은 청일전쟁에 승리하여 한껏 고무되어 있던 일본 국민들에게 커다란 충격이었다. 그것만이 아니었다. 이 사건으로 일본은 국가적 체면도, 국민적 자신감도 잃었다. 무엇보다 외국에 대한 권위를 잃었다. 그런 현상은 즉각 대외관계에 심각한 영향을 미쳤다.

그런 변화가 가장 빠르게 드러난 곳이 바로 조선에서였다. 실질적 권력자인 명성황후가 러시아의 위력을 새삼 실감해 적극적인 '인아거일책引俄拒日策'을 추진했다. 이는 러시아를 동원해 일본을 몰아낸다는 계획이었다. 친러파가 내각에 중용되고 고종은 "작년 6월(갑오경장)이래 칙령이나 재가사항은 짐의 의사에서 비롯된 것이 아니다. 그

러므로 이를 취소한다"고 선
언했다. 이어 앞으로는 자신
이 매일 대신들과 접촉하여
정사를 심의 결정하고 친재
한 다음에야 실행토록 할 것
이라는 조칙을 발표했다. 이
조처는 왕권 회복과 일본 지
배의 거부를 뜻했다. 이것이
명성황후 시해사건의 단초
였다.

※ 고종황제와 명성황후

　유럽 열강들도 청국 분할을 요구했다. 독일은 1898년 자오저우 만
에 상륙했다. 프랑스, 영국 등도 앞다투어 군대를 파견해 조차지租借地
를 요구했다. 러시아는 만주 철도부설권을 획득하고 요동반도 조차
를 요구했다.

러시아와 일본의 격돌, 러일전쟁

　1897년 12월, 러시아 함대가 처음 요동반도 뤼순항에 모습을 나타
냈다. 이로부터 3개월 뒤 중국과 러시아 사이에 협정이 맺어져 러시
아는 뤼순항과 다롄大連만을 조차했다. 러시아로서는 부동항을 얻는
것이 중요했다. 1년 후에는 이를 확고하게 하기 위해 러시아가 하얼빈
에서 선양瀋陽을 경유해 뤼순항에 이르는 철도를 놓기 시작했다. 다롄
과 뤼순역이 화재로 소실되자, 러시아는 의화단으로부터 철도를 보

호한다는 구실로 아예 만주를 점령했다.

이 무렵 일본은 러시아와 중국과 보호협정을 맺은 조선을 빼앗으려 했다. 이토 히로부미는 러시아와 협상을 시작했다. 그는 일본이 러시아군을 몰아내기엔 약하다고 생각해 러시아의 만주에 대한 권한을 인정하는 대신 일본의 한반도에 대한 권한을 인정할 것을 제안했다.

이에 대해 러시아는 만주에 대한 독점권과 한반도의 북위 39도 이북에 대한 중립지역 설정, 한반도의 군사적 이용 불가를 주장했다. 협상 동안 일본은 러시아를 견제하던 영국과 1902년 영일동맹을 맺었다. 이는 군사동맹으로 '러시아가 일본과 전쟁을 벌이는 동안 러시아와 동맹을 맺는 나라가 있으면, 영국이 일본의 편으로 참전할 수 있다'는 내용이었다. 그 뒤 일본이 자신감을 얻어 전쟁 준비에 들어갔다.

일본은 1904년 2월 4일부로 협상 중지를 선언하고 마산과 원산 등에 일본군을 상륙시켰다. 결국 전쟁은 터졌다. 그리고 열강들의 예상과 달리 일본이 승리했다. 전쟁을 치른 뒷심은 결국 돈이었다. 특히 전함 등 전비가 많이 들어가는 해전이 그랬다. 후일 밝혀지지만 러일전쟁에서 일본을 도운 것은 유대 자본이었다. 러시아가 20세기 전후 유대인을 대량 학살하자 미국 유대 자본이 러시아를 응징한 것이었다.

러일전쟁에서 일본을 지원한 유대인 제이콥 시프

유대 금융계의 대일본 전비 지원

전쟁에는 돈이 필요하다. 러일전쟁 발발 당시 일본이 사용한 전비는 17억 3000만 엔으로 집계되었다. 청일전쟁보다 8.5배가 많으며, 1903년 일본 국민 총생산액 2억 6000만 엔의 6.6년치 규모였다. 일본 정부는 전쟁자금을 국내와 해외에서의 국채 발행과 조세로 충당했다. 국내 차용 7억 3000만 엔, 해외 차용 6억 9000엔, 조세수입이 2억 5000만 엔으로 전비의 약 40%가 해외 차용이었다.

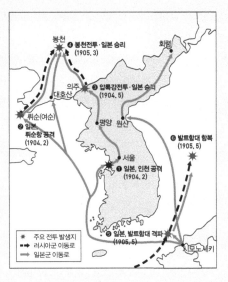

당시 열강 대열에 끼지 못한 일본이 어떻게 국제금융시장에서 돈을 빌릴 수 있었을까? 러일전쟁 기간 중 해외 자금조달 임무는 일본 중앙은행이 맡았다. 책임자는 다카하시 부총재였다. 그는 러일전쟁이 발발한 지 두 달 후인 1904년 4월 말, 국제금융기관들의 일본에 대한 평가를 들어보고 외자도입의 기회를 모색하라는 정부의 밀명을 띠고 국제금융의 중심지 영국 런던으로 갔다.

영국은 일본과 동맹관계를 맺고 있는 우방국이었다. 런던에서 국채 발행을 통해 자금을 조달한 경험이 있는 다카하시 부총재는 런던 금융가에 지인들이 많았다. 다카하시 부총재가 만난 영국 금융계의 친구들은 러시아와 전쟁에 돌입한 일본에 대한 지지가 대단했다. 하지만 이들은 일본 정부가 계획한 자금조달 계획에는 흔쾌히 응하지 못했다. 전쟁이라는 위험한 상황 속에서 리스크를 떠안으려 하지 않았다. 이들은 다카하시 부총재에게 '미국계 은행을 끌어들여라', '소액의 재무부 단기채권 발행으로 시작해보라' 등의 대안을 제시했다. 다카하시는 런던의 한 금융기관을 찾아가 일본 정부가 지시한 1000만 파운드 국채 발행에 대한 자금조달을 협의했다. 영국 금융기관은 1000만 파운드 가운데 500만 파운드는 즉시 발행하고, 나머지 500만 파운드는 다음 기회로 미루자는 조건을 제시했다. 한꺼번에 1000만 파운드의 국채 발행을 원하고 있던 일본 정부는 순차적 발행 조건을 선뜻 수용하지 못했다.

이 무렵 다카하시 부총재는 런던의 친구가 초대한 만찬장에서 우연히 유대인이자 미국 금융인인 제이콥 시프와 나란히 앉았다. 다카하시와 제이콥 시프의 운명적인 만남은 이렇게 시작되었다. 제이콥 시프는 미국 투자금융회사인 쿤-로엡 사의 최고경영자였다. 그는 20세기 초 미국에서 대규모 철도공사 자금조달에 중요한 역할을 했고, 자선사업가로서 크게 활동 중인 사람이었다.

유대인과의 운명적 만남

제이콥 시프는 일본이 시작한 러일전쟁에 큰 관심을 가졌다. 다카하시 부총재는 그에게 전황을 상세하게 설명하고 자신의 영국 방문 목적과 국채 발행의 어려움을 토로했다. 다음 날 다카하시는 런던 금융기관으로부터 일본 정부가 희망하는 국채 1000만 파운드 중 절반을 미국 금융기관에서 인수할 의사를 밝혔다는 연락을 받았다. 전날 만찬장에서 만난 제이콥 시프가 즉각적인 조치를 취한 것이었다. 제이콥 시프의 일본 국채 인수는 커다란 모험이었다. 당시 일본과 러시아는 압록강에서 치열한 전투를 벌이고 있었는데, 어느 쪽이 승리할지는 아무도 알 수 없던 때였다. 다카하시는 국채 발행에 도움을 준 제이콥에게 감사의 뜻을 표시했다. 하지만 제이콥의 회사와 그에 대한 구체적인 정보를 가지고 있지 않았기 때문에 본국에 바로 보고하지는 않았다. 일본의 1차 전쟁 국채 1000만 파운드는 1904년 5월 11일, 일본 정부와 영국 금융기관 그리고 미국의 쿤-로엡 사의 합의 아래 런던과 뉴욕에서 같은 날 동시에 발행되었다. 금리는 연 6%였다. 미국과 영국에서의 성공적인 국채 발행을 통해 일본은 외자를 도입할 수 있었을 뿐만 아니라 우방국의 물질적인 지원이 확인되었다는 점에서 러시아와 전쟁 중인 일본 군대와 일본 국민들의 사기 진작에 큰 도움이 되었다.

일본군이 러시아를 상대로 압록강 전투에서 승리를 거둔 후, 일본 정부는 두 번째 국채 발행에 나섰다. 총 규모는 1200만 파운드. 압록강 전투 승리 직후인데도 불구하고 국제금융계는 일본의 2차 국채 발행에 미온적인 태도를 보였다. 일본 해군이 러시아 극동 함대의 주력기지인 뤼순항을 신속하게 점령하지 못함에 따라 일본의 승전 전망이 불투명하다고 판단했기 때문이다. 다카하시의 영국 친구들과 제이콥 시프는 시간을 두고 기다려보자고 했다.

제이콥 시프는 러일전쟁에서 일본의 승리는 러시아 왕정 전복에 크게 기여할 것이라고 믿었다. 이런 관점에서 그는 일본을 최대한 지원한다는 입장

⁂ 유대인 제이콥 시프

이었다. 그의 이러한 생각은 일본이 2차 국채 발행을 추진하고 있던 시기에, 그가 다카하시에게 보낸 전문의 한 문구에서도 엿볼 수 있다. "우리는 이번에도 일본 정부를 지원하고자 합니다. 그 길이 이번 전쟁을 조기 종식시키는 길이라고 믿기 때문입니다."

제이콥 시프는 러시아의 차르 체제가 러시아 내 유대인들을 핍박하는 데 대해 굉장히 비판적이었다. 러시아 차르 체제는 부정부패한 왕정을 전복하려는 혁명 세력을 무마하기 위한 하나의 방책으로 19세기 말부터 유대인들에 대한 억압을 의도적으로 강화하는 정책을 취하고 있었다.

러시아의 유대인 학살

1882년에는 유대인들의 거주지를 제한하는 법을 제정하여 북부 발트 해와 남부 흑해 사이의 땅 안에서만 살도록 했다. 정부의 반유대인 억압 조치는 일반 국민들에게 반유대주의를 자극하는 계기가 되었다. 매년 부활절마다 유대인들이 기독교인 소년을 잡아가서 그들의 종교의식을 위해 살해했다는 식의 소문이 퍼지면서 유대인들에 대한 러시아 정교도들의 적개심을 불러일으켰다. 그 영향으로 곳곳에서 대학살이 일어났다. 대표적인 학살은 1903년 4월 6일, 현재 몰도바의 수도인 키시네프에서 발생했다. 러시아 정교에서 가장 중요한 행사인 부활절 휴일 동안 발생한 대학살로 유대인 49명이 사망하고, 424명이 부상했으며, 700가구의 유대인 가정과 600여 개 상점이 파괴되었다. 그럼에도 러시아 왕정과 치안당국은 현지인들의 대 유대인 학살과 방화, 파괴를 관망하거나 미온적인 조치를 취했다.

이로 말미암아 폭력 사태가 더욱 확산되었다는 점에 유대인들은 분노했다.

미국 유대인 사회에서 지도적 위치에 있던 제이콥 시프는 율법의 가르침에 따라 러시아 유대인들을 구해야 한다는 책임감을 가지고 있었다. 그는 1890년대부터 프롤레타리아 혁명이 일어난 1917년까지 동족 유대인을 핍박한 러시아 차르와 전쟁을 벌였다. 그는 러시아 유대인들의 해방을 위해 자신의 부와 정치적 역량을 활용했다. 그의 네트워크는 프랑크푸르트에 사는 형제에서부터 런던의 금융업 친구들, 그리고 러시아 정보원에서부터 영국·프랑스·독일 내 유대인 조직의 근무자에 이르기까지 폭이 넓었다. 이 같은 국제적인 협력 채널을 동원하여 제이콥 시프는 러시아 유대인들의 사정에 관한 모든 뉴스의 중심이 되었다. 그는 상황에 따라 어떤 때는 로비스트로서, 또 어떤 때는 외교관 혹은 기부자로서 활동하며 동유럽 유대인들을 해방시킨 전사로서 세계적인 명성을 얻었다.

그와 그의 친구들은 대학살의 희생자들을 지원하고, 전 세계에 흩어져 있는 유대인들을 돕기 위한 미국유대인위원회AJC 창설에 주도적인 역할을 했다. 제이콥 시프의 주도 아래 미국유대인위원회는 1906년에 창설되었다. 이 위원회는 미국 내뿐만 아니라 전 세계 유대인들이 핍박의 고통에서 벗어나 시민권을 인정받고, 종교 활동의 권리를 갖는 데 노력했다. 미국유대인위원회는 동유럽 유대인들이 미국으로 이민 올 수 있도록 문호개방 조치를 취했다. 이어 미국 유대인들의 러시아 입국 비자 발급 거부를 문제 삼아 미국과 러시아 간의 통상조약 폐기를 촉구했다. 유대인들의 로비 활동 덕분으로 80년간 지속되어 온 미국과 러시아의 통상조약은 1913년 1월 1일자로 폐기되었다.

제이콥 시프가 다카하시를 처음 만난 것은 바로 이 무렵이었다. 여러 가지 어려움 속에서 제이콥 시프의 쿤—로엡 사와 그의 협력 금융기관들은 1차 일본 국채 발행 때와 마찬가지로 영국 금융기관들과 협력했다. 이들은 일본 정부와의 협의를 거쳐 1904년 11월 14일 연 6%의 금리로 1200만 파운드의 일본 국채를 뉴욕과 런던에서 동시 발행했다. 만주전선은 시간이 갈수록 일본에 유리했다. 1905년 1월, 일본 해군은 러시아 극동함대 본부 뤼순항을 점령했다. 일본 육군 역시 만주 곳곳의 전투장에서 우세를 보였다. 일본의 연전연승을 전 세계는 경이로운 눈으로 지켜보았다. 이러한 분위기는 일본 정부가 계획하고 있는 3차 국채 발행에 긍정적인 영향을 미칠 것으로 전망되었다.

일본 정부는 그동안 발행한 두 차례의 국채에서 금리가 높다는 점이 다소 불만이었다. 일본 정부는 다카하시 부총재에게 전쟁에서 승리하고 있는 상황을 고려하고 신규 국채 발행 시 금리를 현실화하도록 지시했다. 다카하시는 런던으로 가는 길에 먼저 뉴욕에 들렀다. 1905년 3월 7일이었다. 그는 제이콥 시프를 만났다. 일본의 승리에 크게 고무된 제이콥 시프는 일본 정부가 희망하는 국채 발행액과 금리 현실화에 대해 걱정하지 말라고 하면서, 그가 직접 영국 금융기관들과 협의를 하겠다고 했다. 영국인들도 일본의 전쟁 승리에 고무되어 있었기 때문에 일본의 3차 국채 발행은 거액이었지만 금리는 1/4이 인하된 수준이었다.

제이콥 시프의 원격 지원과 영국 금융인들의 우호적인 태도에 힘입어 다카하시가 런던에 도착한 지 닷새째 되는 1905년 3월 28일, 3000만 파운드의 일본 국채가 금리 4.5%로 발행되었다. 종전대로 절반은 영국 금융기관이, 나머지 절반은 미국 금융기관에서 인수했다. 당시 화폐가치 기준으로 볼 때, 3000만 파운드는 러시아 극동함대의 모든 자산가치에 해당하는 엄청난 금액이었다. 이 같은 일본의 대규모 국채 발행으로 국제금융시장의 여신 사정이 크게 경색되기도 했다고 한다.

전비가 바닥나다

1905년 6월경 루스벨트 미국 대통령이 러일전쟁을 종식시킬 평화협상을 중재하고 나섰다. 이 무렵 일본 정부는 미국에 체류하고 있던 다카하시에게 또다시 대규모 국채를 조달할 것을 지시했다. 네 번째 국채 발행이었다. 미국에서 제이콥 시프를 만난 다카하시는 런던 금융계에 협조를 요청하는 전문을 보냈다. 그러나 반응이 좋지 않았다. 영국 금융기관이 꺼리는 이유는 세 가지였다.

첫째 3000만 파운드의 국채가 발행된 지 얼마 되지 않았기 때문에 시기적으로 좋지 않다는 것, 둘째 이미 발행된 국채 중 영국 금융기관에 갚아야 할 돈이 완전히 상환되지 않았다는 것, 셋째 러시아가 비록 전투에서는 매번 패배했지만 그들의 무력을 결코 과소평가할 수 없으며 일본과 끝까지 전쟁을 치르겠다는 러시아 중앙 정치 세력의 목소리가 강했기 때문이었다. 실제로 러시아는 전쟁을 계속 끌면 일본의 금고가 바닥나서 결국 일본이 손을 들 것이라는 생각을 가지고 있었던 것 같았다. 전쟁 자금조달은 일본이나 러시아 모두에게 국가적 현안이었다. 일본으로서는 국제금융시장으로부터 거액의 자금을 확보해야만 러시아가 일본의 자금력을 얕보지 않고 조기 종전에 응할 것으로 전망하고 있었다.

이러한 전략에서 추진하는 네 번째 대규모 해외 국채가 성공적으로 발행되고 러일전쟁이 평화협정으로 종전될 경우, 차입 외자를 전후 경제복구에 활용하겠다는 것이 일본 정부의 계산이었다. 이 같은 일본 정부의 계획을 들은 제이콥 시프는 다카하시에게 미국에서 적극적으로 지원하겠다는 확약을 주었다. 그는 참여를 기피하는 영국 금융기관을 대신하여 독일 금융기관을 활용하는 방안을 강구했다.

제이콥 시프의 사위는 독일인이었다. 사위 집안은 독일 함부르크 소재 바르부르그 은행의 소유주였다. 제이콥 시프는 이 은행을 주간사로 하여 미국 금융기관이 참여하는 방식의 국채 발행 추진 계획을 세웠다. 이 안案에 대해 다카하시는 처음엔 망설였다고 한다. 오랫동안 영국 금융기관들과 일해왔는데, 네 번째 국채 발행에서 동맹국인 영국을 배제한다는 것이 맘에 걸렸다는 것이다. 다카하시는 1905년 7월 2일 런던으로 건너가서 국채 발행 금융기관 대표자들을 초청하여 일본 정부의 계획을 설명했다. 결국 런던 금융인들도 참여하기로 합의가 되었다. 그 결과 일본은 1905년 7월 11일, 연 4.5%의 금리로 미국·영국·독일이 각각 1000만 파운드를 인수하는 형식으로 총 3000만 파운드의 4차 국채를 성공적으로 발행했다.

일본이 강대국 러시아를 상대로 벌인 전쟁에서 연전연승하는 가운데 국제금융시장으로부터 계속 상상을 초월하는 금액의 외자를 도입한 반면, 러시아는 국제금융시장은 물론 국내에서도 국채 발행이 불가능한 상태에 처해 있었다. 1년 반의 전쟁을 치르면서 러시아 국고는 이미 바닥난 상태였고, 자금조달을 위한 현실적인 방법은 지폐를 계속 찍어내는 길밖에 없었다. 전쟁을 장기화할 경우, 일본이 재정 파탄으로 평화협상을 제의해야 할 것이라는 러시아 측의 기대는 일본의 4차에 걸친 막대한 외자조달로 물거품이 되었다. 러시아와 일본은 결국 종전을 위한 평화협상 테이블에 나왔다. 여러 차례의 전투에서 승리한 일본은 여유로운 외자 보유와 외화조달을 지원해준 서방 국가들의 외교적 지지를 등에 업고 유리한 입장에서 러시아와 평화협정을 맺게 되었다.

제이콥 시프의 일본 방문

1906년 2월 22일 제이콥 시프는 승전국 일본을 방문하기 위해 뉴욕을 출발했다. 그는 기차를 타고 태평양 횡단 여객선을 타기 위해 샌프란시스코에 도착했다. 그의 일행은 집을 떠난 지 한 달이 조금 지난 3월 25일 일본 요코하마 항에 내렸다. 그는 한 달가량 일본에 머물렀다. 제이콥 시프는 일본 체류 기간 중 일본인들로부터 받은 환대를 일기장에 자세하게 기록했다. 미국 유대인 신문에서는 그의 일본 방문을 '개선장군'이라고 표현하기도 했다.

3월 28일, 제이콥 시프는 외국인으로는 처음으로 일왕의 초청을 받고 **황궁을** 방문했다. 일왕은 제이콥에게 "일본의 국가 운명이 걸려 있던 러시아와의 전쟁 기간 중 일본을 위해 적극적으로 지원해주었다는 말을 들었다"고 하면서 "직접 만나 감사를 표하게 되어 기쁘다"고 말했다고 한다. 이 자리에서 일왕은 그에게 일본이 외국인에게 주는 최고의 훈장을 수여하고, 주요 대신들과 함께 오찬을 했다. 제이콥은 자신의 일이 과대평가되고 있다고 말하고, 자신과 국제금융계 친구들이 일본을 지원한 것은 일본이 올바르다는 것을 믿었기 때문이라고 대답했다. 그는 자신이 한 일에 대해 일왕으로부터 두 번씩이나 훈장을 받았을 뿐만 아니라, 일왕이 그를 직접 접견해준 데 대해 영광스럽게 생각한다고 말했다.

다음은 제이콥 시프의 일기장에 기록된 일본 재무대신 사카다니의 만찬사다. 이 만찬은 1906년 3월 28일에 있었다. "우리는 제이콥 시프 씨와 비록 어제저녁에서야 첫 대면의 기회를 가졌지만, 우리의 우정은 전쟁 발발과 함께 시작되었습니다. 1904년 봄, 전쟁에 사용할 외자도입의 필요성을 인식한 우리 정부는 일본중앙은행 부총재 다카하시를 런던으로 보내 외국 자본가들과 대부 문제를 협의케 했습니다. 그러나 전쟁의 향방이 모든 사람의 눈에는 막연하고 암담했습니다. 우리가 기대했던 시점에 대규모 외자도입은 큰 어려움에 직면했었습니다. 바로 그때 우리 금융 에이전트가 미국 최대 금융가 중의 한 명인 **훌륭한 친구를** 발견했고, 그의 세계적인 커넥션이 영국 금융기관들로 하여금 그와 함께 우리의 전쟁 국채 발행을 수행토록 해주었습니다. 바로 그분이 오늘 저녁 만찬의 주빈입니다. 시프 씨가 다카하시와의 짧은 대화에서 우리가 필요했던 금액의 절반을 지원해줌으로써 첫 번째 국채 발행액 1000만 파운드를 확보할 수 있었습니다. 이 같은 호의는 2차와 3차, 그리고 특히 전쟁이냐, 평화협상이냐 하는 갈림길에 놓여 있던 시기의

4차 국채 발행 시에도 변함이 없었습니다. 최근에는 지난겨울 5차 국채 발행을 위해 그가 물심양면으로 적극적인 노력을 아끼지 않았습니다. 제1차에서부터 5차에 이르기까지 시프 씨가 우리의 국채를 인수한 금액은 모두 3925만 파운드에 달합니다."

제이콥 시프의 한국 방문

일본에서 한 달 이상을 보낸 제이콥 시프 일행은 1906년 5월 초에 한국을 방문했다. 그가 맨 처음 밟았던 한국 땅은 일본이 러시아 함대를 격침시킨 인천항이었다. 그는 일기에서 한국 도착 첫날을 이렇게 기록했다. "우리가 탄 증기선이 인천항에 들어서자 승객과 화물을 운반하려고 몰려드는 한국의 돛배들이 배 주위에 가득 찼다. 배가 부두에 도착하자마자 일본인 시장이 갑판으로 올라와 우리를 맞이했다. 서울로 가는 기차를 타기 전 한 시간 동안 시가지를 구경했다. 제물포 시가지는 근대화되어 있지 않았다. 한국인 외에 중국인과 일본인도 많이 살고 있었다.

 우리가 처음 보는 한국인들은 긴 흰 코트를 입고 케이크 접시 같은 형태로 머리 꼭대기에 얹어놓은 괴상한 모자들을 쓰고 있어서 이상하게 보였다. 여자들은 흰색 또는 초록색 치마를 입고 있었고 머리 위와 얼굴을 가려 다른 사람들이 그들을 좀처럼 알아볼 수 없게 하고 다녔다. 여성들이 모두 얼굴을 가리고 다니는 것으로 보아 매우 가정적인 사람들인 것으로 생각되었다.

제물포로부터 서울까지 깔린 27마일의 경인선을 타고 서울에 도착하니 미국 총영사, 일본 외무성의 미국인 고문, 한국 정부의 일본인 재정고문, 그리고 이토 통감의 대리인이 마중 나와 있었다. 우리는 호텔에 짐을 풀고 시내를 산보했는데, 거리의 풍경이 무척 이색적이었다. 그러나 시가지는 형언할 수 없을 정도로 더러웠다."

제이콥 시프의 한국 도착은 당시 〈황성신문〉에도 보도되었다. 그 주요 내용은 이렇다. "미국 부호 시후(시프) 씨가 5월 3일 인천에 도착하여 서울로 향했다. 4일 밤에는 통감 관저에서 공식 만찬에 참가하고, 5일에는 우리 황실의 창덕궁 만찬에 참가하며, 6일에는 미국 총영사의 오찬에 참석한 후 7일경 뤼순으로 떠난다."

한국 방문을 끝낸 제이콥 시프 일행은 다시 도쿄로 가서 일본 정부 주최의 공식 이별 만찬을 가진 후 태평양을 건너 미국으로 되돌아갔다. 이 방문을 통해 제이콥은 일본이 한국과 만주에 대한 통제력을 강화하고 나아가 중국을 지배하겠다는 의지를 갖고 있음을 파악했다. 그는 일본이 날로 공격적인 국가가 되어가고 있음을 실감했다고 한다.

그는 팽창주의자 일본을 이용해 중국 비즈니스를 도모하려 했다. 그는 중국을 또다른 투자 유망지역으로 보고 있었다. 중국에 대한 일본의 점령이 필요하다면 그럴 수 있다는 것이 그의 생각이었다. 그 당시 그는 만주 남부철도의 부분적 관할권을 확보하려고 시도했으나 성공하지 못했다. 일본에 대한 그의 우호적인 태도는 1910년 일본이 러시아와 동맹관계를 맺을 때 일시적으로 중단되었다. 제이콥 시프는 1920년 9월 25일 뉴욕에서 사망했다.

강영수 관장 후기: 제이콥 시프 추적 작업

"국제금융시장에서 영향력을 행사한 유대 금융인들의 행적을 추적하던 중에 20세기 초 뉴욕에 근거를 두고 있던 제이콥 시프가 러일전쟁 때 일본에 자금 지원을 했다는 구절을 책에서 읽은 적이 있었다. 그 내용이 궁금하여 기회가 닿는 대로 자료를 찾아보았다. 2001년 뉴욕에 있는 컬럼비아대학 도서관에서 그가 1906년 일본과 한국을 방문한 후 발간한 기행문을 발견했다. 그가 직접 서명하여 컬럼비아대학에 기증한 원본이었다. 시프가 한국을 방문했다기에 그 사실을 확인하기 위해 서울 여의도 국회도서관에서 〈황성신문〉의 필름을 확인하여 관련 기사도 발견하게 되었다.

이와 함께 러일전쟁 당시 상황과 포그롬(대학살)에 관한 자료를 추가로 입수하여 미국 유대인 금융가가 러일전쟁에서 어떤 역할을 했는지를 추적할 수 있게 되었다. 유대인과 관련된 러일전쟁은 흥미로운 역사적 가정을 낳게 해주었다. 즉 1903년 러시아 키시네프에서 유대인들이 현지인들에게 학살과 테러를 당하지 않았더라면, 제이콥 시프가 높은 리스크를 안고 국제금융시장에서 일본에 대한 자금조달을 주선하지 않았을 것이다. 우크라이나 지역에서의 인종차별 사태가 결과적으로 러일전쟁의 향방에 영향을 미친 셈이다. 러일전쟁은 한반도와 우리 민족의 운명에도 영향을 끼친 큰 사건이었다. 제이콥 시프의 사례를 통해 일본인들은 국제금융시장에서 유대인들의 위력을 눈으로 확인하게 되었다. 유대인들이 세계 금융과 경제를 좌지우지하는 무서운 사람들이라는 인식을 심어주었다."✤

제이콥 시프, 러시아 혁명 지원

제이콥 시프는 일본만 도운 게 아니었다. 은밀히 러시아 혁명도 도왔다. 러일전쟁 당시 사실 은밀한 전쟁은 러시아 내부에서 일어나고 있었다. 제이콥 시프를 위시한 미국 유대 금융가들은 유대인 레온 트로츠키를 지원해 혁명을 일으키게 했다. 이로써 1904년 러일 전쟁이 시작될 때 러시아 내부에서는 혁명이 동시에 시작된다.

아무튼 내우외환의 소용돌이 속에서 일본에 흠씬 두들겨 맞아 망신살이 뻗친 러시아는 결국 1917년 3월, 혁명으로 로마노프 왕조가 무너지게 된다. 300년 동안 탄탄한 권력을 유지해왔던 왕조가 결국 돈의 힘에 무너지게 된 것이다.

볼셰비키 혁명을 성공적으로 도운 제이콥 시프는 그로부터 3년 후에 죽지만 러시아 정부는 그에 대한 고마움을 표시하기 위해 쿤뢰브 은행에 6억 루불을 예치하기도 했다.✤

✤ 강영수, 〈월간조선〉, 2004년 3월호
✤ 박문환, [고수 투자 데일리], 〈한경 와우넷〉

시어도어 루스벨트의 외교정책에 당한 조선

당시 세계의 세력 균형은 변하고 있었다. 그동안 두 세기 동안 바다를 지배해온 영국은 독일과 러시아의 남하정책으로 도전받고 있었다. 이제는 혼자서 바다를 지킬 수 없었다. 그래서 미국에 협조해 달라고 손을 내밀었다. 이에 따라 미국은 독립전쟁 후 벌어졌던 영국과의 거리를 좁히면서 1880년대에는 우방이 됐다.

러시아는 아시아에서도 남진을 추진했다. 이것을 막으려고 영국은 일본을 끌어들여 영-미-일 네트워크의 동맹관계가 세워졌다. 그럼에도 루스벨트는 한편으로는 영국과 러시아의 세력 모두를 아시아에서 견제하려 했다. 여기에서 우리나라 운명을 좌우했던 '카츠라-태프트 밀약'이 조성된다.

미·일 간의 '카츠라-태프트 밀약'은 1904년 시어도어 루스벨트 재임 시 조인됐다. "나는 일본이 조선을 손에 넣는 것을 보고 싶다." 시어도어 루스벨트가 부통령 후보 시절 친구에게 보낸 편지의 한 대목이다. 루스벨트의 일본 사랑은 점점 더해간다. "동양의 발전은 일본의 사명이다. 일본의 승리는 세계의 행복이다." 러일전쟁 직전 한 말이다. 시어도어 루스벨트는 백인 우월주의자였다. 단 하나의 예외가 일본이었다. 유색인종 가운데 일본인만 유일하게 앵글로색슨 같은 문명인이라 간주했다. 미국은 일본을 후원함으로써 러

∴ 태프트(왼쪽)와 카츠라(오른쪽)

시아와 중국을 견제하려 했다.

시어도어 루스벨트 대통령은 포츠담 회담을 주선하려고 윌리엄 하워드 테프트 미 육군 장관을 일본에 보내어 카츠라 수상과 협상케 했다. 1904년 7월 29일 카츠라는 테프트를 만나 양국 간의 문제를 논의하는 자리에서 일본은 미국의 하와이와 필리핀 지배를, 미국은 일본의 조선 지배를 묵인한다는 내용의 비밀각서에 합의한다.

시어도어 루스벨트는 조선이 야만 상태를 벗어날 수 있는 유일한 희망은 '좀 더 선진화된 일본에게서 배우는 것'이라고 믿었다. 테프트는 초대 필리핀 총독과 육군 장관을 거쳐 루스벨트에 이어 대통령을 지냈다. 이런 외교적 시각에서 루스벨트는 러일전쟁을 종결하는 평화회담을 포츠머스에서 주선해 노벨평화상을 받았다.

러일전쟁 전후 처리로 포츠머스 강화조약이 열린다는 정보를 듣자 고종의 측근이자 친미파인 민영환, 한규설은 공화주의 운동을 하다 5년 동안 수감되었던 이승만을 석방해 미국에 밀사로 보냈다. 루스벨트 대통령을 만나 한국의 독립에 대한 미국의 지원을 호소하라는 명이었다. 조미수호통상조약에는 양국이 외국과의 어려운 시기에 서로 돕는다는 구절이 있기 때문이었다.

이승만은 시어도어 루스벨트를 만났다. 루스벨트는 친절히 맞아주며 주미 한국공사로 하여금 미국 국무부를 통해 공식적으로 포츠머스 회담에 청원서를 상정하도록 촉구했다. 그러면 중국의 청원서와 함께 강화회의에 상정될 것이라 했다. 그러나 주미 공사 김윤정은 이승만에게 한 약속을 배반하고 청원서를 올리지 않았다.

미국이 부강해지던 1870년대를 기점으로 세계는 제국주의로 접어들고 있었다. 이것은 1820년대부터 기차와 기선이 교통혁명을 이

✵ 1905년 윤병구와 이승만(오른쪽)의 시어도어 루스벨트(왼쪽) 면담 내용을 보도한 당시 미국 신문 기사들

루자 세계 각국의 상선과 군함이 강력한 추진력을 갖춘 증기선으로 바뀐 데 원인이 있었다.

서구 열강은 항로를 확보하기 위해 세계 곳곳에 연료를 쌓아두는 저탄장을 획득하기 위해 혈안이 됐다. 제3국 영토를 비집고 들어가는 것은 물론 쓸 만한 무인도는 모두 활용하는 바다의 무한경쟁시대를 열었다. 이런 항로 선점경쟁과 더불어 대두된 제국주의는 원료 공급과 시장 확보를 위한 식민지 획득경쟁으로 확장됐다.

1870년대부터는 후진국에 자본과 설비를 투자하는 금융자본주의로 치닫고 있었다. 하버드대학에서 역사 공부를 하면서 세계사의 흐름을 파악한 루스벨트는 미국도 서구 열강에 뒤지지 않으려면 제국주의로 내딛어야 한다고 믿었다. 러시아는 1904년 러일전쟁 패배로 공산주의 혁명이 진행되었다. 일본은 승전으로 한국 지배권을 획득하고, 만주 진출이 결정되었으나 미국과 대립이 시작되었다.✵

───────

✵ 김형인 한국외국어대학교 연구교수

러일전쟁에서 일본의 승리로 한반도는 일제 수탈의 시기로 접어든다. 일제는 1905년 무력을 동반한 을사조약으로 대한제국의 외교권을 침탈했다. 이어 1910년 8월 29일 한일합방 조약이 맺어지면서 대한제국은 일본 제국으로 편입되어 조선총독부에 의해 1945년까지 35년간의 일본 식민지배를 받았다.

중남미는 미국의 뒷마당

이미 미국은 1901년에 쿠바에 관타나모 해군기지를 건설하고, 1903년에 파나마를 콜롬비아에서 떼어내어 운하를 판 경험이 있었다. 그 뒤 태프트 정권은 1912년 니카라과에 해병대를 보내 친미 혁명파를 돕는다. 이후 수립된 친미 정권으로부터 그 나라 재정을 미국의 관리 아래 두는 조약을 체결했다. 미국은 1933년까지 니카라과에 해병대를 주둔시켜 사실상 미국의 보호령을 만들었다.

미국은 이웃 멕시코에 투자를 많이 했다. 1911년도에 멕시코 석유 자원의 절반 이상, 철도의 2/3 이상, 광산의 3/4을 점유하였다. 이런 상황에서 멕시코에 반동적인 후에르타 군사정권이 들어서자 미국이 가만있을 리 없었다. 윌슨 대통령은 후에르타 정권의 승인을 거부하였다.

급기야 1914년 4월 21일 미 해군이 우에르타 정부군에 공급될 무기를 적재한 독일 선박을 나포한다는 명목으로 멕시코의 베라크루스 항을 점령했다. 그리고 입헌주의자 카란자를 내세워 새로운 정부를 세웠다. 그러나 반미주의자이며 빈민 대중의 지지를 받고 있는 판

쵸 빌라가 반란을 일으켰다. 미국의 보수 세력들은 멕시코에 대한 응징을 요구했으나 윌슨 행정부는 제1차 세계대전에 참전하기 위해 1917년에 철수했다.

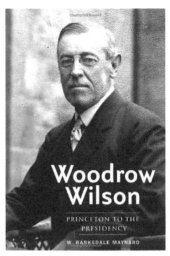

∴ 우드로우 윌슨

그 외에도 윌슨은 1915년 아이티에 군대를 파견해 친미 정권을 수립했으며 이듬해에는 도미니카에 군대를 파견해 군정을 실시했다. 아이러니하게도 이러한 윌슨이 민족자결주의를 제창하며 '14개조 평화원칙'을 발표했다. 1919년에는 노벨평화상까지 받았다. 아마 남의 나라를 잘 다스린 공로인 것 같다. 이후에도 미국의 뒷마당 관리는 지속되었다.

제국주의 전쟁, 제1차 세계대전

제1차 세계대전은 1914년부터 1918년까지 영국·프랑스·러시아 등의 연합국과 독일·오스트리아 등의 동맹국 양 진영 사이에 벌어진 제국주의 전쟁이다. 제국주의란 정치·경제적 지배권을 다른 민족의 영토로 확대시키려는 국가정책을 일컫는다.

오스트리아 황제 계승자 페르디난트 부부가 세르비아계에 의해 보스니아 수도 사라예보에서 암살되자, 오스트리아는 세르비아계를 무력으로 타도하려 했다. 그러자 러시아는 범슬라브주의를 내걸고

세르비아를 지원하기 위해 7월 30일 총동원령을 내렸다. 그 결과 오스트리아와 동맹관계인 독일도 자동적으로 러시아와 전투를 시작하지 않을 수 없었다. 또한 독일은 러시아 동맹국인 프랑스와도 싸워야 했다. 영국은 처음에는 중립을 표방했다. 그러나 독일이 중립국인 벨기에를 침범한 것을 이유로 독일과 전쟁을 시작했다.

이 전쟁은 역사상 최초의 총력전이었다. 나폴레옹 전쟁을 별개로 하면 19세기 유럽 전쟁은 국민 생활에 별로 영향을 미치지 않은 형태로 수행되었다. 그러나 제1차 세계대전은 많은 나라가 참가했을 뿐 아니라 국민 생활에도 지대한 영향을 끼쳤다. 전선이 병사에 국한되지 않고 후방 국민까지 전쟁에 동원된 최초의 총력전이었다.

게다가 독가스, 전차, 비행기 등의 신무기가 투입된 것도 이 전쟁의 두드러진 특징이다. 그 때문에 전사자 수도 그때까지의 전쟁과는 비교되지 않을 만큼 많았다. 독일과 러시아 전사자가 대략 각각 170만 명으로 가장 많았으며, 프랑스가 136만, 오스트리아가 120만, 영국이 90만, 미국은 12만 6000여 명이었다. 이 전쟁에 참가한 국가는 25개국이었다.

유럽전쟁에서 세계대전으로

대전이 일어난 초기 단계에서는 전쟁이 유럽 지역에 국한되어 있었다. 전쟁이 세계전쟁으로 확대된 것은 1917년 4월 6일 미국이 독일에 선전포고한 뒤였다. 미국 참전 직전에 러시아에서는 혁명이 일어나 로마노프 왕조가 무너졌다.

1917년은 세계사 전반에 걸쳐서 커다란 전환점이 되는 해였다. 러시아에서는 3월 혁명에 이어 11월 혁명으로 독일과의 즉시 강화를 바랐던 레닌이 정권을 쥐게 되었다. 그리고 1918년 3월 러시아가 독일 측에 굴복했으나 세계대전 자체는 그해 11월 독일 측 패배로 끝났다. 독일 측 패전에 결정적 작용을 한 것은 미국의 참전이었다. 독일 측 무제한 잠수함 작전으로 민간 상선에 대한 무차별 공격이 미국의 참전을 불러들였다. 하여튼 표면상의 이유는 그랬다. 결국 유럽전쟁으로 시작된 전쟁은 세계대전으로 확대되었다. 그리고 미국이 가세한 연합군 측이 승리하여 1918년 11월 11일 파리 교외에서 휴전조약이 조인됨으로써 막을 내렸다.

미국, 1차 대전에 왜 참전했나?

연합국은 1917년 절망적 상황에 빠져들었다. 독일은 승리가 눈앞에 보이는 듯했다. 그러나 1917년 4월 그때까지 중립을 고수해온 미국이 독일에 선전포고를 하며 전쟁 개입을 선언했다. 이것이 연합국에는 천만다행한 일이었으며 독일에는 다 잡은 고기를 놓친 비극이었다.

제1차 세계대전 당시 미국은 참전 명분을 찾기가 어려웠다. 참다 못해 미국은 서섹스Sussex호 피격사건을 조작해낸다. 미국 함정 서섹스호가 독일에 의해 피격, 침몰되었다는 것이다. 1917년 4월 6일 미국은 마침내 독일에 전쟁을 선포했다. 이를 발표한 우드로 윌슨 대통령은 측근에게 "오늘 내가 한 연설은 우리 젊은이들의 죽음을 요구하는 메시지였네. 그런데 박수갈채를 받다니 참 묘하군"이라고 말했다고 한다.

그러나 종전 후 서섹스호는 피격은커녕 총알 한 발 맞은 적이 없었음이 밝혀진다. 그 뒤 미국 역사 교과서에는 민간 여객선 루시타니아호의 피격, 침몰이 참전 원인이었다고 기술하고 있다. 그러나 아일랜드 해안에서 격침당한 루시타니아호는 미국 국적선이 아니라 영국 배였으며 1192명의 사망자 중 미국인은 124명이었다. 그나마 피격사건은 참전하기 2년 전인 1915년 5월에 일어났고, 피격 당시는 참전과 관련한 고려와 여론이 없었다. 이후 미국은 제2차 세계대전에도 참전하며 세계 '경찰'의 역할을 자임하게 된다. 누가 요구하거나 시키지도 않았는데 말이다.

미국의 제1차 세계대전 참전 이유는 크게 두 가지였다. 당시 뿜어 나오기 시작한 중동 석유가 그 하나요, 모건 등 군산복합체의 참전 종용이 다른 하나였다. 미국은 석유를 놓고 다투는 열강들의 모습을 보며 마음이 바빠졌다. 중동을 유럽 열강들에 고스란히 넘겨줄 수는 없었다. 또 전쟁특수로 형성된 황금시장을 미국의 산업 부흥에 연계시킬 필요가 있었다. 연합국 측의 각종 물품 구매는 예상보다 훨씬 컸기 때문이다.

종전을 앞당긴 스페인 독감,
수천만 명의 인명을 앗아가다

제1차 세계대전 종전을 앞당긴 것은 다름 아닌 1918년에 창궐한 스페인 독감이었다. 한국에서도 740만 명이 감염되고 이 중 14만 명이 사망했다. 당시 이 치명적인 독감은 격전지를 중심으로 빠르게 번져나갔다. 수많은 젊은이가 밀집해 있는 군부대의 막사는 바이러스가 확산되기에 더없이 좋은 환경을 제공했던 것이다.

영국, 프랑스, 독일을 휩쓴 독감은 스페인을 초토화시키고 북아메리카와 아시아까지 확산되었다. 특히 알래스카와 캐나다를 비롯한 북아메리카 대부분의 지역은 죽음의 땅이 되고 말았다. 이른바 '1918년의 대재앙'이라 불리는 스페인 독감은 전 세계적으로 수천만 명의 인명을 앗아갔다. 제1차 세계대전에서 약 800만 명, 제2차 세계대전에서 약 1500만 명의 군인이 사망한 것으로 추정되는데 독감의 위력은 두 차례의 세계대전을 모두 합한 것보다, 심지어 핵폭탄보다도 강력했다.

미국, 경제력에서도 힘의 우위를 과시하다

제1차 세계대전 뒤 미국은 영국을 제치고 세계 1위 해외 투자국가로 올라선다. 황금의 1920년대를 지나 1930년대 대공황이 한창 진행될 무렵 미국보다는 유럽이 경제적으로 더 힘들었다. 또한 대공황의 늪에서 빠져나오기 위해 세계 각국이 꾀한 다양한 수요 창출 정책은 생각보다 그 성과가 미흡했다.

유럽은 금본위제에 기반한 통화 붕괴를 막아보기 위해 영국 주도로 1933년 6월 런던통화회의를 개최하기로 했다. 그 직전 1933년 4월에 미국은 아예 금값을 올리면서 금본위제에서 전격 탈퇴했다. 당시 미국도 대공황 중이라 유럽을 도와줄 여력이 없었지만, 실업률이 25%까지 치솟은 미국으로선 국제 경쟁력 회복을 위해 달러 가치 절하가 절실한 판이었다. 이로써 미국은 결과적으로 경쟁 상대국들을 외환위기로 몰아넣어 유럽의 경제복구를 사실상 방해한 셈이 되었다.

미국이 일거에 힘의 우위를 차지하였다. 대공황 와중에 국제연맹 가맹국 66개국이 모여 런던에서 열린 '통화 및 경제 문제 국제회의'는 이렇게 실패로 끝났다. 유럽은 분노했고 대공황은 길게 이어졌다.

제국주의 이론의 완성자, 레닌

그 무렵 러시아는 혁명으로 소비에트 사회주의 공화국이 되었다. 그 정점에 레닌이 있었다. '블라디미르 일리치 레닌'은 혁명가이다. 세상을 바꾸어놓고 싶은 볼셰비키의 지도자였다. 그는 마르크스의 과학적 사회주의 사상을 발전시킨 레닌주의 이념의 창시자이자, 마르크스 이후 가장 위대한 혁명 사상가인 동시에 역사상 가장 뛰어난 혁명 지도자였다.

레닌 어머니가 유대인

흔히 알려진 니콜라이 레닌이라는 이름은 혁명가로서 그가 사용하던 가명이다. 본명은 '블라디미르 일리치 울리야노프'이다. 레닌은 1870년 4월 볼가 강 연안에서 태어났다. 그의 집안은 교육수준이 높고 교양이 있었으며, 아버지 일리야 니콜라예비치 울리야노프는 농노의 아들로 장학사를 지냈고, 어머니 마리아는 유대인이자 의사의 딸이었다.

홉슨의 《제국주의》

마르크스는 세계 시장에 대해 상세하게 논할 계획이었지만 완성하지 못하고 죽어 현실 세계 경제의 성격에 대해 충분한 논의를 전개하지 못했다. 그것을 전개한 것이 홉슨과 레닌의 제국주의론이다.

홉슨은 영국의 개량주의적 경제학자로 마르크스주의자는 아니지만 급진적 자유주의자로 마르크스경제학 세계 경제론에 대단히 큰 영향을 미쳤다. 그는 남아공 보어 전쟁의 특파원으로 참전해 자기 조국 영국이 유대인들의 보석산업을 보호해주기 위해 벌이는 제국주의 전쟁을 보면서 깊은 회의에 빠졌다. 그 뒤 1902년에 나온 책이 바로 그의 《제국주의》이다.

그는 《제국주의》에서 "영국, 독일, 네덜란드, 프랑스 등 자본주의 국가의 대외 진출은 국내의 과잉생산과 과잉자본의 배출구를 만들어 영토 확장, 식민지 탈취를 행하기 위한 것이다"라고 주장했다.

홉슨의 제국주의 이론의 핵심은 국내의 과소비로 인해 잉여자본이 발생하게 되고 이 잉여자본이 해외 투자로 이어짐으로써 제국주의 정책이 수립된다는 것이다. 그는 당시 미국에서 활발하게 전개되었던 카르텔과 트러스트, 곧 거대한 독점체의 성장에 의해 국내에서는 도저히 소화될 수 없는 거대한 과잉생산과 과잉자본이 발생하는 구조를 분석했다. 곧 '과잉'의 사태를 완화하기 위해 생성되었던 카르텔, 트러스트가 오히려 더 큰 과잉 사태를 초래했다는 것이다. 이러한 주장을 바탕으로 그는 독점에 기반을 둔 거대한 과잉 사태가 계속해서 축적되어 제국주의가 생긴다고 생각하였다.

또한 홉슨은 제국주의에서 금융가를 중요하게 생각하였다. 그 이유는 금융가들이 경제에서의 여러 힘들을 조정하고 판단할 수 있는 능력을 지녔다고 생각했기 때문이다. 홉슨이 이들을 '제국주의 엔진의 운전자governor of imperial engine'라고 표현한 말에서 그의 금융가에 대한 인식을 알 수 있다.

"금융은 차라리 제국주의라는 엔진의 운전자로서 그 힘의 방향을 지시하고 활동을 결정한다. … 금융업자의 이해관계는 제국주의를 작동시키는 데 필요한 힘을 집중시키는 능력과 날카로운 계산력을 갖고 있다. … (결국) 최종적인 결정은 금융업자의 손에 의해 이루어진다." 홉슨의 말대로 금융자본의 역할은 100년이 흐른 지금에도 자본주의 제국의 핵심에 자리 잡고 있다.

제국주의 이론의 완성자, 레닌

제국주의 이론의 완성자는 레닌이다. 그는 소련 공산당을 창설했으며 러시아 혁명을 지도했고, 1917년에 케렌스키 정권을 타도하여 프롤레타리아 독재 하의 소비에트 사회주의 공화국을 건설하였다. 또한 마르크스주의를 제국주의와 프롤레타리아 혁명에 관한 이론으로 발전시켜 국제적 혁명 운동에 깊은 영향을 주었다. 레닌의 제국주의는 홉슨—레닌 모형의 제국주의보다 30여 년이 지나서야 출현한다.

레닌은 홉슨의 연구와 힐퍼딩의 금융자본론의 성과를 채용하여 1916년 망명국인 스위스에서 《자본주의 최고의 단계로의 제국주의》라는 책을 써 1917년에 출판하였다. 레닌의 제국주의는 1916년 제1차 세계대전이 한창 진행되고 있을 때 작성된 것이다. 레닌은 세계전쟁을 자본가들 사이의 영토 재분할 전쟁으로 파악하고 있었다. 그리고 필연적이고 불가피한 자본주의 발전의 귀결로 보았다. 이런 정치적 상황에서 레닌은 제국주의라는 현실에 대해 설명하지 않을 수 없었다. 이런 이론적·정치적 요구에서 '제국주의'는 탄생하였다.

자본주의의 발전사를 돌아보면 자본주의는 상업자본주의, 산업자본주의, 독점자본주의로 발전해왔다. 독점자본주의 단계에서는 산업자본과 은행자본이 결합하기 시작했다. 여기서 힐퍼딩이 말했던 금융자본이 지배적이었기 때문에 이를 금융자본주의라고 부르기도 한다.

∴ 레닌

레닌에 의하면 금융자본주의는 다름 아닌 제국주의다. 자본의 식민지적 침탈을 이야기하는 것이다. 레닌은 자본주의 강국에서는 독점적 생산이 진행되어 산업과 은행이 융합하고 금융자본이 생겨나 자본 진출이 이루어지며 이로 인한 국제적 독점체제에 따라 세계 시장의 분할이 이루어진다고 주장했다.

이를 좀 더 자세히 살펴보면, 레닌은 제국주의를 자본주의의 독점 단계로 규정하였다. 즉 제국주의의 경제적 본질은 독점자본주의라는 것이다. 그리고 그 특징을 5가지로 서술하였다. 그 첫째가 자유경쟁 자본주의는 필연적으로 독점자본주의로 이행한다는 것이다. 자본주의는 시장경쟁을 통해 생산과 자본이 점차 소수의 대기업에 집중되며, 생산과 자본의 고도집중은 카르텔·트러스트·신디케이트와 같은 독점적 기업결합으로 발전한다. 이는 다시 시장과 가격 지배를 통해 독점적 고이윤을 생산함으로써 한층 더 발전된 소수의 기업결합체가 된다.

두 번째가 지배적 자본 형태로서의 금융자본의 존재이다. 기업독점은 자금 융자와 주식 발행 등을 통해 거대산업과 거대은행의 융합을 가능하게 하여 여기서 금융자본이 형성된다. 금융자본은 생산과 자본을 지배하고 독점이윤을 취득함으로써 경제 전반에 걸친 금융과두제를 가능하게 한다.

세 번째가 후진국에 대한 자본수출이다. 독점과 금융자본에 의해 형성되는 과잉자본은 높은 이윤과 유리한 투자기회를 찾아 후진 지역으로 수출된다. 배타적이고 특권적인 거래 조건, 곧 특혜적 통상조약, 철도와 항만의 배타적 점유, 유리한 조건의 증권 발행 등으로 이루어지는 자본수출은 금융자본의 막대한 이윤의 주요 원천이다.

네 번째가 세계 시장의 분할·지배로 전기산업·석유산업·국제금융자본 등은 카르텔·트러스트·신디케이트 등을 통해 세계 시장을 분할·지배한다. 다섯 번째가 열강에 의한 식민지 분할로 세계 시장의 재분할은 열강의 식민지 지배를 위한 경제적 기초가 된다.

그는 이상과 같은 제국주의 특징에 의해 1914년에는 영국과 프랑스를 필두로 하여 러시아·독일·미국·일본 등 6대 열강에 의해 아프리카의 90%, 남태평양 군도의 대부분이 식민지로 전락했다고 주장했다. 자본주의 국가들은 제각기 영토 확장과 지배력 강화를 도모하여 세계의 재분할이라는 결과를 초래했으며, 나아가서는 국가 간의 무력충돌을 불가피하게 만들었다는 것이다.

당시 상황을 보자. 근대 자본주의 체제를 확립한 영국은 19세기 중반에 이르러 세계 전역에 걸쳐 통상권을 지배하고 군사력을 동원하여 영토를 병합해나갔다. 그리하여 제1차 세계대전이 발발하기 전까지 자국 영토의 100배에 달하는 55개의 식민지를 경영하게 되었다. 이러한 영국도 19세기 후반 독일, 프랑스, 미국 등의 도전을 받아 그 지위가 크게 흔들렸다. 세계는 자본주의 제국 간의 경쟁 시대를 맞이하게 된 것이다. 특히 1873년부터 무려 23년 동안이나 유럽을 강타한 대불황은 이러한 경쟁을 더욱 가속화시켰다.

이에 영국은 그동안의 자유무역정책을 보호무역정책으로 전환하고 광범위한 식민지를 긴밀하게 조직하려 했다. 장기적인 경제공황은 영국뿐 아니라 모든 자본주의 국가들로 하여금 원료 공급지와 소비시장으로서 식민지 획득이라는 대외정책과 독점적 기업결합이라는 대내 정책을 부추겼다. 그 결과 식민지를 둘러싼 자본주의 국가 간의 분쟁이 끊이지 않았다. 특히 1880년부터 1914년까지 아프리카를 분할하는 과정에서 일어난 열강들의 외교적 충돌과 군사적 대립은 거의 한 해도 거르지 않고 발생하였다. 그중에서도 영국의 종단정책과 프랑스의 횡단정책이 정면으로 충돌한 파쇼다 사건, 독일과 프랑스가 충돌한 모로코 문제가 대표적인 경우다.

오스트리아·세르비아의 지역전쟁으로 시작된 제1차 세계대전도 식민지를 보유하고 있던 선진 자본주의 국가와 그렇지 못한 후발 자본주의 국가들이 식민지 분할을 둘러싸고 벌였던 전쟁이라 할 수 있다. 그런데 이처럼 열강들이 충돌하게 된 배경에는 자본주의 국가들이 금융자본을 바탕으로 한 독점자본주의로 변모했다는 사실이 있다. 자본주의 국가 간의 경쟁은 필연적으로 카르텔이나 트러스트와 같은 독점적 기업결합을 출현하게 하였다. 이러한 기업결합의 독점자본에 의한 생산과잉은 소비시장으로서뿐만 아니라 자본 투자지로서의 식민지를 더욱 요구하게 되었다. 이에 식민지를 소유하지 못한 후발 자본주의 국가들은 기존의 식민지 소유국에 식민지의 재분할을 강력하게 요구할 수밖에 없었다.

사실 1914년에 시작된 제1차 세계대전은 그전과는 완전히 다른 전쟁이었다. 우선 전쟁의 규모가 세계화되었으며, 전쟁에 대한 관념 또한 새로웠다. 또한 주목할 것은 당사자들이 전쟁을 하는 이유를 모른다는 것이었다. 각종 군사동맹에 의해 휩쓸려 들어갔기 때문이다.

오스트리아가 러시아에 전쟁을 선포할 경우 독일은 오스트리아와 공동보조를 맞춰 러시아에 전쟁을 선포하고, 독일은 러시아에 전쟁을 선포하기 전에 프랑스에 먼저 전쟁을 선포하기로 되어 있었고… 등등으로 각종 군사조약에 의해 자동적으로 전쟁을 개시하게 되어 있었다. 하지만 정작 전쟁을 왜 하는 것인지에 대해서는 군사 당국자들도 모르고 있었다. 즉 별 이유도 없이 전쟁이 일어났다는 것이다. 이에 대해 레닌은 열강들의 지구상의 최종적 분할이 끝난 현실에서 새로운 영토의 획득 혹은 재분할은 열강 간의 전쟁 외에는 불가능하다고 설명하였다. 그는 제국주의는 자본주의의 마지막 단계이고 이것은 사회주의에 의해 극복되어야 한다고 주장하였다. 그 뒤 레닌은 러시아 볼셰비키 혁명을 주도하여 소비에트 연방의 초대 수상이 되었다. 당시 레닌과 함께 혁명을 주도했던 트로츠키도 유대인이었다. 레닌이나 트로츠키는 사회주의 시스템은 한 국가만으로는 성립되지 않는다고 생각하였다. 사회주의 시스템은 어디까지나 세계적인 규모로 달성된다는 국제 공산주의 운동의 사상이다.

04

제2차 세계대전

히틀러의 부상과 제2차 세계대전

대공황 이후 미국의 보호주의는 유럽의 보호주의를 낳았다. 그리고 이는 다시 독일, 이탈리아, 스페인, 벨기에 등이 폭력적 국수주의와 국가사회주의를 뒤섞은 파시즘으로 치닫게 했다. 이렇듯 '너 죽고 나 살자'는 보호주의 뒤에 기다리고 있었던 것은 제2차 세계대전이었다.

∴ 히틀러

제1차 세계대전이 끝난 후 독일에 대한 가혹한 베르사유 조약이 만들어지고, 독일 대표단은 파리 교외의 베르사유 궁전에 호출되어 일체의 항변도 하지 못한 채 조약에 서명하였다. 이는 훗날 1929년 대공황이 독일을 강타하여 독일 경제를 큰 혼란에 빠뜨렸을 때 독일 국민들의 강한 불만을 불러일으켰다. 이때 대중연설의 천재 히틀러의 베르사유 체제 타파 구호에 독일 국민들이 귀를 기울이게 되었고, 그로 의한 나치즘 운동은 세계공황의 소용돌이 속에서 크게 성장하였다. 이로 인해 결국 히틀러가 권력을 쥐게 되었다.

게다가 무리한 전쟁배상금을 갚기 위해 정부가 돈을 마구 발행하자 엄청난 초인플레이션에 휩싸이게 된다. 이러한 상황에서 나치스가 군대를 재건하여 '독일 통일'을 구실로 동유럽으로 영토를 확대했다. 결국 케인스의 예언대로 독일이 복수의 칼을 집어 든 것이다. 유럽은 경제위기가 촉발한 세계대전을 치러야 했다. 결과적으로 대공황의 그늘에서 벗어난 것은 전쟁 덕분이었다. 제2차 세계대전을 수행하기 위해 군수산업이 확대되었기 때문이다.

참전을 원한 미국, 명분을 만들다

유럽에서 시작된 전쟁에 1941년 12월 미국도 일본의 진주만 폭격으로 빨려들어 갔다. 아니, 스스로 원했다. 이는 군수산업 업체를 많이 거느린 모건, 록펠러, 듀퐁 등 유대인들에게는 쾌재의 소식이었다. 기업은 원래 평상시보다는 전시 등 비상시에 돈을 많이 버는 법이다.

기실 미국 내 유대인들은 개전 초부터 루스벨트 대통령에게 직간접으로 영향력을 행사하여 미국이 제2차 세계대전에 참전하도록 종용했다. 나치 독일의 박해를 받고 있던 유럽의 유대인들을 구해내야 하기 때문이었다. 그러나 미국 정부는 참전 명분이 없었다. 루스벨트와 미국의 군산복합체는 참전을 열망했으나 1차 대전 때와 같은 딜레마에 빠져 있었다. 명분을 만들어야 했다. 일본의 진주만 기습 4일 전에 〈시카고트리뷴〉 1면 톱으로 '루스벨트의 전쟁계획'이 특종으로 보도되었다. 여기에는 루스벨트 대통령이 얼마나 전쟁에 참전하고 싶어 하는지가 잘 드러나 있었다.

당시 미국이 전쟁 참가를 위해 일본을 상대로 다양한 도발적 조치들을 취했다. 루스벨트 정부는 미국 내 일본의 자산을 동결했고 파나마 운하 사용을 금지했다. 또한 일본에 대한 무역봉쇄 조치를 단행했다. 석유의 66%를 미국에 의존해온 일본에게 무역봉쇄는 치명적이었다. 이 때문에 일본은 중국과의 전쟁을 계속하는 데 필요한 석유 및 기타 전략자원의 수입이 불가능해졌다. 그래서 수마트라 섬의 석유를 겨냥하지 않을 수 없게 되었다. 미국은 영국과의 공조 하에 무제한적 봉쇄 조치로 이어졌다. 미국 정부는 또한 수차례에 걸쳐 도쿄를 상대로 미국의 군사적 대응을 암시했다.

그리고 진주만 공습 11일 전인 11월 26일 미국은 일본에 최후통첩을 보낸다. 미국은 무역봉쇄 해제 조건으로 중국, 인도차이나로부터 일본군이 완전히 철수할 것과 독일·이탈리아와의 동맹에서 탈퇴할 것을 요구했다. 일본군의 중국 철수는 일본이 도저히 받아들일 수 없는 요구였다. 이것은 미국도 잘 알고 있었다.

전시 영국 생산성 장관 올리버 리틀튼은 1944년 좀 더 솔직하게 시인했다. "일본의 진주만 공습은 미국이 취한 도발적인 조치들에 연유한다. 미국이 어쩔 수 없이 2차 대전에 참전하게 되었다는 얘기는 어설픈 코미디다." 많은 사람들이 루스벨트가 일본과의 전쟁을 원했던 이유는 일본이라는 '뒷문'을 통해 미국의 지배적인 반전 여론을 무력화시킨 뒤 더욱 중요한 유럽 전선에 참전하기 위함이었다고 증언했다.

루스벨트의 전시내각이 구성되었다. 육군 장관에는 모건 상사의 고문 변호사를, 전시 생산국장에는 제너럴모터스 사장을 임명하였다. 그리고 연합군 최고사령부 요직은 모건계의 팬 아메리카 항공사 중역들로 구성되었다. 전시내각은 마치 유대계 증권회사의 주주총회를 방불케 했다.

일본은 당시 중국을 침략하고 독일과 동맹 중 이를 견제하기 위해 미국, 영국, 네덜란드가 손잡고 일본에 대한 경제 제재에 나서는 통에 석유 공급까지 끊어졌다. 함정과 항공기를 운항할 수 없는 지경에 이르러 이판사판으로 전쟁을 결심했다. 일본은 인도네시아와 보르네오에 있는 네덜란드의 유전을 노렸다. 유전지대를 점령하는 것은 쉬운 문제이지만 배후의 미국 태평양함대가 골칫거리였다. 미국 함대가 존재하는 한 안정적인 석유 수송을 할 수 없었다.

그래서 치밀하게 작전을 짜 미국 함대가 주둔하고 있는 진주만을 폭격하는 한편 유전지대를 점령하였다. 그러나 결국 미국 잠수함들의 공격 때문에 안정적인 석유 반입에 실패하였다. 가미가제 자살 폭격도 항공유 부족에서 나온 고육지책이었다. 연료 부족으로 막장에 몰린 일본은 최후의 수단으로 가미가제 특공대를 조직했다. 일본의 계산에 따르면 미군 항공모함 1척을 격침시키기 위해 8대의 폭격기와 6대의 전투기가 필요했다. 이런 비행부대를 유지할 연료가 없어 미숙련 조종사를 뽑고 천황을 위해 순교토록 한 것이다.

1995년 군사기밀 해제로 확인된 '플라잉 타이거즈'

그 무렵 미군이 포착한 암호문서가 냉전이 종료된 1995년에 기밀이 해제되어 일반에게 공개되었다. 여기에 따르면 1933년에 탄생한 미국의 프랭클린 루스벨트 정권 하에는 300명의 코민테른 스파이가 있었다고 한다. 그 가운데 눈에 띄는 것은 재무성 넘버2인 재무차관 헨리 화이트였다. 헨리 화이트는 일본에 대한 최후통첩을 쓴 장본인이라고 알려져 있다. 그는 루스벨트 대통령의 친구인 모겐소 재무장관을 통해 루스벨트 대통령을 움직여 일본을 미일전쟁으로 몰아붙였다.

당시 루스벨트는 공산주의에 대한 두려움을 인식하고 있지 않았다. 그는 헨리 화이트 등을 통해 코민테른 공작을 받아들여 일본과 싸우는 장제스에게 전투기 100대로 구성된 민간인 항공용병부대 플라잉 타이거즈를 파견하는 등 드러내지는 않았으나 강력하게 지원하고 있었다. 미군은 파일럿들에게 전역 신청을 받은 뒤, 민간인 신분으로 P-40 호크 전투기의 제작사인 커티스 사의 직원으로 취업시켜 '서비스' 훈련이라는 명목으로 보내게 된다.

괴짜 조종사들은 아프리카 전선의 영국 비행대인 제112비행대를 본떠 상어 이빨을 그려 넣었으며 날개 달린 호랑이 그림을 그려 넣어 '플라잉 타이거즈'로 이름 붙였다. 진주만 공격이 일어나기 한 달 반 전부터도 중국 대륙에서 미국은 일본에 대해 은밀하게 항공 공

∴ 플라잉 타이거즈

격을 개시하고 있었다. 루스벨트는 전쟁을 하지 않는다는 공약으로 대통령이 됐기 때문에 미일전쟁을 시작하는 것은 아무래도 용납될 수 없어 일본이 선제공격을 가하도록 유도할 필요가 있었다. 일본은 루스벨트가 쳐놓은 그물에 빠져 진주만 공격을 결행하게 된 것이다.

군수산업에 퍼부은 전비, 과거 미국 50년 국가 예산보다 많아

미국은 전쟁에 직접 참전하기 전부터 공업 구조를 무기 생산체제로 바꾸고 무기를 대량생산했다. 1941년 3월에는 무기대여법을 만들었다. 연합국에 무기를 외상으로 대량 빌려주기 위한 법이었다. 그전에 무기는 현금거래였다. 미국이 무기대여법을 근거로 연합국에 지원한 무기와 식량, 석유는 501억 달러에 이른다. 요즘 가치로 환산하면 1조 달러가 넘는 돈이다.

항공기 1만 5000대, 전차 7050대, 지프 5만 대, 트럭 38만 대, 기관총 12만 정, 화약 35만 톤, 기관차 2000량, 대잠구축함 105척, 어뢰정 200척 등 무기류와 식료품 448만 톤, 군화 1500만 족 등을 제공했다. 이렇게 참전 전부터 미국은 과자 만들듯 무기를 찍어냈다.

참전 후 전비는 기하급수적으로 늘어났다. 2차 대전 중 미국의 전비 총액은 2450억 달러에 달하는 천문학적 수치다. 과거 미국의 50년간 국가 예산보다도 많았다. 이 같은 엄청난 돈의 70% 이상이 모건, 록펠러, 듀퐁가로 흘러들어 갔다. 2차 대전은 인류 역사상 가장 큰 재앙이었다. 하지만 이를 계기로 세계 경제의 주도권은 완전히 미국으로 넘어갔다.

미국, 본격적인 경제 패권시대를 주도하다

금본위제로의 복귀, 미국의 패권 장악

19세기 영국이 주름잡았던 국제금융 권력은 제1차 세계대전으로 인해 끝나고 이후 대공황을 거치며 새로운 채권국으로 미국이 급부상했다. 미국의 축적된 금융자본이 세계로 뻗어나갔다. 1936년경에는 미국과 영국, 프랑스 간에 금본위제로의 복귀와 환율안정을 위한 협정이 체결되었다. 미국이 완전한 자신감을 얻은 것이다. 이제 미국은 고립주의·민족주의 성격에서 벗어나 개방과 자유주의 방향으로 전환했다. 세계를 제패할 패권적 능력뿐 아니라 동기와 의지까지 갖추게 된 것이다.

게다가 연이어 발생한 세계 경제사에 획을 그을 만한 여러 사건이 미국의 국제 정치력과 경제의 발흥에 큰 힘이 되었다. 특히 루스벨트 대통령 통치 기간 중에 일어난 대공황, 금본위제 붕괴, 자유무역질서의 후퇴, 파시즘의 발흥, 제2차 세계대전으로 이어지는 일련의 과정에서 세계 정치경제의 구질서가 붕괴되고 미국이 패권을 장악하게 되었다.

1930년대 중반 미국은 전 세계 금의 약 35%를 보유하고 있었다. 제2차 세계대전 중 다른 나라들이 미국으로부터의 수입에 의존해 전쟁을 치르다 보니 종전 시점에 이르러 미국은 전 세계 금의 약 70%를 보유하게 되었다. 가히 압도적이라고 말할 만한 상황이었다.

대공황 이후 미국의 보호주의는 유럽 내의 보호주의를 낳고, 이는 다시 독일·이탈리아·스페인·벨기에 등이 폭력적 국수주의와 국가사회주의를 뒤섞은 파시즘으로 치닫게 했다.

미국이 세계 시장에서 금을 사들이는 행위를 중단한 건 1944년 2차 대전의 종전을 눈앞에 둔 때였다. 그동안 세계 많은 나라의 금 보유고가 거덜 났고, 금태환제를 포기하도록 강요받았다. 이들 나라는 자국 화폐를 싼값에라도 달러와 바꾸어야만 했다. 어쩔 수 없었다. 사람들은 이제 금을 보유하고 있는 미국 화폐를 더 신뢰했다. 결국 달러화 가치는 점점 더 높아졌다. 이는 달러가 세계 기축통화로서 작동할 수 있는 근거를 마련하게 된다.

달러를 세계 기축통화로

미국의 경제 패권은 사실상 힘의 역학구도에 기초해 형성되었다. 국제무역체제의 성립 때 미국이 일방적인 권력행사를 했다. 전쟁 전 국제무역의 혼란을 되풀이하지 않기 위해 지금의 WTO보다 훨씬 강력한 권한을 지닌 국제무역기구International Trade Organization가 1944년 하바나 헌장에 기초해 설립된 바 있었다. 그러나 미국 의회가 비준을 거부함으로써 이 조직은 사장되었다. 당시 미국 의회의 외교적 메시지는 확실했다. 기왕 경제적 패자로 미국이 등장하려면 확실히 패권을 확보할 것이지, 왜 쓸데없이 강력한 국제기구를 만들어 미국의 영향력을 축소시키려 하는가 하는 뜻이었다.

그 뒤 이러한 현상은 미국 주도로 설립된 국제통화기금IMF 탄생 때도 나타난다. 안정적 국제통화 질서를 확립하기 위해 1944년 7월 미국 뉴햄프셔 주 브레튼우즈에서 44개국 대표들이 모였다. 미국 재무차관보 해리 화이트와 경제학자이자 영국 대표였던 존 케인스가 회의를 주도했다. 여기서 케인스와 화이트의 논쟁이 있었다. 영국과 미국의 논쟁은 세계 금융 조율기구를 청산동맹Clearing Union으로 할 것인가, 아니면 안정화기금Fund으로 할 것인가 하는 주제에 집중되었다.

영국은 IMF가 국제통화의 발권력을 보유해야 한다고 역설한 반면, 미국은 자신만이 발권력을 가져야 한다고 주장한 것이다. 당시 어느 국가도 미국의 적수가 안 되었다. 국제통화의 발권력을 미국이 독점하는 것은 피할 수 없었다. 단지 기축통화의 안정을 위해 달러화의 발행을 금 보유와 연계시킨 것이 제약의 전부였다.

하지만 애당초 게임이 안 되는 싸움이었다. 왜냐하면 사실 당시 수많은 전쟁에서 패해 막대한 채무국이었던 영국과 지금보다도 더 막강한 권력을 휘두르던 채권국 미국의 싸움이었기 때문이다. 따라서 해리 화이트가 거의 일방적으로 주관했다.

결국 미국의 주장이 관철되었다. 이 안정화기금이 오늘날 IMF이다. 미국은 '달러화를 매개로 하는 고정환율제도'를 전후 세계 금융질서의 골간으로 삼았다. 국제 결제수단을 금 대신 달러화로 하되 언

❖ 워싱턴 DC에 있는 IMF 본부

제든지 달러를 가져오면 미국이 35달러에 금 1온스를 바꿔준다는 것이었다. 사실상의 달러본위제를 도입한 것이다.

화이트는 결국 많은 반대를 무릅쓰고 국제통화제도를 관장하는 국제통화기금IMF과 세계은행IBRD을 미국 내에 두게 되고 달러를 중심으로 한 세계 금융체제를 확립했다. 이것이 일명 '브레튼우즈 체제'이다. 미국의 막강한 영향력이 행사되어 전후 국제 경제질서가 어느 정도는 강제되었다는 것을 알 수 있다.

후일담이지만 아이러니하게도 자본주의 핵심 장치인 IMF 창설을 주도했던 유대인 해리 덱스터 화이트 재무차관은 공산주의자였다. 그는 친이스라엘 성향으로 로스차일드 가문의 영향 아래 있었던 인물이다. 1920년대 초반부터 미국 공산당은 소련으로부터 지원을 받으며 미국 내에서 소련의 입장을 옹호하고 소련에 우호적인 여론을 조성하는 한편 지하에서는 간첩 임무도 수행했다.

1947년 소련에 원자폭탄 비밀을 넘긴 죄로 처형된 유대인 로젠버그 부부 역시 미국 공산당 당원이었다. 1930년대 미국에서 유대인 공산주의자들은 소련이 심어놓은 공산주의 지하세포의 80% 이상을 차지했다. 매카시 선풍 이후 1947년 스미스 법안에 의해 기소된 공안사범들 가운데 과반수가 유대인들이었다.

IMF 이사회에 거부권이 보장된 유일한 국가, 미국

회의 결과 브레튼우즈 체제를 관장하는 기구로 IMF와 IBRD를 창설하는 협정이 발효됐다. 국제통화 질서를 명실상부하게 미국이 주도하게 된 역사적 출발점이다. 이후 IMF 총재는 명목상 유럽인이 맡되 실질적인 주도권은 지분이 가장 많은 미국이 주도하고 있다.

IMF에서 이사회 안건에 거부권이 보장된 유일한 국가가 미국이다. 다른 나라들이 실컷 논쟁을 하고 어깃장을 놓다가도 막판에는 꼬리를 내릴 수밖에 없는 이유이다. 한편 IBRD 총재는 미국인이 맡는 게 관례화되었는데 초대 유진 메이어를 위시해 대부분 월스트리트나 재무관료 출신의 유대인들이 맡아왔다. 그러다 최근 한국계 김용 총재가 선임되었다.

브레튼우즈 체제의 형성 과정에서 영국과 미국의 헤게모니 대결의 흔적은 '달러-금'의 절충본위제라는 모양으로 나타났다. 영국의 대표 케인스는 완전한 금본위제를 주장했다. 미국은 아직 서툴러서 이것을 완전히 엎을 수는 없었다. 그래서 전쟁 전의 가치인 '금 1온스=35달러'라는 기준이 합의되었다. 이로써 브레튼우즈 체제는 금본위제이면서도 조절 가능한 고정환율제라는 특성을 가지고 있다. 금 1온스당 35달러의 금태환을 보장하고 각국 통화의 가치를 달러에 고정시켰다. 1파운드는 2달러 80센트, 1프랑은 20센트, 그리고 1달러는 360엔으로 결정되었다.

패권국 통화를 기축으로 하여 다른 통화들의 가치를 고정시킴으로써 달러의 가치가 유지되는 한 국제통화 질서의 안정이 지켜지도록 했다. 국제수지 적자 문제를 해소하기 위한 평가절하를 허용했다.

브레튼우즈 체제의 또 다른 핵심 요소는 제한적인 국제금융 질서이다. 국가 간 자본의 흐름을 통제하기 위해 개별 국가들에게 자본의 유출입을 통제할 수 있는 권한을 주었다. 자본 유출국과 자본 유입국의 상호 협조적인 자본통제와 외환통제도 허용했다.

루스벨트와 얄타 회담, 한반도를 양분하다

제2차 세계대전이 종식될 무렵 이탈리아가 이미 항복한 상태였고, 독일마저 패전의 기미가 보이자 연합국 지도자들은 전후 대책을 논의하기 위해 1945년 2월 4일~11일 크림 반도 얄타에서 회담을 가졌다. 미국의 루스벨트 대통령, 영국의 처칠 수상, 소련의 스탈린 최고인민위원 등 연합국의 지도자들은 패전 후 독일을 미국·영국·프랑스·소련 4국이 분할 점령한다는 원칙 등 몇 가지 점에 합의하였다.

극동 문제에 있어서는 비밀협약을 맺었는데, 그 내용은 소련이 독일 항복 후 2~3개월 이내에 대일전에 참전해야 하며, 그 대가로 연합국은 소련에 러일 전쟁에서 잃은 영토를 반환해주고 외 몽골의 독립을 인정하는 한편 한반도 도 38선으로 나누어 참전국이 신탁통 치한다는 것 등으로 추정된다.

얄타 회담의 일부 조항은 태평양과 만주에서 일본을 패배시키는 데 소련 의 지원이 절실히 필요하다는 가정에 서 체결된 것이었다. 그러나 소련의 참전은 지연되었고, 미국의 원폭 이 투하된 1945년 8월 6일 뒤에 참전하여, 참전한 지 불과 5일 만에 일본은 항복했다.

프랭클린 루스벨트는 우리 한국인들에게는 유감스러운 존재이다. 얄타 회담에서 한반도에 38선을 긋도록 스탈린과 합의를 한 대통령 이기 때문이다. 이 회담 직후 병마에 시달리던 루스벨트는 결국 뇌졸 중으로 사망했는데, 이 회담에 참가했던 세 사람이 모두 뇌졸중으로 쓰러졌다는 점이 특이하다.

트루먼 독트린, 사회주의 확산을 막다

그 뒤 루스벨트의 뒤를 이어 부통령 해리 트루먼이 대통령이 되었다. 1947년 3월 12일, 그는 상하 양원 합동회의에서 행한 연설에서 이른바 트루먼 독트린 선언을 했다. 그는 "미국의 목적은 소수파가 독재정치를 강요하는 공산 침략주의에 대항해 자유민주주의 제도와 영토 보전을 위해 투쟁하는 세계의 모든 국민을 원조하는 것"이라고 선언했다.

트루먼 독트린의 주된 이유는 사회주의 확산을 방관할 시 유럽과 아시아라는 대형 시장을 잃을 것으로 판단했기 때문이다. 전후 미국 대외정책의 근간은 일단 공산주의 봉쇄였다. 따라서 우선 가장 부유한 지역인 서유럽과 일본이 공산주의의 영향권에 들어가는 것을 막아야만 했다. 경제적으로 미국은 두 가지의 상이한 정책을 통해 목표를 실현한다. 서유럽의 부흥을 위해서는 자금을 직접 투입하는 마셜 플랜이라는 대규모 원조를 단행한다. 서유럽은 다른 지역에 대한 무역의존도가 상대적으로 낮았고 또한 기술적으로도 상당한 수준을 견지하고 있었으므로 국내 경제의 활성화만으로도 재건에는 큰 문제가 없다고 판단한 것이다. 실제 미국은 시장으로서의 가치가 큰 유럽을 경제적으로 지원하여 당시 옛 소련 주도로 벌어지던 사회주의 확산을 막았다.

그러나 일본의 경우는 사정이 달랐다. 우선 기술 수준에서 서유럽에 미치지 못했다. 또한 일본 경제는 중국과 동남아시아에 상당히 의존되어 있었다. 곧 방대한 수출시장 없이는 일본의 부흥이 어렵다고 판단한 것이다. 따라서 일본의 경우 쌍무적인 안보조약을 통해 공산 중국과 소련에 대한 안전을 보장해줌과 동시에 방

∴ 해리 트루먼

대한 미국 시장을 일본의 수출 증진을 위해 개방시켰다. 그 유명한 수출주도형 경제성장정책이 실행되었던 것이다. 바로 이 파고를 두 번째로 잘 이용한 국가가 한국과 대만이었고, 세 번째로 잘 이용해 경제 기적을 창출하고 있는 국가가 중국인 것이다.

미국이 유럽을 돕다: 유럽 복구를 위한 마셜 플랜

군에서 전역하고 트루먼 내각의 국무장관이 된 조지 마셜이 그해 〈타임〉지의 올해의 인물로 선정된다. 이유는 유럽 전후복구를 위한 마셜 플랜의 전격적인 제안이었다. 제2차 세계대전 후 유럽은 초토화 상태였다. 특히 독일, 프랑스, 베네룩스 3국의 피해가 극심했다. 이탈리아도 전쟁의 한복판에 휘말렸으며, 영국은 허구한 날 독일 공군의 공습을 받아야 했다. 그리스도 독일과의 전쟁 및 내전으로 황폐화되었고, 노르웨이나 핀란드도 사정은 비슷했다. 독소전의 주 무대가 된 소련 서부 및 동유럽은 말할 것도 없었다.

마셜은 초토화된 유럽에 대해 미국이 대대적인 재정지원을 단행하여 빠른 전후복구를 도와주어 유럽을 회복시킬 것을 제의하였다. 서서히 동서 냉전 구도가 확고히 되어가던 이 무렵, 마셜의 이러한 대대적인 유럽 전후복구 지원책은 소련의 서진에 맞서 서유럽 국가들을 최대한 빨

❖ 1943년과 1947년 두 번 〈타임〉지 올해의 인물로 선정된 조지 마셜

리 회복시켜야 한다는 전략적 필요성과 유럽의 빠른 회복으로 미국 산업력이 소비시장을 계속 유지해야 한다는 경제적 필요성이 맞물린 결과였다. 이후 마셜 플랜으로 1948년부터 3년 동안 130억 달러가 지원되어 유럽은 급속도로 복구되었다.

EU의 탄생 배경, 유럽석탄철강공동체

석탄과 철광이 풍부한 알자스로렌과 루르 지방의 비극도 자원을 둘러싼 전쟁 때문이었다. 1870년 프로이센-프랑스 전쟁에서, 그리고 1, 2차 세계대전에서 프랑스와 독일 사이에 오고 간 전쟁 전리품 지역이었다. 현재 유럽의 단결과 평화의 상징인 유럽연합EU도 원래는 어떻게든 독일의 루르 지방에 대한 관리권을 행사하려는 프랑스의 계산에 따른 것이었다. 1950년 5월 9일 프랑스 외무장관은 "주요 국가의 철강과 석탄을 공동관리하자"는 제안을 내놨다. 서독의 석탄과 철강을 국제 관리로 묶어 독일의 군사대국화를 방지할 목적이었다.

이에 독일이 프랑스의 제안을 즉각 받아들였다. 패전국 처지에 국제무대에 복귀할 수 있는 절호의 기회로 여겨졌기 때문이다. 경제적 이익을 노렸던 이탈리아와 베네룩스 3국도 적극 참여해 6개국은 이듬해 유럽석탄철강공동체를 출범시켰다. 서로 다른 속셈으로 시작되었으나 역내 공동사업을 진행하는 동안 쌓인 신뢰는 1957년 유럽경제공동체와 원자력공동체를 거쳐 1993년 유럽연합의 결성으로 이어졌다.

냉전 시대: 자유주의 진영과 사회주의 진영의 대결구도

제2차 세계대전 이후 세계 전체로 보면 보호주의와 정부 개입의 물결이 크게 밀려왔다. 지나친 자유방임으로 빈익빈 부익부 문제, 주기적 공황 문제, 독과점 문제 등이 발생하자 자유주의에 대한 두 가지 반대 사상이 득세하였다. 하나는 19세기 말 마르크스의 공산주의 사상이고, 다른 하나는 1930년대 대공황 이후 케인스의 수정자본주의 이념이다.

먼저 공산권은 서구와의 세계무역에 동참하지 않았다. 냉전 체제하에서 자본주의 진영은 서구의 안전을 위협하게 되는 재화가 소련으로 유입되는 것을 막기 위해 대 공산권 수출통제위원회COCOM를 설치했고, 이에 대항하여 소련은 동구권과 함께 공산권 국가들의 경제상호원조회의COMECON를 만들었다. 그리하여 동서 진영 간에는 무역이 거의 일어나지 않았다.

또한 중남미 지역이 낙후되면서 종속이론이 등장하였다. 이 이론에 의하면 자유무역은 1차산업에 비교우위를 갖는 농업국가들이 계속 부가가치와 연관효과가 적은 1차산업에 특화하게 만든다. 그러면 그들은 영구적으로 선진국을 따라잡지 못하고 주변부에 머물게 된다며 자유무역주의에 대항하였다. 제2차 세계대전 이후 세계의 절반을 차지한 공산주의 국가들은 자유주의 시장경제 원리를 부정하고, 정부가 가격을 결정하고 경제계획을 수립하는 등 전형적인 중상주의 정책을 실시했다.

이스라엘 건국과 중동전쟁의 시작

트루먼은 전임 루스벨트 대통령보다도 더 친유대 성향이었다. 1947년 10월 팔레스타인 분할안 유엔 통과를 위해 영향력을 행사하였고 또한 1948년 5월 이스라엘 독립국가 건설에 첫 힘을 실어준 강대국 원수였다. 유엔으로부터 국가 창설을 인정받은 유대인들은 미국의 지원으로 구체적인 건국 작업에 착수했다. 그러나 2000년간 그 땅에서 살아온 토착 아랍인의 저항이 워낙 완강하여 큰 차질을 초래하였다. 이때 유대 지하 테러조직인 이르군이 1948년 4월 9일, 예루살렘 서쪽의 조그만 마을인 데일 야신촌을 야밤에 습격하여 254명의 주민을 잔인하게 무차별 살해하는 만행을 저지르는 '데일 야신촌 사건'이 일어났다.

훗날 이스라엘 수상이 된 메나헴 베긴이 테러대장으로 진두지휘한 이 사건은 문명세계에 커다란 충격을 주었으며, 흔히 제2의 나치 학살로 불린다. 이러한 기습만행은 여러 곳에서 자행되었으며, 비무장의 아랍 주민들에게 극도의 공포감을 심어주어 100만 명 가까운 아랍인들이 도망가듯 인근 국가로 도피해 감으로써 소위 팔레스타인 난민 문제를 야기시켰다.

이로부터 한 달여 후 유대인들은 아랍인을 몰아낸 곳에 이스라엘 국가가 성립되었음을 공표했다. 1948년 5월 14일 이스라엘의 독립국가 선포식 방송이 흘러나왔다. 유대인들에게는 실로 감격스러운 순간이었다. 2000여 년의 방랑 끝에 조국을 다시 찾은 것이다.

그때 요란한 포성이 지축을 뒤흔들었다. 이집트를 중심으로 한 아랍 국가들의 즉각적인 저항은 전쟁으로 돌입하여 1948년 1차 중동전을 유발시켰다. 아랍권이 이스라엘 독립국가 건설에 반대하여 쳐들어온 것이다. 이른바 독립전쟁이 벌어졌다. 당시 이스라엘 인구는 76만 명이었고 아랍권은 3000만 명이었다. 이스라엘이 침공에 대응하여 소집 가능한 병력은 1만 9000명이었다. 선제공격을 가한 아랍군이 모든 전선을 휩쓸었다. 이스라엘은 물러설 공간이 없었다. '이 시간, 이 자리에서 죽자'라는 것이 병사들의 신념이었다. 처음 이틀은 아랍권의 석권이었으나 3일째부터는 전선이 고착되어 이스라엘 병사들은 사력을 다해 전선을 지켰다. 일주일이면 충분하다는 전쟁은 그 상태로 6월로 접어든다. 일단 6월 11일 휴전을 하고 양측은 다음 기회를 노렸다.

에치슨 라인과 6·25전쟁

제2차 세계대전이 끝날 무렵인 1945년 2월에 미국·영국·소련 대표가 얄타에 모여서 일본군의 무장을 해제하기 위해 38도 선을 경계로 북쪽은 소련군이, 남쪽은 미군이 군정을 실시하기로 했다. 이후 군정이 끝나자 미국은 소련과의 협상 결과 한반도에서 소련군과 미군이 동시에 철수하기로 했다. 그리하여 1949년 600명의 군사고문단만 남기고 미군은 남한에서 철수했다. 소련군도 북한에서 떠났지만 북한은 소련에 엄청난 군사적·경제적 협조 약속을 받아낸 후였다.

1950년 1월 10일 에치슨 국무장관은 "서태평양에서의 미국의 방위선은 일본-오키나와-필리핀을 연결하는 선으로 이 방위선에 대해서는 미국이 직접적인 책임을 지지만, 그 외의 다른 지역에 대해서

는 우선 공격을 받은 국민의 저항으로 대비한 후 다음에 국제연합 헌장 아래 전 문명세계의 원조에 의존한다"라고 에치슨 라인을 발표했다. 미국은 중국과의 관계를 고려하여 한국과 대만을 방위선에서 제외했다.

그리고 5개월 후에 한국 전쟁이 일어난다. 역사는 에치슨 라인을 6·25의 제1전범으로 지목했다. 에치슨은 공화당으로부터 전쟁 발발의 책임자로 비판받았다. 그러나 사실 이 연설의 요체는 흔히 알려졌듯이 한국을 포기하겠다는 것이 아니었다. 오히려 그것은 재정지출 삭감을 주장하는 미 의회와 군비의 효율적 사용을 주장하는 군부를 다독이면서, 북진 통일이나 본토 수복을 외치는 이승만과 장제스의 무모한 모험을 견제하고, 그러면서도 유엔을 끌어들여 두 나라의 안전을 확보하겠다는 다목적 발언이었다.

그러나 여기에 오산이 있었다. 북한과 소련은 미국이 대한민국에 대한 방어 의지를 포기한 것으로 판단하고 5개월 후 전면 남침을 감행해 민족상잔의 비극이 일어나게 된다. 미국은 다급히 한국을 도왔다.

"알지도 못하는 동방의 작은 나라, 만난 적도 없는 사람들의 자유를 지키기 위해 국가의 부름에 응한 우리의 아들과 딸들을 기린다."이 문구는 워싱턴 시내 한국전쟁 기념공원 '참전 기념비'에 새겨진 추모 글이다. 6·25전쟁 3년 동안 한반도 땅을 밟은 UN군은 4000명의 유대인을 포함하여 총 190만 명이었다. 그중 미군은 178만 명(참전 연인원 약 58만 명)이었고 이 가운데 약 4만 5000명이 고국에 돌아가지 못했다. 온전한 몸으로 귀국하지 못한 상이군인도 9만 2000명에 달했다. 이렇게 미국은 총 13만 7000명이나 되는 엄청난 사상자를 내면서 대한민국의 자유를 위해 싸웠다. 그들

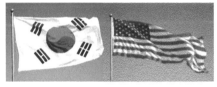

은 최소한 한반도에서는 자유민주주의를 사수하기 위해 대한민국을 몸과 마음으로 도왔다.

물론 미국도 얻은 게 있었다. 제2차 세계대전 뒤 미국 군수산업은 판매시장이 없어 불황에 빠졌는데 한국전쟁이 미국 경제회복에 크게 기여했다. 한국전쟁 이후 월스트리트 주가가 급속도로 상승세를 타기 시작했다. 패전국 일본도 보급기지 역할을 맡아 재기의 발판을 마련했다. 도산 위기의 도요타가 트럭 등 4700대의 군수 차량을 수주받는 등 한국전쟁 기간 중 일본이 공급한 물량은 30억 달러가 넘었다. 이는 일본이 다시 일어설 수 있는 큰 힘이 되었다.

이어지는 2차 중동전쟁

1952년 이집트에서는 나세르를 중심으로 하는 일단의 청년장교들이 쿠데타를 일으켜 부패한 국왕 체제를 무너뜨리고 이집트 공화국을 출범시켰다. 쿠데타 정권은 나일 강에 아스완 댐 건설사업을 추진하면서 미국과 서구 사회의 경제지원을 이끌어내는 한편, 소련과 무기 구입 협정을 체결하여 군사력 현대화도 추진하였다.

이집트는 우리에게는 피라미드와 파라오의 나라로, 또한 고대의 강대국이자 문명국 가운데 하나로 유명하다. 하지만 사실 이집트는 기원전 6세기부터 20세기 중엽까지 줄곧 외세의 지배 아래 있었다. 이집트는 1922년에 독립을 쟁취했지만, 허울뿐인 입헌군주제의 배후에서는 여전히 영국의 입김이 작용하며 민족주의 세력을 탄압하였다. 이처럼 오래 지속된 외세의 압력에 대항하여 이집트는 물론 아랍 전체의 자존심을 회복한 주역으로 평가되는 인물이 바로 나세르다.

마침 당시 아랍 세계를 휩쓸던 민족주의의 열기는 이집트도 비껴가지 않았다. 나세르는 1954년 10월, 그때까지도 수에즈 운하 지역에 주둔하던 영국군 철수에 대한 협상을 이끌어내면서 잔존해 있던 식민지 세력도 축출하였다. 나세르의 개혁 노선은 이집트 민중들의 호응을 받아 1956년 6월 22일 그는 이집트 대통령에 취임한다.

❖ 나세르

그런데 당시 미소를 양축으로 첨예

하게 진행되던 냉전구도 속에서 이집트는 경제적·군사적으로는 어느 진영에도 속하지 않는 실리 외교를 펼치고 있었다. 하지만 소련 쪽으로 기울어지면서 소련과의 군사협력을 통해 이집트는 체코슬로바키아제 무기를 도입하였다.

그러자 미국은 아스완 댐 건설을 위한 2억 달러 규모의 차관을 취소시킨다. 궁지에 몰린 나세르는 이를 빌미 삼아 댐 건설을 위한 건설 재원 확보 등을 이유로 1956년 7월에 수에즈 운하 국유화를 전격 선언하였다. 서구 세계에 던진 도전장과 마찬가지인 수에즈 운하 국유화 선언에 아랍 세계는 열광한다.

지중해와 홍해, 인도양을 연결해주는 이 중요한 운하는 프랑스의 기술 및 자본에 이집트의 노동력이 합쳐져 완성되었지만, 이후 재정난에 직면한 이집트 정부가 운하회사의 주식을 대거 매각함으로써 영국과 프랑스의 공동 소유가 되어 있었다. 수에즈 운하의 국유화 선언은 운하에 대한 이권을 소유한 영국과 프랑스에는 큰 타격이었다. 사실상 수에즈 운하는 영국과 프랑스의 공동 소유였고, 영국과 프랑스가 공동으로 행사하고 있던 조차권도 아직 12년이나 남아 있었기 때문이다.

영국과 프랑스는 수에즈 운하 통과를 금지당한 이스라엘을 부추겨 전쟁을 사주한다. 그렇지 않아도 이스라엘도 커나가는 이집트에 안보상의 위협을 느끼고 있었다. 영국과 프랑스로부터 지원을 약속받은 이스라엘은 10월 29일 시나이 반도를 기습공격하여 주요 요충지들을 장악하였다. 이것이 2차 중동전쟁이다. 영국과 프랑스도 공군기들을 동원하여 이집트군의 주요 공군기지들을 공격하는 한편 공수부대를 투입하여 수에즈 운하를 점령한다. 전형적인 제국주의 발상이었다.

그런데 미국은 영국과 프랑스가 중동에서의 영향력을 확대하는 것을 우려해 두 나라의 군사행동에 대해 비난하는 성명을 발표했고, 소련 또한 영국-프랑스-이스라엘의 침략행위에 대해 대륙간탄도탄 공격도 불사하겠다는 위협을 가한다. 냉전의 양 축이 모두 압력을 가해오자 영국과 프랑스 및 이스라엘은 전쟁을 일으킨 지 9일 만인 11월 6일, UN이 중재한 휴전에 합의하게 된다. 11월 23일 정전이 성립되었으며, 영국-프랑스-이스라엘군의 즉각 철수를 유엔총회에서 결의함에 따라 12월에는 영국군과 프랑스군이, 이듬해 3월에는 이스라엘군이 점령하고 있던 이집트 영토에서 철수하였다.

2차 중동전쟁은 군사적인 측면에서 영국-프랑스-이스라엘군의 일방적 승리였지만, 이들 3개국은 국제사회에서 침략자라는 낙인이 찍히게 된다. 영국과 프랑스는 수에즈 운하에 대해 가지고 있던 기득권을 포기해야 했으며, 이스라엘은 아카바 만의 봉쇄를 푸는 데 만족해야 했다. 이 전쟁은 또한 미국과 소련에는 중동 지역에서 자신들의 영향력을 확인하는 계기가 되었고, 나세르가 주창한 아랍 민족주의가 더 거세지는 결과를 낳았다. 불타오른 아랍 민족주의는 1964년 1월 아랍정상회의에서 '팔레스타인 해방기구PLO'를 탄생시킨다.

3차 중동전쟁

수에즈 전쟁으로 불리는 2차 중동전에 이어 1967년에는 이스라엘이 예루살렘을 점령하는 소위 6일 전쟁으로 알려진 3차 중동전쟁이 일어났다. 이 전쟁은 이스라엘과 시리아 간의 충돌에서 비롯됐다. 사건의 단초는 이스라엘이 제공했다. 1964년 4월 이스라엘이 1차 중동 전쟁 정전협정에 따라 비무장지대로 설정된 골란 고원 일대에 농작물을 경작한다고 일방적으로 선언하였다. 이때부터 골란 고원을 둘러싼 긴장이 고조되기 시작한 것이다.

이스라엘은 아랍 게릴라들의 공격이 점증되자 1967년 4월 시리아 내에 있는 게릴라 기지에 대대적인 군사공격을 감행하기에 이른다. 시리아는 이집트의 개입을 요청했다. 나세르 대통령은 이스라엘이 시리아를 다시 공격한다면 이집트가 이스라엘을 공격할 것이라고 경고했다. 그리고 요르단·이라크와 군사동맹을 체결하여 대 이스라엘 전쟁 준비를 서둘렀다.

이스라엘도 즉각 전시체제에 돌입했다. 국방상 모세 다얀 장군은 이집트를 위시한 아랍 측의 전력이 수적으로 절대 우세하기 때문에 선제 기습공격이 필요하다는 판단 아래 공세전략을 수립했다. 6월 5일 아침 전격적으로 실시된 이스라엘 공군의 기습작전은 거미줄처럼 퍼져 있는 23개소의 아랍 레이더망을 피하기 위해 지중해를 멀리 우회하여 알렉산드리아 쪽 리비아 사막지대 상공을 통해 카이로 지역으로 돌입해 들어갔다. 이스라엘 공군은 해상 100m 정도의 저공비행으로 사막지대에 분산돼 있는 이집트의 각 공군기지에 성공적으로 접근하여 기습을 완벽하게 달성했다.

∴ 모세 다얀

이 기습작전으로 이집트 공군은 불과 개전 하루 만에 MiG-21 90대를 포함하여 총 410대의 항공기가 날아보지도 못한 채 지상에서 파괴당했다. 항공기가 전쟁에 사용되기 시작한 이래 가장 완벽한 작전이라고 평가되는 이 기습작전은 이스라엘 정보부 모사드가 제공한 이집트 공군 조종사들의 가족 사항에서부터 레이더 요원들의 근무 습관, 그리고 주요 지휘관들의 출근 상황까지 세밀하게 분석한 완벽한 정보가 작전의 성공을 뒷받침했다.

시리아·요르단 공군도 단 25분 만에 무력화되고 말았다. 이스라엘 공군이 제공권을 장악한 상황에서 이루어진 지상군의 공격도 거칠 것이 없었다. 먼저 이집트에서 시나이 반도와 수에즈 운하를 전격 장악해버렸다. 요르단에서는 혈전을 통해 예루살렘과 웨스트뱅크를 점령하였다. 그리고 시리아 전선에서도 골란 고원을 장악하고 대승을 거둔다.

이로써 이스라엘은 유대인의 성지 예루살렘을 회복하였다. 유대인들은 남녀노소 할 것 없이 감격에 벅차 기쁨으로 통곡하였다. 그들의 성지 예루살렘을 2000여 년 만에 다시 찾은 것이다. 국토 면적이라야 우리나라 경상북도 크기와 비슷하고 인구는 고작 280만 명에 불과한 이스라엘이 아랍 14개국 1억 500만 명과 싸워 이긴 것이다.[*]

이러한 이면에는 당시 이 전쟁에 참전하려고 고국으로 향한 유대인들로 인해 이스라엘로 가는 전 세계 모든 비행기 표가 매진되었었다고 한다. 유대인들의 강한 결속력을 보여준 단적인 사례다.

❖ 김영이 군사평론가

4차 중동전쟁 등 이어지는 분쟁들

그 뒤 1973년에는 석유무기화 조치로 석유파동을 불러일으켰던 4차 중동전쟁이 발발했다. 그 뒤에도 1980년 이스라엘의 레바논 침공사건, 최근의 걸프전에 이르기까지 빼앗긴 영토를 찾으려는 팔레스타인의 투쟁이 계속되고 있다. 이렇게 하여 사활을 건 5번의 전쟁이 치러졌는데 이스라엘의 일방적인 승리였다.

아라파트는 1988년 요르단 강 서안과 가자 지구에 팔레스타인 독립국가 수립을 선포하면서 이스라엘과의 평화 공존 의사를 공표했다. 이어 1993년 모든 폭력행위 중단과 이스라엘군의 철수 등을 내용으로 하는 오슬로 평화협정이 체결됐다. 이로써 아라파트는 이스라엘의 라빈 총리 및 페레스 외무장관과 함께 1994년 노벨평화상을 공동 수상했다. 같은 해 유대교와 로마 가톨릭 사이의 역사적 화해가 있었다. 이스라엘-로마 교황청 사이에 국교 수립을 하게 되었다. 그리고 이듬해 라빈 총리가 유대교 원리주의자에 의해 암살되고, 강경파인 네타냐후 정부가 들어서면서 평화협정은 유명무실화됐다.

미국 속 이스라엘

AIPAC의 출현

미국에는 유대 권력Jewish Power이라는 용어가 있다. 미국 각 분야의 권력을 유기적으로 잘 연결하고 활용하여 유대인의 영향력을 극대화할 뿐만 아니라, 조직력을 통해 이 영향력을 장기적으로 관리하고 있는 점이 유대 권력의 특성이다. 그 가운데 하나가 미국이스라엘공적위원회AIPAC: American-Israel Public Affairs Committee이다.

1954년에 설립된 AIPAC은 워싱턴에 본부를 두고, 미국 의회 행정부 언론을 상대로 이스라엘에 유리하게 로비를 하는 기구이다. 미국 내 이스라엘 로비의 핵심 단체로 아이젠하워 대통령 시절 기자 출신인 캐넌이 유대인과 의원 사이의 친목을 목적으로 창설하였다. 그는 업무를 전산화하고 후원금을 받아 예산을 120만 달러로 올려놓았으며, 접촉 인사에 대한 개인 신상 파일 1200개도 작성했다.

닉슨 행정부 때부터 힘을 얻기 시작한 유대인 커뮤니티의 로비는 자금력과 정치력에서 위력을 발휘하였다. 미국 정부는 나치 전범을 찾아내어 추방하는 전담기구를 설립하고, 소련의 유대인 해외 이민을 허용하는 로비를 하였다. 그리고 1970년대 AIPAC은 매년 7억 달러의 무상원조가 이스라엘에 제공되도록 했고, 미 의회가 대 이스라엘 차관의 상환 연기를 대통령에게 건의하게 하였다. 1975년 포드 대통령이 아랍권의 반미 감정을 의식해 대 이스라엘 무기 인도의 연기를 결정하자 AIPAC은 76명의 상원의원이 대통령에게 재고를 요청하게 하였다. 100명의 전체 상원의원 중 3/4 이상이 대통령에게 압력을 가하도록 만든 것이다.

1980년 AIPAC의 활성화를 위한 조치로 와인버그 회장은 토머스 다인을 영입하였다. 다인은 중서부 출신의 개혁파 유대인으로서 에드워드 케네디와 프랭크 처치 두 상원의원의 보좌관 출신으로 의회 사정에 매우 정통하였다. 그는 사무총장 취임 후 AIPAC의 정규직원 숫자를 150명으로 늘렸다. 그리고 AIPAC의 운영체제도 과감히 개편하여 당시까지 주로 조용히 수면 아래에서 이루어졌던 로비 활동을 국민을 상대로 적극적인 이미지 개선 노력을 하였다.

로비 대상도 의회 위주에서 연방정부와 언론으로 확대시키는 한편, 이스라엘과 직접적인 업무 관계가 있는 부처의 실무진까지 포함시켰다. 또한 AIPAC의 저변 확대를 위해 저명인사를 준회원으로 확보하여 매년 정기적으로 이스라엘 관련 정책토론회를 개최하였다.

AIPAC을 위시한 유대인 로비는 백악관도 공략의 대상이다. 1980년 3월에 카터 행정부는 이스라엘의 요르단 강 서안 점령지에 대한 과격한 행동을 규탄하는 유엔 결의에 동조했다. 그러자 유대 로비의 반응은 신속했다. 1980년 4월 카터는 유대인의 텃밭인 뉴욕 주에서 민주당 대통령 후보 예비선거에서 케네디에게 패배하였다. 그후 카터 대통령은 당시 중동 평화협상에 대한 이스라엘 베긴 수상의 배타적 자세를 비판하고, 아울러 사우디에 F-15 전투기를 판매하여 유대인을 더욱 자극하였다. 카터는 유대인의 영향력을 과소평가하였다. 그 결과 카터 후보는 재선 문턱에서 레이건 후보에게 패배했다.

레이건 정부 2기인 1985년 요르단의 후세인 국왕은 15억 달러의 무기 구입을 미 정부에 희망해 왔다. 당시 AIPAC은 언론이 이 문제에 대해 논란을 벌일 사이도 없이 신속하게 74명 상원의원들의 서명을 받아 반대성명을 발표했다. 100명 상원의 3/4에 가까운 숫자였다. 이러한 반대서명 운동에 백악관은 결국 승산 없는 의회 승인 요청을 철회하게 된다.

이 사건 이후로 미국 행정부는 아랍권의 무기 판매나 중동 평화협상에 있어 AIPAC과 사전 회담을 통해 의견 조율을 거친 후 이런 문제들을 추진하고 있다며 비난을 사게 된다. 또한 의회에서 올라오는 친이스라엘 정치인들의 중동 문제 결의안의 초안은 사실상 AIPAC이 초안을 쓰고 있다고 비판하기도 한다. 그런데 재미있는 것은 오늘날 미 정계에서 그 누구도 공개적으로 이러한 비판을 하지는 못한다는 점이다.

같은 해 AIPAC은 미국의 대 이스라엘 경제 원조액 26억 달러 확보와 미-이스라엘 자유무역협정 체결이라는 가시적 성과를 얻게 되었다. 이후 원조금액은 늘어 30억 달러의 원조금을 확보하였다. 이는 미국의 대외 원조자금이 축소되어도 고정불변이었다. 1987년에는 미국 의회가 매버릭 미사일 1600기의 사우디 판매를 저지하게 하였다. 또 AIPAC은 1987년 이스라엘이 '라비Lavi'라는 신형 전투기를 개발하는 데 필요한 5억 5000만 달러의 차관을 제공하도록 미국 의회를 움직였다. 그러나 전투기 개발계획은 결국 포기되었다.

AIPAC의 로비는 시리아와 에티오피아에서 고대 유대인 커뮤니티의 해외 이주를 가능케 하였다. 1991년 5월 내전 상태의 에티오피아에서 유대인 후손 2만 명을 이스라엘로 긴급 피난시키기 위해 24시간 동안 휴전 중재를 성공시켰다. 1997년 세계시온운동과 유대 정보기관Jewish Agency이 공동으로 추진하는 학살 유대인 재산 찾기는 미국 행정부의 강력한 지원 때문에 다른 나라들이 곤란을 겪고 있다.

1987년 7월 7일자 〈뉴욕타임스〉는 멜빈 다이멜리의 기사를 통해 "이스라엘의 국회의원은 이스라엘 정부의 정책을 자유롭게 비판할 수 있을지 몰라도, 미국의 정치인이 의회에서 이스라엘의 대외정책을 공개적으로 비난하는 사례는 거의 없다"고 소개한 적이 있다.

정치인에게 가장 중요한 것은 선거에서 당선되는 것이다. 여기서 가장 중요한 공통적 요소는 자금과 언론의 지원이다. 이 결정적인 두 가지 요소에 유대 조직은 막강한 지원을 가할 수도, 제재를 가할 수도 있는 것이다. 유대인 단체들의 정치적 로비는 호의적인가, 아니면 적대적인가에 따라 방향이 뚜렷하다. 자금과 언론으로 대표되는 그들의 영향력은 특정 후보를 당선시키기도 하는 반면, 표적으로 삼은 후보를 낙선시키는 데도 적지 않은 위력을 발휘한다.

미국 내 유대 권력은 대통령을 중심으로 한 행정부, 상원과 하원으로 구성된 의회, 연방대법원, CIA와 FBI 등 정보기관, 언론 등 각 분야의 권력과 유기적으로 잘 연결하고 활용하여 영향력을 장기적으로 관리하고 있다. 그들 정치력의 원천은 물론 자금과 언론의 힘도 크지만, 더 근본적인 것으로 들어가 보면 유대 민족 자체의 적극적

참여와 관심에 그 성공 요소가 있다. 유대인은 각종 선거 때마다 미국인 전체의 평균 투표율이 53%인데 반해 유대인의 투표율은 78%가 넘는다고 한다.

오늘날에도 AIPAC 총회에는 미국 상하원의원들이 대거 참여하고 있다. 특히 저녁 만찬 시간에 유대인들에 둘러싸여 온갖 세뇌를 당한다. 그뿐만이 아니다. 회의가 끝나면 AIPAC의 지침을 받은 유대인 회원들이 거주 지역별로 조를 짜 단체로 매년 자기 지역 의원들을 개별 방문하고 있다. 그 자리에서 의원과 안건별로 조목조목 토론을 한다. 이를 통해 향후 1년의 대 이스라엘과 미국 내 유대인에 대한 정책 방향이 결정된다고 해도 과언이 아니다. 참으로 무서운 민족이다.

미국의 일방적인 이스라엘 사랑

미국의 이스라엘 사랑과 과보호는 너무하다 못해 끔찍하다. 제2차 세계대전 이후 미국은 이스라엘을 지원하기 위해 무려 1400억 달러를 쏟아부었다. 현재도 미국의 대외원조 20% 이상이 이스라엘로 향한다. 매년 30억 달러 이상이다. 미국은 또 국제사회에서 이스라엘의 '보호자' 역할에 최선을 다한다. 1982년 이래 미국은 유엔 안전보장이사회에 상정된, 이스라엘에 비판적인 내용의 결의안을 봉쇄하기 위해 무려 32차례나 거부권을 행사했다. 이 숫자는 다른 안보리 상임이사국이 거부권을 행사했던 경우들을 모두 합친 것보다도 훨씬 많다.

또한 미국은 아랍권 국가들이 이스라엘의 핵무기 보유를 국제원자력기구IAEA에서 다루려는 시도도 철저히 막아줬다. 이란과 북한의 핵무기는 악의 축으로 규정하여 철저히 막으려는 그들의 이중성이 이스라엘의 핵무기만큼은 일절 발설도 못 하게 막고 있는 것이다.

한마디로 국제사회에서 미국의 이스라엘 돌보기는 막무가내다. 하버드대학의 월트 교수는 "이스라엘이 미국의 위성국가라는 말은 잘못되었다. 미국이 이스라엘의 위성국가이다"라고 꼬집었다. 그 이유는 단순했다. 미국의 핵심부에는 빠지지 않고 유대인이 자리 잡고 있기 때문이다. 국제사회에서 미국의 이스라엘 돌봐주기가 이 정도니 미국 본토에서는 말할 것도 없다. 미국 정치인들의 이스라엘을 향한 낯 뜨거운 '세레나데'는 지금도 곳곳에서 계속되고 있다. 이스라엘에 대한 비판은 그 어떤 것도 허용되지 않는다. 그러한 이야기는 '반유대주의'라는 주장과 유대인 단체들의 고소 앞에서 이스라엘에 대한 비판은 입을 닫을 수밖에 없다.

07

기타 미국의 제국주의 사례들

　제2차 세계대전 당시 OSS_{Office of Strategic Services}라는 전쟁 수행용 정보기관이 있었는데 종전과 함께 폐지되었다. 그러다가 각 군 정보기관과 FBI 등 관련 부서의 상반되는 보고에 진저리를 친 트루먼 대통령이 재창설을 명령했다. 이렇게 하여 1947년 탄생한 정보기관이 CIA였다. 종전 후 숨 돌릴 틈도 없이 소련과 냉전을 수행해야 했던 미국으로선 필수적인 존재였다.

　미국 중앙정보국_{CIA}은 그 뒤 공산주의의 확산을 막기 위해 음지에서 많은 활동을 하였다. 하지만 그 과정에서 도를 넘어 상대국의 주권을 무시한 사례도 적지 않았다. 미국 중앙정보국 본부 홀 왼쪽 벽에는 큼지막한 글자로 "당신이 진실을 깨달으면, 그 진실은 당신을 평화롭게 하리라"라는 복음서의 성 요한의 한 구절이 새겨져 있다. 과연 그럴까? 후에

CIA는 외국의 내정간섭 등 다목적 용도로 쓰인다.

　미국은 민주주의와 자본주의를 지키는 수호자를 자처한다. 하지만 뒤로는 CIA를 통해 공산주의와 사회주의를 저지하거나 미국의 국익을 추구하는 과정에서 친미 독재정권을 지원하고, 민주인사 탄압과 군사 쿠데타, 경제적 혼란 등을 조장한 사례도 많았다. 미국은 1954년 토지개혁을 주도한 과테말라의 아르벤스 정권을 전복하고 군부정권을 세웠다. 그리고 1958년 이란의 모사테크 체제가 석유자원의 국유화를 통해 미국의 이익을 침해하자 미국은 쿠데타를 일으켜 친미 왕정을 복구하였다. 그러나 이란은 왕정체제의 가혹한 탄압 속에서 국가 발전이 지연되었고, 이란의 막대한 미국산 무기 구입은 경제적 어려움을 가져와 결국 1979년 이란 혁명으로 샤 체제가 붕괴된다.

　1961년 쿠바 정권을 전복시키기 위한 침공과 카스트로 암살을 시도했으나 실패하였다. 미국은 1970년에 선거로 집권한 칠레의 사회주의 정권인 아옌데 체제를 무너뜨리고, 피노체트를 중심으로 한 군사독재 정부를 세움으로써 인권탄압이 극에 달한 칠레의 암흑시대를 열었다.

파나마에 SOA를 세우다

　1973년 9월 11일 선거로 선출된 칠레의 아옌데 정부를 전복시킨 쿠데타 주역들은 대부분 SOA 출신들이었다. 미 육군 아메리카 군사학교SOA. 이 군사학교는 1946년 파나마 운하지대의 미군 기지 내에 창설되었다. 미국이 뒷마당으로 여기는 중남미 국가들의 장교를 훈련시키는 곳이다.

SOA 졸업생 가운데 악명 높은 이들로는 파나마의 독재자 마누엘 노리에가, 아르헨티나의 '더러운 전쟁(1976~1983)' 기간에 살인과 납치, 고문을 저질러 유죄 판결을 받은 로베르토 비올라, 엘살바도르에서 1000명에 이르는 민간인 학살을 지휘한 도밍고 몬테로사, 온두라스에서 암살부대를 지휘한 알론소 디스쿠아 등이 있다.

이후 파나마 운하를 돌려주게 되자 SOA는 1984년 미국 조지아 주로 옮겨졌으며 그동안 6만 명이 넘는 중남미 군인들에게 전투기술과 반란진압 훈련을 시켜왔다. SOA는 고문과 살인을 가르친다는 비난을 의식해 2001년 서반구안보협력연구소WHISC로 이름이 바뀌었다.

기축통화의 횡포

미국의 닉슨 쇼크, 1971년 금본위제 일방적 파기

미국은 자기들이 만든 브레턴우즈 체제를 스스로 무너뜨렸다. 역사적으로 보면 1971년 '닉슨 쇼크'라 불렸던 금본위제의 일방적 파기를 시작으로 미국 달러의 본격적인 횡포가 시작되었다. 금본위제를 파기한 닉슨 쇼크 이후 미국의 환율정책은 한마디로 달러의 평가절하로 미국의 고통을 외부에 전가시킨 것에 다름 아니다. 표현이 과격할지 모르지만 사실이 그렇다. 그 역사적 사례를 짚어보자.

먼저 닉슨 쇼크가 나오게 된 배경부터 살펴보자. 1960년대 린든 존슨 대통령의 '위대한 사회' 정책 이후 복지 수요가 크게 늘어났다. 곧이어 1960년대 후반 미국은 베트남 전쟁 개입으로 군사비가 대폭 늘어났다. 국가채무가 급증하였고, 재정적자가 위험 수위에 다다랐다. 막대한 전쟁비용으로 경제는 파산 상태로 치달았다. 미국이 보유한 금의 무려 570%나 되는 달러가 시중에 풀리며 달러의 신뢰는 무너지기 시작하였다. 수많은 경제주체들이 달러를 못 믿겠다며 달러를 팔고 금을 사들였다. 결국 달러를 떠받치던 금 보유고는 고갈되었다. 이러한 위기를 타개하기 위해 닉슨은 1971년 일방적으로 금본위제를 파기하고 달러를 평가절하시켜 전 세계를 충격에 빠뜨렸다. 충격과 혼란으로 세계 외환시장이 폐쇄되었다. 위기가 점증하면서 2년 동안이나 심한 혼란이 지속되었다. 이러한 혼란을 거쳐 금본위제는 결국 달러본위제로 바뀌었다.

또 한 번의 우격다짐 플라자 합의: 미국, 일본을 손보다

1980년대 중반, 제1차 세계대전 이후 70여 년 동안 유지해온 미국의 경제 패권이 일본의 경제력 때문에 위협을 받기 시작하였다. 일본 상품의 세계 시장점유율이 10퍼센트를 넘었다. 무역수지 흑자 역시 대규모로 늘어났다. 일본의 자본수출은 19세기 영국에 비견될 만큼 활발하였다. 1985년 미국의 1인당 국민소득이 1만 5000달러 정도였는데, 일본은 1만 8000달러를 넘어섰다.

제조업 강국 일본은 철강뿐 아니라 자동차, 반도체에 이르기까지 미국보다 훨씬 나은 경쟁력을 보이고 있었다. 미국의 대일본 무역적자가 극심해지고, 일본과 서독의 경제력이 더욱 강해져서 미국의 무역적자가 급속히 확대되

었다. 달러화는 또다시 위기에 직면하였다.

1980년대에 미국은 쌍둥이 적자가 심각해지자 또 한 번의 우격다짐을 과시한다. 패권 국가답게 자본주의에 힘의 논리를 도입한 것이다. 1985년 9월, 미국의 재무장관 제임스 베이커는 뉴욕 맨해튼 플라자 호텔로 각국 재무장관을 소집하였다. 베이커는 일본에 엔화가 너무 저평가되어 미국의 무역적자가 심화되고 있으니 엔화 강세를 유도해달라고 강력히 요청하였다. 이로써 이른바 '쩐의 전쟁'이 시작되었다.

베이커의 압박에 각국 재무장관들은 달러 가치, 특히 엔화에 대한 달러 가치를 떨어뜨리기로 합의하였다. 이른바 '플라자 합의'다. 이 합의로 미국은 엔화와 마르크화를 평가절상시키고 달러를 대폭 평가절하시켜 위기를 넘겼다. 달러는 세계 기축통화이기 때문에 스스로 평가절하할 방법이 없다. 곧 상대방 통화를 절상시켜야 달러의 평가절하를 달성할 수 있다. 닉슨 쇼크와 마찬가지로 이번에도 달러본위의 변동환율제 아래서 인위적인 달러의 대폭 평가절하를 유도하였다. 닉슨의 일방적인 금본위제 폐기 선언 뒤 14년 만의 일이다.

이 합의에 따라 각국 정부가 외환시장 개입에 나선 다섯 달 뒤인 1986년 1월, 1달러당 엔화 환율이 259엔에서 150엔으로 떨어졌다. 일본 엔화의 구매력은 40%까지 오르고, 달러로 표시되는 상품 가격은 그만큼 하락하였다. 이때부터 시장이 심히 왜곡되기 시작하였다. 특히 상품과 돈의 관계가 변질되었다. 달러 약세면 미국 상품의 가격경쟁력이 올라가 수출이 늘어야 한다. 그런데 미국 수출은 1980년대 초 100억 달러 수준의 무역적자가 플라자 합의 당시인 1985년 429억 달러였다가 1987년에는 550억 달러로 오히려 더 늘어났다.

문제는 다른 곳으로 번져나갔다. 시장 기능에 맡겼어야 할 환율이 인위적으로 조작되자 투기적 시장에서 돈거래가 급증하기 시작했다. 미국 정부가 주도하고 일본, 독일 등 선진국들이 협력하여 달러 약세, 엔화 강세를 추진하고 있으니 헤지펀드를 비롯한 투기 세력으로서는 뻔히 보이는 패를 외면할 리 없었다. 투기 대상도 자원에서부터 통화에 이르기까지 다양하게 발전하였다.

플라자 합의 이후 엔고에 의한 불황 발생이 우려되어 일본 정부는 저금리정책을 쓸 수밖에 없었다. 이때부터 일본은 잃어버린 20년의 단초가 되는 버블을 키우기 시작한다. 엔화 값 급등 추세로 일본으로 돈이 몰렸다. 도쿄 증시는 3년 새 300%가 뛰었다. 1988년 세계 10대 은행은 모두 일본이 독차지했다. 부동산 폭등도 시작됐다. 한 해 70%씩 뛰기도 했다. 도쿄 땅을 팔면 미국 전역을 사들일 수 있을 정도였다. 그러나 거기까지였다. 거품이 한 번 붕괴하자 백약이 무효였다.

그 뒤 일본은 혹독한 경험을 해야 했다. 경기침체는 물론 부동산 가격이 폭락하고 주식시장이 곤두박질쳤다. 일본은 1980년대 말부터 1990년대 말까지 10년 사이에 주가지수가 3만 8000대에서 6000대로 떨어졌다. 반의반 토막을 넘어 80% 이상 폭락하였다. 니케이지수는 2010년 6월 기준 1만 선을 밑돌고 있었다. 주택 가격도 고점 대비 70퍼센트 이상 떨어졌다. 당시 291을 기록하면서 최고점을 만들었던 부동산지수는 2009년에도 80대 중반까지 떨어진 상태에서 단 한 번도 회복하지 못하였다.

1995년 역플라자 합의, 아시아가 희생되다

플라자 합의 이후에도 미국은 환율을 네 번이나 더 인위적으로 절상하였다. 그래도 미국 수출 증대에는 전혀 약효를 발휘하지 못하였다. 미국의 제조업이 완전히 경쟁력을 상실했기 때문이다. 오히려 약달러 추세가 지속되다 보니 미국의 자본 유출만 심화되었다. 1985년 2월 264.50엔이었던 달러/엔 환율이 1995년 4월 79.80엔에 이르기까지 10년에 걸친 도도한 달러 약세 흐름이 이어졌고 역설적이게도 미국의 경제는 치명적인 타격을 입었다. 지나친 엔화 강세는 일본뿐 아니라 미국을 비롯한 전 세계 경제에 부담으로 작용하였다.

그러자 미국은 더 이상 달러의 평가절하로 대처할 수 없었다. 미국은 세계 기축통화인 달러를 무기로 정반대의 구상을 하게 된다. 경쟁력 없는 상품 수출에 목을 맬 게 아니라 '달러' 그 자체를 수출하기로 방향을 바꾸었다. 이번에는 두 가지를 목표로 정했다. 하나는 일본의 내수 부양을 통해 미국으로의 수출을 줄임으로써 미국 무역적자를 감소시키는 것이었다. 또 다른 하나는 강 달러를 유도하여 세계 각국이 달러를 보유하고 싶도록 만들어 달러 자체를 수출하는 것이었다. 그리고 각국의 늘어나는 외환보유고로 안전자산으로 인식되는 미국 국공채 등을 사도록 하여 그 자본을 다시 끌어들이기로 하였다. 그래서 나온 발상이 1995년의 '역플라자 합의'다.

1995년 4월 클린턴 행정부 초기 로버트 루빈 당시 미국 재무장관 주도 아래 G7이 '엔저 유도'에 합의하고 각국 중앙은행들이 공조하여 시장개입에 나선 것이 역플라자 합의다. 일본에는 강력한 내수 부양을 요청하고 달러 가치를 이번에는 역으로 올렸다. 이러한 역플라

1, 2차 플라자 합의

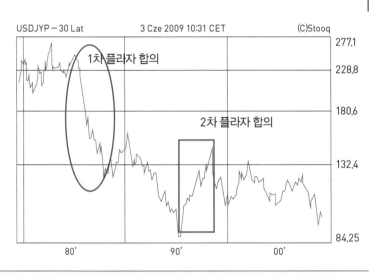

USDJYP – 30 Lat　　　　3 Cze 2009 10:31 CET　　　　(C)Stooq

1차 플라자 합의

2차 플라자 합의

277.1

228.8

180.6

132.4

84.25

80'　　　90'　　　00'

자료: http://stooq.com　　　　　　　　　　　　　　　　Interwal Miesieczny

자 합의는 당시 이미 제로금리에 진입한 엔화에 대한 캐리 트레이드와 상승작용을 일으켜 80엔대 수준의 달러/엔 환율을 1998년 8월 147.35엔까지 50% 이상 끌어올렸다. 일본은 일본대로 내수 부양을 위해 제로금리와 양적 통화팽창정책을 통해 유동성을 늘리다 보니 이번에는 아예 유동성의 덫에 갇혀버렸다.

여기서 또 한 차례의 엉뚱한 외부 균열이 생겼다. 1995년 4월 역플라자 합의에 따라 미 달러화 가치가 부양되는 과정에서 아시아 통화 가치가 폭락하면서 '강한 달러-약한 아시아 통화' 간의 구도가 나타났다. 이 틈을 탄 헤지펀드라 불리는 이리떼들의 환투기는 아시아 외환위기로 연결된다. 이로써 1995년의 '역플라자 합의'는 아시아 국가들에게는 재앙이 되었다. 우리나라의 경우를 보자. 처음에 강 달러는 우리로 하여금 자아도취에 빠지게 하였다. 1995년에는 1인당 국민소득 1만 달러를 달성했고 선진국 클럽인 OECD에 가입했다.

그런데 문제는 수출에서 터졌다. 달러에 고정되다시피 했던 우리나라 환율이 엔화에 견주어 급속하게 절상되는 바람에 수출이 줄어들고 무역수지 적자가 단군 이래 최대로 확대되었다. 1996년에는 무역수지 적자가 최대 규모인 206억 달러를 기록하였다. 당시 우리 외환보유고가 330억 달러 남짓하던 때이니 이러한 무역적자가 얼마나 심각한 것인지 가늠할 수 있다. 1996년까지 3년간 경상수지의 누적 적자규모는 372억 달러로 1996년 말 외환보유고 332억 달러를 초과하여 사실상 부도default 상태였다.

이때라도 우리는 원화의 평가절하를 시도했어야 했다. 그럼에도 '선진조국 창조'라는 덫에 갇혀 우리나라는 당시 700~800원 선의 환율을 무리하게 유지했는데, 이렇게 달러화에 고정하다 보니 과도하게 절상된 환율과 무역적자 탓에 국제금융 투기자본의 공격 대상이 되어버렸다. 워싱턴 컨센선스라 불리는 미국 정부의 신자유주의 정책은 IMF 등 전위부대를 앞세워 이 틈에 아시아 금융시장의 빗장을 걷어내고 미국 자본의 현지시장 확대에 총력을 기울였다.

노골적인 제국주의의 만행

베네수엘라의 반미 노선과 브라질의 대두

베네수엘라 차베스 대통령은 1998년 선거로 집권하여 개혁을 단행해 미국의 신자유주의적 정책에 과감히 반기를 들었고, 미국이 끈질기게 요구해온 석유기업의 민영화를 차단하는 조치를 단행했다. 이에 미국은 2002년 4월 군부 쿠데타를 지원하여 성공했지만 2일 천하로 끝나 실패하였고, 〈뉴욕타임스〉는 부시 정권의 관계자들이 반 차베스 쿠데타 주도 세력과 회합을 가졌다고 폭로하였다.

또한 브라질이 남미의 맹주로 자임하고 나섰다. 브라질은 이미 중남미에서 확고한 맹주로서 상당한 영향력을 행사하고 있다. 남미 대륙의 절반을 차지하는 국토 면적과 인구 2억 명(세계 5위)인 브라질을 따라갈 만한 국가는 중남미에서 없다. 브라질은 2008년 12월 메르코수르, 남미국가연합, 리우 그룹, 중남미·카리브 정상회의 등 4개의 정상회의를 한꺼번에 개최하면서 외교력을 과시했다. 주목할 점은

룰라 대통령의 제의에 따라 사상 처음으로 미국과 캐나다를 배제한 채 중남미·카리브 정상회의가 열렸다는 것이다. 브라질은 이제 중남미는 미국의 뒷마당이 아님을 확실히 하였다.

브라질은 아르헨티나, 파라과이, 온두라스, 베네수엘라와 함께 유럽연합 공동체와 같은 역내 경제통합을 목표로 하는 메르코수르의 중심 국가이다. 메르코수르는 안데스공동체 ANCOM와 세계 5위 규모의 무역

∴ 짙은 부분이 메르코수르 정회원국, 옅은 부분이 준회원국 이다. 가이아나와 수리남은 옵서버 국가이며, 역외 옵서버 국가로 멕시코와 뉴질랜드가 있다.

공동체 창설을 위한 협정에 이미 서명한 바 있다. 이로써 남미자유무역지대SAFTA 출범을 가속화하고 있는 브라질은 메르코수르-유럽연합 FTA 협상이 끝나면 앞으로 이른바 남미 대륙, 유럽, 아시아를 넘나드는 이른바 '21세기 세계 시장'의 형성을 주도하게 되는 셈이다.

또한 중남미 32개국 정상은 2010년 2월 23일 멕시코 칸쿤에서 열린 제2회 중남미·카리브 정상회의에서 미국과 캐나다를 제외한 새로운 중남미 지역기구를 만들겠다고 선언했다. 미국이 주도하는 기존 미주기구OAS와 별개로 중남미와 카리브 해 연안 국가들의 이익을 대변하는 국제기구를 만들겠다는 것은 브라질의 입김이 반영된 것이다.

이라크 전쟁과 아프가니스탄 전쟁

국가의 힘의 종류에는 크게 군사력, 정치외교력, 경제력을 들 수 있다. 미국은 자기들의 이해관계가 걸린 일에는 정치외교력을 행사할 때도 있지만 급할 때는 그럴듯한 명분을 앞세워 군사력으로 승부를 본 적이 많았다. 법보다는 주먹이다.

미국이 개입하는 대부분의 전쟁은 속내를 들여다보면 경제적 이해관계였다. 어떤 경우에는 속내를 들여다볼 필요도 없이 내놓고 깡패 짓을 하는 경우도 많았다. 그라나다의 침공이 그랬다. 그리고 우방국의 실질적인 수반을 주권국가에 침입하여 체포한 후 자기 나라 감옥에 가두는 일도 있었다. 파나마 노리에가의 경우가 그렇다. 심복이 배반하면 어떻게 된다는 것을 만천하에 보여줬다. 심복이 배반한 경우는 이라크의 후세인도 마찬가지였다.

대량살상무기를 해체하지 않는다고 시작한 이라크 전쟁이 석유 때문이라는 것은 이제 공공연한 사실이다. 전쟁 후 이라크 전역을 샅샅이 뒤졌지만 대량살상무기는 어느 곳에서도 나오지 않았다. 자칭 세계 경찰국가는 이제 세계 유일의 깡패 국가가 되어 소련과의 전쟁 시 스팅어 미사일까지 지원해주었던 아프가니스탄을 석기시대로 돌려놓았다. 아프가니스탄 전쟁 역시 석유 때문이었다.

비교적 최근에 발견되어 2000억 배럴이라는 엄청난 매장량을 갖고 있는 카스피 해 석유가 바로 그 해답이다. 미국으로서는 어떻게든 카스피 해의 석유를 인도양 쪽으로 끌어와야만 하는데 유일한 방법은 투르크메니스탄-아프가니스탄-파키스탄으로 이어지는 파이프라인을 구축하는 것이다. 아프가니스탄을 제압해야 하는 이유이다.

국제형사재판소는 전시 중의 학살, 강간 등 전쟁범죄에 대해 처리할 수 있는 기구로 2002년 4월 66개국이 인준함으로써 발족되었지만, 미국이 이에 강력하게 반발하고 있다. 이는 미군이 개입하는 전쟁이 워낙 많다 보니 미군 관련자가 전범 재판을 받을 가능성이 높기 때문이다.

세계 금융전쟁의 주역도 역시 미국이다

미국은 이제 경제력, 곧 돈의 힘으로 세상을 휘젓고 있다. 신자유이론으로 재미도 보았다. 유럽과의 격차도 벌려놓았다. 제2차 세계대전이 끝날 즈음 유럽인들의 1인당 소득은 미국인의 42%에 불과했다. 하지만 전후 복구사업과 생산성 향상을 통해 1980년대 초에는 80%까지 따라잡는 듯했다. 하지만 지금 유럽은 다시 미국의 70% 수준으로 후퇴했다. 이것은 지난 1970년대 이전으로 돌아갔다는 것을 의미한다. 심지어 이탈리아는 현재 미국의 64% 수준으로 떨어졌으며 자존심 강한 프랑스나 유로존 최대 경제블록인 독일 역시 미국에 대해 하향 곡선을 그리고 있다.

유럽은 현재 쇠퇴하고 있다. 쇠퇴라기보다는 정체가 맞을 것이다. 또한 이 정체 현상에 대한 징후는 해가 갈수록 더욱 명확해지고 있다. 무엇이 유럽과 미국의 차이를 갈라놓았을까? 1980년대에 미국과 유럽의 운명을 가를 만한 대변혁이 있었다. 그것은 금융산업을 통해 이루어졌다. 이를 지지하는 경제학 이론이 바로 신자유주의 이론

이다.[※]

1980년대 미국은 세계 최대 채무국으로 전락했다. 게다가 국제수지를 회복시켜야 할 제조업 경쟁력마저 상실하였다. 이제는 일본과 독일뿐 아니라 중국이 무서운 기세로 커나가고 있다. 사면초가였다. 예전 같으면 플라자 합의와 같은 우격다짐 환율 조정으로 돌파구를 찾을 수도 있었겠지만 제조업 경쟁력을 잃어버린 상황에서는 이제 별 도움이 안 되는 수단이 되어버렸다.

미국의 선택은 금융산업이었다. 미국에는 세계통화인 '달러'라는 가장 강력한 무기가 있었다. 이후 미국은 월스트리트와 IMF 등 국제기구를 앞세워 본격적인 금융 경제전쟁에 돌입한다. 고전적 제국주의가 국가의 이익을 위하고 무력으로 식민지를 정복했다면, 미국을 중심으로 한 신제국주의는 신자유주의 이론을 앞세워 상대국 빗장을 달러의 힘으로 걷어 젖히고 금융군단이 시장을 장악한다.

외환위기를 겪은 많은 나라가 IMF를 앞세운 미국 자본에 제압당했다. 일거에 금융시장의 알짜를 대부분 털렸다. 세계 각국에 투하된 미국 자본은 주식, 채권, 상품, 외환, 파생 가릴 것 없이 돈 되는 곳은 맹폭격하고 있다. 전쟁 방식만 바뀐 것이다. 군사력에서 달러라는 무기를 앞세운 경제력으로.

세계 각국에 투자된 외국인 자본 중 2/3가 미국 자본이다. 그들이 벌어들이는 돈 중 일부는 통계에도 잡히지 않는 것들이 많다. 미국의 제국주의적 행태가 금융자본주의에서 다시 재현되고 있다. 지피지기면 백전불태라 했다. 상대의 전략과 전술을 알아야 한 몸, 한 국가

❖ 박문환, [샤프슈터의 증시 제대로 읽기] "예스머신은 쉽게 멈추지 않는다", 〈머니투데이〉

를 지킬 수 있다. 우리가 그들이 갖고 있는 금융산업의 내공을 배워 알아야 할 까닭이 여기에 있다.

동양과 유대인

유대인은 의외로 동양과 관계가 깊다. 원래 유대인의 조상인 아브라함이 셈계이다. 셈계라 함은 동양계를 뜻한다. 성경에 의하면 노아의 아들 셋이 있었는데 이들이 인류의 조상이 되었다. 쉽게 이야기하면 큰아들 셈이 동양계의 조상이며, 둘째 아들 함이 흑인의 조상이고, 막내아들 야벳이 백인의 조상이다.

아브라함으로부터 시작되어 이삭과 야곱 그리고 요셉으로 이어지는 유대인 조상의 삶의 터전이 근동 지방이었다. 이후 이집트를 탈출하여 그들이 세운 이스라엘 왕국 자체가 아시아 근동 지방이다. 그 후 줄곧 그들의 거래 상대도 아시아였다. 솔로몬 왕 시절에는 지금의 터키 지방과 이집트를 상대로 군수품 중계무역을 하였다. 말과 전차를 서로 교차 판매하였는데, 이때부터 중계무역은 그들의 주특기가 되었다. 게다가 남부의 시바 여왕을 포함한 인구국들과 조공무역을 하는 한편 당시 해상무역을 석권하고 있었던 페니키아 두로 왕의 선단과 함께 멀리 서쪽으로는 이베리아 반도와 교역하였으며 동쪽으로는 중국까지 왕래하였다는 기록이 있다.

이후 본격적인 동양과의 교류는 기원전 6세기 유대인의 바빌로니아 유수 시절부터이다. 이때부터 유대인은 바빌로니아 상인들과 함께 중국을 드나들었다. 특히 비단과 향료 거래를 많이 하였다. 이때를 기점으로 유대인들은 중국과의 교역을 독점해오다시피 했다. 중간에 다른 민족이 관여하기도 했지만 전체적인 유통을 관장한 것은 유대인들이었다. 당시 중국은 선진 문물이 서양에 비해 훨씬 발달해 있었다. 이러한 동서 교역은 유대인에게 노다지를 안겨주는 황금무대였다. 고대 로마의 비단은 대부분 유대인이 들여온 것이다.

그 뒤 기원 전후 하여 발생한 유대인들의 이산離散(디아스포라) 이후 유대인들은 세계 곳곳으로 흩어지게 된다. 이때 서유럽과 북부 아프리카로 많이 갔지만 근동과 동구 그리고 멀리는 인도와 중국으로도 들어가 유대인 커뮤니티를 곳곳에 이루며 자리 잡았다. 실크로드를 통한 동서양의 무역이 만개한 시기다.

중세 시대에는 베네치아 등 북부 이탈리아 도시국가 유대인들이 이들 세계 곳곳에 산재한 유대인 커뮤니티와 손잡고 대대적으로 동방무역을 주도하였다. 이슬람과 기독교 세계가 적대적인 관계를 보일 때 그 사이를 연결시켜 주는 유일한 끈이 유대인 상인들이었다. 동방무역도 결국은 동양 물품이 주 대상이었다. 근동의 이슬람 세계와 인도, 중국의 물품을 독점적으로 수입하여 서구에 팔아 막대한 이익을 볼 수 있었다.

마르코 폴로의《동방견문록》이후 동양에 관한 관심은 폭증하였다. 동양의 풍요로운 부와 문화가 흠모의 대상이 되었다. 그리고 동양에서 금과 후춧가루만 갖고 올 수 있으면 누구나 일거에 신세를 바꿀 수 있었다. 콜럼버스의 대항해도 인도의 후춧가루와 동양의 금을 찾아 나선 항해였다. 그러나 정작 인도 항로를 개척한 것은 포르투갈인들이었다. 그 뒤 이베리아 반도에서 유대인의 추방으로 경제와 해상교역의 중심은 네덜란드로 넘어간다.

일본과 유대인

이후 동양과의 무역에 꽃을 피운 것은 유대인들이 대주주로 있었던 네덜란드의 동인도회사였다. 그들은 인도네시아를 거점으로 중국, 일본과 거의 독점적으로 교역하였다. 다른 유럽의 열강들은 기독교 선교로 중국과 일본에서 배척받았기 때문이다. 유대인들은 그들의 종교를 선교하지 않는다. 네덜란드 동인도회사는 상품교역보다는 특히 당시 국제통화였던 금과 은의 거래로 거대한 부를 쌓았다. 일본의 싼 은을 대량으로 구입하여 이를 중국의 금과 바꾸고 이 금으로 인도의 후춧가루와 향료를 샀다. 당시 일본은 세계에서 으뜸가는 대량의 은 생산국이었다. 일본은 이 통에 서구 문물을 받아들이고 막대한 은을 팔아 일거에 국력을 키울 수 있었다. 일본을 개화시키고 경제적 강국으로 거듭나게 해준 사람들이 동인도회사의 유대인이었다. 일본은 이후 한 차례 더 유대인의 도움을 받는다.

러일전쟁 당시 일본은 전비가 모자랐다. 이러한 일본에 뉴욕의 금융재벌 제이콥 시프라는 유대인이 당시로선 상상할 수 없는 액수의 전쟁채권 모집에 선뜻 지원한 것이다. 이후 4차에 걸친 일본 국채 발행에 제이콥 시프를 주축으로 한 미국 내 유대 금융인들이 약 2억 달러를 소화해주었다. 요즘 가치로 200억 달러 이상이었다. 이로써 일본은 러일전쟁을 승리로 이끌 수 있었다. 당시 일본 군부는 이 돈으로 동남아에 주둔하고 있는 영국 군함을 임차하여 군사적인 열세를 극복하고 최강 러시아 극동함대를 동해상에서 격파했다.

물론 유대인은 일본인이 생각한 것처럼 일본을 위해서만 전비를 대준 것은 아니었다. 재정 러시아를 무너뜨리고 유대인 세력을 중심으로 한 러시아 혁명이 성공해야 러시아에 살고 있는 비참한 유대인 800만 동족을 끌어낼 수 있었기 때문이다. 일본은 유대인들의 은혜에 감복하여 실제로 1938년 국제연맹 창설 후 당시 세계적 이슈로 등장한 유대국 건국을 만주에 건설하자는 제안을 내놓는다. 당시 국제연맹에서 일본의 제안은 많은 나라의 지지를 받았다. 특히 독일, 프랑스, 이탈리아 등 유대인 문제에 골머리를 앓고 있던 나라들은 이의 실현을 위해 상당한 지원을 아끼지 않았다. 결과적으로 이 계획은 유대인의 반발과 제2차 세계대전의 발발로 무산되었다. 하지만 한때 국제적으로 인정되어 추진된 과제였다. 일본의 제안은 역사상 국제무대에서 처음 유대인 국가 건설을 제기한 것이 되었다. 이 제안 이후 일본의 중국 대륙 침략에 대해 미국, 영국 등 국제사회의 인정을 받아낸 것도 무관하지 않은 것으로 보인다.✧

유대인과 중국의 역사적 관계

유대인과 중국인의 역사적 관계부터 알아보자. 세계 각국에 퍼져 있는 유대인들은 최근에도 계속 이스라엘로 돌아가고 있다. 돌아가는 유대인 가운데는 동양계도 상당하다. 실제로 제2차 세계대전 이후 아랍과 인도, 인도차이나에 사는 수많은 동양계 유대인들이 이스라엘로 돌아갔다. 이 가운데에는 중국에 살던 유대인들도 끼어 있었다. 현재 학자들은 유대인들이 중국을 처음 알게 된 것은 유대 민족이 바빌론에서 포로생활을 할 때인 기원전 586~기원전 536년경으로 보고 있다. 한편 유대 대백과사전Jewish Encyclopedia에 따르면 기원전 206~221년 사이 한漢나라 시대에 처음으로 유대인들이 중국에 정착한 것으로 알려져 있다.

성경의 이사야에는 유대 민족이 열국에서 피하여 고향으로 돌아오게

✧ 홍순기, "나치 독일뿐만 아니라 일본도 유대국 건설을 제안했다", http://cafe.naver.com/nazzis/2583

될 것을 다음과 같이 예언하고 있다. "그들은 결코 배고프거나 목마르지 아니하리라. 열풍에 쓰러지고 햇볕에 넘어지는 일도 없으리라. 내가 그들을 가엾게 여겨 이끌어주고 샘이 솟는 곳으로 인도해주리라. 첩첩산중에 길을 닦고 굽이굽이 큰길을 돋우어주리라. 먼 곳에서 돌아가는 이 사람들을 보아라. 북에서도 서에서도 돌아가고 시님족의 나라에서도 돌아간다."(이사야 49:10-12) 현재 성경 연구가들은 이사야의 '시님Sinim'을 중국을 지칭하는 것이라는 데 일치하고 있다.

황소의 난, 유대인 대량학살 당하다

기원전부터 중국에 들어와 있었던 유대인의 수가 급격히 늘어나면서 6세기에는 이미 산시성山西省의 경우 수 개소의 시나고그(유대 회당)가 생겼다. 무역의 증가로 9세기 초부터 특히 많이 불어났다. 그 무렵 당나라는 세계에서 가장 국제화된 나라였다. 수도 장안에는 가까이는 신라·몽골·일본·베트남에서, 멀리는 유럽·아랍·인도·이란에서 온 사람들이 우글거렸다. 장안은 문화와 교역의 중심지로 급성장하여 인구 100만이 넘는 국제도시가 되었다. 그리고 항구도시들에 모여 사는 수십만 명의 이슬람 상인들이 자치를 누리기도 하고, 중국 문명에 익숙해진 이슬람권 출신 2~3세들이 과거에 급제하여 벼슬을 하기도 했다.

또한 750년대부터 국가에서 소금을 독점 판매하고 사적으로 소금 매매를 금해 소금값이 급등했다. 소금을 구할 수 없었던 많은 백성들이 소금 밀수에 가담하였다. 이후 탐관오리와 환관의 횡포가 심해지고 소금세가 높아지는 데다 소금 판매업자들이 소금값을 높여 폭리를 취하자 백성들의 원성이 하늘을 찔렀다. 875년 당나라 말기에 10년 동안 중국 전역을 휘몰아친 황소의 난이 일어났다. 허난성河南省의 소금 밀매업자 두령 왕선지王仙之와 산둥성山東省의 소금 밀매업자 두령 황소黃巢가 주모자였다.

외국인 사망자만 12만 명

그들은 허난성과 산둥성 일대를 점령하고 점점 그 기세를 높여갔다. 왕선지가 죽은 후 황소는 반란군의 대장군이 되었다. 양자강 이남의 농민들이 부당한 외국인 세력, 특히 환관의 횡포를 보다 못해 대규모 반란을 일으키며 반란군에 합세하였다. 이들은 대륙을 점령해가면서 880년 60만 대군으로 불어났다. 뤄양洛陽에 이어 수도인 장안까지 점령했다. 황제 희종은 쓰촨四川으로 달아났다. 이때 환관을 포함한 외국인들이 몰살당하다시피 했다. 회교도, 페르시아인, 유대인을 합하여 외국인 사망자가 12만 명 이상에 달했다고 역사는 적고 있다. 이 가운데 유대인 4만 명이 학살당한 것으로 추정되었다. 당시 광둥 지역의 유대인 정착촌은 거의 전멸하였다. 그 뒤 한동안 중국 땅에서 이슬람은 물론 유대인과 기독교도 등 외국인을 보기가 힘들어졌다. 황소는 당나라 왕조를 돕는 투르크계 이극용 등 토벌군에게 격파되어 자결하였다. 이 난의 후유증이 너무 커 이후에 당나라는 23년간 존속했으나 명맥만 유지했을 뿐이며 근본적으로 당나라가 붕괴되는 계기가 되었다.

북송 시대 카이펑에 유대교 회당을 짓다

이후 중국 땅에 볼 수 없었던 유대인들이 다시 늘어나기 시작하여 북송 왕조 때 한 무리의 유대인들이 수도인 둥징에 왔다. 오늘날의 카이펑開封이다. 그들은 관리들의 따뜻한 환영을 받았고 그들 자신의 전통과 종교적 신앙을 지키면서도 중국인으로서 카이펑에 살도록 허락을 받았다. 당시 중국 왕조는 이들에게 토지를 제공하고 중국식 성姓도 7개를 하사하여 정착을 도왔다. 그 후 그들은 한족들과 똑같은 거주, 이전, 취업, 교육, 토지거래, 신앙, 결혼의 자유를 편견 없이 누렸다.

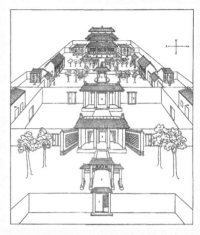

⁂ 중국의 유대인들이 1163년 카이펑에 처음으로 건립한 유대 사원

안전하고 안정적이며 편안한 환경에서 유대인들은 곧 사업과 금융 분야에서 재능을 발휘하였다. 상업과 무역에서 성공을 거두어 카이펑의 부유층이 되었다. 동시에 종교적 활동도 활발히 했다. 1163년에 카이펑의 유대인들은 도시의 중심 지역에 회당을 지었다.

그 무렵 송나라는 경제와 과학 등 많은 부문에서 유럽보다 훨씬 앞서 있었다. 당시 유대인과 이슬람 상인들이 실크로드를 통해 중국에서 가져간 물건 중에는 예술품과 비단뿐 아니라 나침반과 화약, 종이 같은 재화가 주류를 이루었다. 그 무렵 송나라는 시장경제의 발달로 지폐의 사용은 물론 중세 인류의 4대 발명이라 일컬어지는 제지술, 인쇄술, 화약, 나침반을 발명하였다. 고대의 발명은 대부분 동양에서 이루어져 서쪽

⁂ 카이펑의 유대인 사원에서 발견된 비석의 모습. 유대 사원의 역사가 담겨 있다.

으로 전파된 것이다.

이후 카이펑의 유대인 사회는 명나라 왕조(1368~1644)가 들어섰던 시기에 가장 번성하였다. 500개 이상의 유대인 가문이 있었고 전체 인구는 5000명에 달했다. 유대인들의 사회적 지위도 계속 향상되었다. 당시 왕조가 시행한 과거시험을 통해 중앙정부 관리가 된 유대인들도 있었다.

외국인을 우대한 몽골, 유대인을 중용하다

유대인의 중국 유입이 가장 많았던 시기는 몽골이 득세하기 시작한 서기 1230년경 이후이다. 칭기즈칸은 당시 실크로드를 오가며 무역을 하던 상인들에게 그들의 활동을 장려하고 안전을 약속함으로써 그들의 지지를 얻는 데 성공하였다. 이후 실크로드를 몽골군이 장악한 뒤에는 황금을 들고 다녀도 아무 염려가 없을 정도로 안전한 상로로 탈바꿈하였다.

이로써 베네치아 등 이탈리아 도시국가의 유대인들은 아랍인의 중계 없이 동방에 더 안전하게 다가갈 길이 열렸다. 그 결과 중국으로 오가는 길목에 이탈리아 도시국가의 화폐가 통용될 정도로 아시아 교역은 활기를 띠었다. 이때 수많은 유대인이 육로를 통해 베이징까지 진출했다. 몽골족이 동서양에 걸쳐 대제국을 건설한 시기였다. 역사상 동서양이 처음으로 대규모로 만난 것이다.

쿠빌라이 칸은 1271년에 국호를 원나라로 바꾸고 원래 서하, 금, 송나라에 속했던 지역과 몽골 본토를 원나라로 합쳤다. 당시 지배계층인 몽골족은 원나라 전체 인구의 약 0.5% 정도인 50만 명 정도에 불과했다. 반면 남송인이 인구의 90% 이상을 차지했다. 그 때문에 몽골족이 남송인을 다스리기 위해서는 색목인(외국인)의 도움이 절실하였다.

색목인色目人은 눈에 색깔을 갖고 있는 사람이라는 뜻으로 원나라 때 몽골 정권에 귀의한 서구 민족들의 총칭이다. 원나라는 중국을 지배하는 수단의 하나로서 색목인에게 몽골인에 버금가는 준지배자로서의 특권을 주고, 그들을 문무 각 방면에서 중용하였다. 이들은 원나라 전체 인구의 5%나 차지할 정도로 많았다. 몽골인보다 10배나 많았다.

따라서 '몽골인-색목인-화북인-남송인'의 계급 순서로 구성된 신분제도를 실시했다. 이때 중국인들은 3~4등급의 피지배층으로 분류되어 노예생활을 하였다. 이 가운데 오히려 여진, 거란 등 오랑캐라 일컬어지던 화북인은 하급관리와 군인이 될 수 있었다. 하지만 주로 한족으로 구성된 남송인들은 최하위의 피지배 계급이었다. 한마디로 이러한 계급체제는 몽골이 5%의 외국인들로 하여금 나머지 95%의 중화민족을 다스리게 한 것이나 다름없었다. 이후 원나라는 유대인들의 뛰어난 장사 능력과 행정, 수리, 재정 능력으로 오랫동안 국가의 재정관리 등의 요직을 그들에게 맡겼던 것으로 알려져 있다.

이슬람의 법관이자 학자로서 30년간 세계 방방곡곡을 누빈 이븐 바투타는 1346년에 상당히 많은 유대인이 항저우杭州에 살고 있었다고 기록하고 있다. 또 외몽골 왕조의 실록에서도 당시 몽골 제국 내 유대인의 상황을 알 수 있는 자료를 적지 않게 찾아볼 수 있다. 한편 몽골사에는 조정의 주요 관리 명단에 중국이나 몽골 사람이 아닌 수많은 외국인들의 이름(한문 표기)이 나열되어 있다. 그러나 이처럼 유대인들이 몽골인에 붙어 큰 세력을 형성하자 중국인들의 타도 대상이 되었다. 실제로 1354년에는 수도에서 큰 폭동이 일어났다. 반란을 진압하기 위해 이슬람교도와 유대인들을 베이징에 소집한 기록이 있는데 소집된 자만 4만에 가까웠다고 한다.

원나라 멸망 뒤, 대륙 곳곳에서 유대인 박해

이 반란은 진압되었으나 중국인 주모자들과 백성들 20만 명 이상이 피살되거나 변방으로 추방되었다. 이것이 화근이 되어 원나라가 멸망한 뒤 중국 대륙 곳곳에서는 유대인과 이슬람교도에 대한 박해가 자행되었다. 이 때문에 유대인의 숫자는 격감했고 일부는 외몽골과 만주로 쫓겨 갔다.

한편 이를 계기로 명나라 태조 주원장(1328~1398)은 몽골족을 비롯한 유대인 등 외국인을 내쫓아야 한다는 구호로 중국 민족의 절대적인 지지를 얻을 수 있었다. 마침내 그는 원나라를 패망시키고 명나라를 건국하였다. 이때부터 유대인들은 살아남기 위해 중국인들과 혼인하기 시작하였으며 중국에 동화되었다.[*]

19세기 이후, 유대인 다시 늘다

한편 19세기에 들어서자 중동으로부터 상당수의 유대인이 중국에 이주해 왔다. 스파라딤 계열의 사순Sassoons 가문의 경우 상하이 근방에서만 1900여 채의 빌딩을 소유했던 것으로 알려져 있다. 사순 가문의 뒤를 이어 하르둔 가문이나 카두리 가문과 같은 바그다드 출신의 스파르딤 상인들이 중국에 왔다. 외국인들에게 개방된 홍콩과 상하이에서 그들은

❖ 박재선 지음,《세계사의 주역, 유태인》, 모아드림, 1999

곧 상업적 재능을 발휘하였다. 영국인들과의 전통적인 연결점들을 십분 활용하여 수출입 무역을 크게 발전시켰고 이를 통해 짧은 시일 내에 엄청난 부를 축적하였다. 그런 다음 그들은 부동산, 금융, 제조업 등에 투자하였고 점차 상하이와 홍콩의 가장 활발한 외국 기업군을 이루게 되었다. 그들의 영향력은 중국은 물론 극동 지역 전체에 미쳤다.

한편 1880년대 이후 러시아와 동유럽에서 격화되어 온 반유대주의 때문에 러시아의 유대인들이 박해를 피해 대규모로 상하이와 홍콩으로 이주해 왔다. 수많은 유대인이 시베리아를 통과하여 중국의 북동부와 몽골, 심지어 중국 남부 지역에까지 흘러들어 왔다. 이 기간 동안 러일전쟁이 있었고 1905년과 1917년 두 차례의 러시아 혁명이 일어났다.

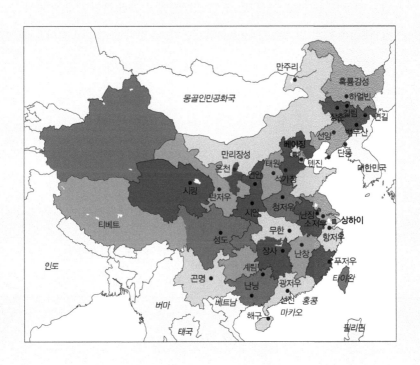

이 모든 사건은 러시아 유대인들이 중국으로 이민 오는 것을 가속화 시켰다. 처음에 그들은 주로 하얼빈과 그 인근 지역에서 살며 극동 지역 최대의 유대인 사회를 형성했다. 일본이 중국의 북동부를 침략한 이후 그들은 남쪽으로 이주하여 상하이, 톈진天津, 칭다오 등지에 공동체를 이루어 정착했다. 그들은 세파르딤 유대인들보다 숫자가 훨씬 많았기 때문에 활발한 공동체가 되었다.

또 왜 일찍부터 상하이와 홍콩이 중국의 경제 중심지로서 번영을 누리고 있었는지, 그리고 영국이 당시 버려진 땅이라고 여겨졌던 주룽九龍 반도와 홍콩을 조차지로 요구했었는지에 대한 의문은 중국의 유대인 역사를 모르고서는 잘 풀리지 않는다. 중국에서 유대인이 가장 많았던 지역은 광둥 지방이었다. 당나라 때는 외국인들이 많아 특별 관리까지 두었던 곳이다. 두 번째로 유대인이 많았던 곳은 양자강 입구의 항저우였다. 해안지방에 정착했던 광둥 지방과 항저우의 유대인들은 해상무역을 바탕으로 세력을 유지할 수 있었다. 홍콩이 광둥 지방의 관문이고 상하이가 항저우와 아주 가까운 거리에 있는 것이 그 해답이다.

중국, 유대인 난민을 받아들이다

70여 년 전 나치가 유대인들을 무섭게 박해하며 학살하고 있을 당시, 많은 사람은 나치의 테러로부터 유대인 희생자들을 용감히 구출하기도 했지만 동시에 여러 나라의 정부는 유대인 난민들의 유입을 엄격히 막았다. 특히 1938년 이후에는 거의 모든 나라가 디아스포라 유대인들의 입국을 막았다.

당시의 문명세계가 유대인들을 박대하여 유대 민족이 죽음의 문턱에서 생존을 위한 고투를 하고 있을 때 중국 상하이 시가 그들에게 생명과 같은 피난처를 제공하고 모든 가능한 형태의 구호를 제공했다. 1933년부터 1941년까지 상하이는 3만 명 이상의 유대인 난민들을 받아들였다. 상하이에서 다른 나라로 간 사람들을 제외하고도 일본이 1941년 12월에 진주만을 폭격할 당시 상하이에는 2만~2만 5000명에 달하는 유대인 난민들이 피난처를 제공받고 있었다. 실제로 1930년대 상하이는 나치의 박해를 피해 온 유대인들의 천국이었다. 당시 상하이는 세계적인 국제도시로 여권 없이도 마음대로 드나들 수 있었기 때문이다.

미래학자들이 본 유대인과 화교

미래학자들은 21세기의 궁극적 승부는 유대인과 화교 사이에서 벌어질 것으로 예상하고 있다. 해외에 거주하는 중국계 민족을 화교華僑라고 통칭한다. 화상華商은 기업에 종사하는 중국계 상인을 말한다. 세계적으로 화교 인구는 약 6000만 명에 달하는 것으로 추산된다. 홍콩·대만·마카오 등 중화권 3대 지역에 약 2800만 명, 싱가포르·태국·말레이시아 등 동남아시아에 약 2000만 명이 거주하며 나머지는 미국·유럽 등지에 흩어져 있는 것으로 추정된다. 80% 이상이 동남아 지역에 집중돼 있는 셈이다.

세계 속의 유대인과 화교

국정원이 1999년 발간한 〈주요국 민족 네트워크 실태와 한민족 네트워크 추진방향〉에 따르면, 유대인 공동체 네트워크망을 통해 형성된 전 세계 유대 경제권은 4조 8000억 달러에 이르며 이는 미국 연간 GDP의

60%, 이스라엘 연간 GDP의 50배 이상에 해당한다. 미국을 중심으로 전 세계적으로 영향력을 행사하는 유대인 공동체에는 못 미치지만 중국 화교 공동체 또한 동남아를 중심으로 막강한 경제적 영향력을 갖고 있다. 국정원이 발간한 앞의 책자에 따르면, 세계 136개국에 거주하고 있는 해외 화교의 수는 약 3000만 명(대만 2100만 명 제외)이다. 인도네시아, 태국, 말레이시아, 필리핀, 싱가포르 등 동남아 지역에 집중적으로 거주하며 거대한 경제력으로 동남아 경제를 장악하고 있다.

중국인들은 원래 장사에 능했다. 지금도 거의 동남아시아의 상권은 중국인들이 차지하고 있다. 아시아 국가들을 통틀어서 전체 상장된 주식의 반 이상을 중국인들이 소유하고 있으니 가히 동양의 유대인이다. 세계 인구의 0.22%에 지나지 않는 유대인들이 세계 금융을 쥐고 흔들고 있는 것이나 극히 소수의 중국인이 동남아시아의 상권을 석권하고 있는 것도 무척이나 흡사하다.

동남아시아 상장주식의 절반 이상을 중국인들이 차지하고 있음에도 그들의 인구 비율은 그리 높지 않다. 필리핀에서 중국인들의 비율은 겨우 2%밖에 안 되고 인도네시아도 중국인 비율이 3%에 지나지 않는다. 하지만 필리핀 주요 기업의 45%가 중국계다. 인도네시아는 인구의 3%에 불과한 화교가 200대 기업 가운데 160개를 차지하여 1998년 폭동사건 전까지 민간자본의 80%를 장악했다. 태국에서는 전 인구의 10%에 불과한 화교가 상장기업의 80%, 10대 재벌 가운데 9개, 그리고 4대 은행을 점유하고 있다. 중국인이 없으면 태국 경제는 마비되고 만다. 말레이시아도 전체 기업의 절반 가까이가 중국계다.

국정원 자료에 따르면 전 세계 화교 조직은 약 9500개인데 아시아의

6500개, 미주의 2500개 조직이 화교 간 네트워크를 구성하고 있다. 해외 화교들 또한 국제화교협회, 세계화상대회 등 전 세계 중국계 기업 간 기구와 회의체를 구성하고 있으며 이를 연결하는 인터넷망을 운영하여 화교들 간의 국제적 네트워크를 강화하고 있다.

'세계 인구의 0.23%에 불과하지만 노벨상 수상자의 23%를 차지하는 민족.' 유대인의 천재성을 일컫는 말이다. 특히 '아슈케나지'로 불리는 독일과 동부 및 중부 유럽 출신 유대인들은 머리가 좋기로 유명하다. 물리학자 아인슈타인, 정신분석학자 프로이트, 작곡가 말러 등이 모두 아슈케나지 유대인들이다. 이들의 천재성에 대해서는 그동안 유대인 특유의 조기교육 때문이라는 설명이 많았다.

영국 얼스트대학 리처드 린 교수팀과 핀란드 탐페레대학 타투 반하넨 교수팀이 세계 185개국을 대상으로 국민 평균 IQ를 조사하였다. 이 보고서에 의하면 한국인이 IQ 106으로 세계 1등 민족으로 밝혀졌다.[❖]

한국인의 IQ는 남한이 106, 북한이 105다. 그다음으로 일본이 105다. 중국인들은 편차가 좀 있는데 홍콩이 107, 대만이 104, 중국 본토가 100으로 평가되었다. 아마 같은 중국계라도 환경에 따라 영향을 받는 모양이다. 다음으로 독일·네덜란드·이탈리아·오스트리아가 102이고 스웨덴·스위스·룩셈부르크가 101, 영국·벨기에·뉴질랜드·싱가포르가 100으로 IQ가 100 이상인 나라는 17개국으로 밝혀졌다. 주로 아시아와 유럽 국가들이다. 일단 평균 IQ가 100 이

❖ 아인슈타인, 프로이트, 말러(왼쪽부터 순서대로)

❖ 〈월간조선〉 2004년 2월호

상이면 높은 나라에 속한다.

이 조사에서 앵글로색슨의 대표 격인 영국이 평균 100이었고 다인종 국가인 미국이 98이었다. 기대했던 이스라엘이 94로 나와 이외의 결과였다. 이스라엘 인구 800만 명은 550만 명의 유대인들과 250만 명의 팔레스타인인들로 구성되어 있다. 게다가 세계 각지로부터 온 다인종으로 구성된 이스라엘의 유대인들과 주로 아슈케나지로 구성된 미국의 유대인들은 많은 편차를 보이는 듯하다. 미국 내 유대인들은 보통 다른 백인 인종들에 비해 최소 10포인트 이상 높은 것으로 알려져 있다.

세계 IQ 지도

2006년 출간된 《지능의 인종적 차이: 진화론적 분석》에서 리처드 린 교수는 세계를 10개 지역으로 나눠 평균 지능지수$_{IQ}$를 분석했다. 그 결과 한국, 일본, 중국을 포함한 동아시아인들의 평균 IQ는 105로 가장 높았다. 그 뒤로 유럽인이 99, 이누이트 91, 동남아시아와 아메리카 인디언 87, 태평양 군도의 주민 85, 중동인 84, 사하라 사막 이남의 아프리카인 67, 호주 원주민 62, 그리고 칼라하리 사막의 부시맨과 콩고의 피그미가 52로 IQ가 가장 낮았다.

리처드 린 교수는 한국에 대해 다음과 같이 기술했다. "1950년대 가나, 필리핀, 남한은 모두 가난했다. 경제학자들은 자원이 풍부한 가나나 필리핀이 부를 이루게 될 것이고 남한은 가난한 나라로 머물 것이라고 전망했지만 결과는 반대였다." IQ의 우월성이 국가의 경제 발전에 지대한 영향을 끼쳤다는 분석이다.

헨리 하펜딩 박사 등 미국 유타대학 연구진은 '유대인의 IQ는 유전병

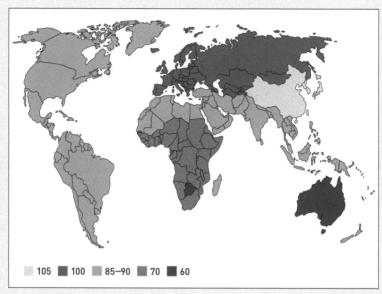

■ 105 ■ 100 ■ 85~90 ■ 70 ■ 60

∴ 세계 IQ 지도

과 관련이 깊다'는 연구 결과를 내놓았다. 2005년 6월 3일자 〈뉴욕타임스〉와 〈이코노미스트〉 보도에 따르면 연구진은 아슈케나지 유대인에게 테이-삭스병, 유방암, 고셔병 등 유전적 요인이 강한 질병이 유독 많은 점에 주목했다. 그런데 이 같은 '장애'는 신경세포 간의 상호 관련성을 비정상적으로 활성화시켜 지능을 높인다는 것이 연구진의 설명이다. 실제로 이스라엘의 고셔병 전문 병원 환자 중에는 과학자, 변호사 등 전문직 종사자 비율이 높다.

아슈케나지는 평균 IQ가 세계 평균보다 보통 12~15포인트 이상 높다고 한다. 또 IQ가 140을 넘는 비율이 1000명 중 23명이다. 천재가 많다는 이야기다. 북유럽인은 1000명 중 3명이다. 이렇게 똑똑한 유전자가 많은 이유로 연구진은 역사적 배경을 든다. 중세 유럽에서 아슈케나지는 기독교인들이 경멸하는 고리대금업, 세금징수, 무역 등 지능을 필요로 하는 일에만 종사했다. 이들 가운데 상류계급은 더 많은 아이를 낳아 '똑똑한 유전자'가 계속 후세에 전해졌다. 타 종족과 거의 결혼하지 않는 관습도 똑똑한 유전자와 유전병을 대물림하는 데 큰 역할을 했다고 연구진은 덧붙였다. 'IQ는 유전의 결과인가, 환경의 영향을 받는가'란 주제는 오랜 논쟁거리였다. 현재는 둘 간의 상호작용으로 타협점을 찾은 듯하다.

아시아인은 서양인보다 왜 똑똑한가?

동서양의 사고방식 차이를 언급한《생각의 지도》의 저자 리처드 니스벳의 신작《인텔리전스》에서는 동서양의 비교는 물론 중산층과 빈곤층, 문명인과 원주민 간의 지능과 재능 차이를 분석했다. 저자가 비교문화 연구의 대가이자 저명한 사회심리학자인 만큼 책을 통해 보여주는 논리와 심리학적 탐구는 매우 다양하다. '동양인과 서양인 중 누가 더 똑똑할까?', '유대인들이 학문 분야에서 뛰어난 이유가 있을까?', '왜 어떤 국가는 기술 분야에서 두각을 나타내고, 어떤 국가는 과학 분야에서 두각을 나타낼까?' 등의 질문이 바로 그것이다.

《인텔리전스》는 문화와 지능의 관계를 인종·계층·연령별 비교 사례를 통해 탐구한 문화심리 연구서다. 저자가 작품을 통해 목소리 높여 이야기하는 것은 바로 '문화'다. 이것은 비단 음악과 영화, 퍼포먼스에 국한되지 않고 더욱 폭넓은 의미로 작용하고 있으며 '교육과 지능'의 관계로 축약된다.

학교는 우리를 더 똑똑하게 만드는가, 그렇다면 과연 그 이유는 어디에서 찾을 수 있는가, 사회적 계층의 차이가 IQ와 성공에 어떤 영향을 미치는지가 바로 그것이다. 이 저서는 사람의 인지적 능력을 형성하는 데 가장 중요한 역할을 하는 것은 바로 '문화'라고 주장한다. 이는 사람의 지능이 유전적 요소가 아닌 사회적으로 습득되는 2차적인 요소임을 증명하는 사례라고 할 수 있다. "학교교육은 분명히 사람들을 똑똑하게 만든다. 학교에서 가르치는 상식과 문제해결 기술은 IQ를 높인다. IQ 향상에서 학교교육 1년은 나이가 두 살 많은 것만큼의 가치가 있다."

또한 아시아인으로서 한반도에 살고 있는 우리의 이목을 집중시키는 것은 '아시아인은 왜 똑똑한가?'에 대한 저자의 연구다. 아시아인이 서양인보다 더 열심히 공부한다고 말하면서 그 중심에 자리하고 있는 것은 바로 '학업에 대한 성취'임을 강조하고 있다. 그리고 이러한 성취는 바로 '노력'의 산물이라고 결론짓는다. 결국 실패했을 때 누가 한 번 더 도전하느냐가 성취를 판가름하는 가장 큰 요인이라는 것이다. 결국 '지능'의 높고 낮음을 결정하는 요소는 '노력'으로 귀결됐다.

유대인, 왜 강한가?

세계 경제를 장악한 유대인 경쟁력의 12대 원천

독실한 신앙심

배움의 종교

유대인의 자녀 교육

성인식이 자녀를 성숙하게 한다

유대인의 단결력

공동체 자본주의와 완벽한 복지제도

삶의 지혜서, 탈무드

유대인의 힘의 원천, 가정

방랑의 고통이 선사한 은혜, 탁월한 적응력

학문을 숭상하는 민족

글로벌 네트워크 정보 교류

부와 영리 추구를 인정하는 유대교

JEWISH ECONOMIC HISTORY

경제사를 보면 유대인들이 모여드는 곳이 곧 세계 경제의 중심이 되었다. 중세 베네치아, 스페인이 그랬으며, 근대에 들어 네덜란드를 거쳐 영국이 그랬다. 지금은 미국이다. 한두 곳이 아니라 가는 곳마다, 가는 나라마다 이러한 일이 어김없이 일어나고 있다. 전율을 느낄 정도다. 유대인들은 과연 무슨 힘을 갖고 있는 것일까? 그 수수께끼의 원천을 살펴보자.

❖ 전통 복장의 유대인

01[★]

유대인의 저력은 전적으로 그들의 독실한 신앙심에 기인한다. 그들의 생각, 일상 하나하나가 모두 신앙과 연결되어 있다.

선택받은 '계약의 종교'

유대인들은 그들의 조상 아브라함이 하느님께 선택받아 계약을 맺었다는 성경 말씀을 굳게 믿고 있다. 그 계약의 표시를 살에 새겨 기억하는데, 할례가 곧 그것이다. 어떠한 상황에서도 하느님 자녀로서의 마음가짐과 신앙을 가슴 깊이 새기기 위해 거룩한 표시를 몸에 새겨두는 것이다. 이로써 유대교는 '계약의 종교'가 되었다.

이렇게 그들은 하느님과 '직접 계약'을 맺은 선택받은 민족으로 하느님의 자녀임을 항상 의식한다. 그들은 하느님의 선택인 '거룩한 부르심'에 따라 '하느님 자녀로서의 도리를 다하기로 약속한 민족'이다. 곧 권리와 의무 관계가 명약한 계약이다. 4000여 년 동안 유대인도, 유대주의도 변화했지만 하느님과 직접 계약을 맺었다는 이 믿음만은 변함이 없다.

세계 최초로 '유일 신앙'을 확립한 민족

그들은 세계 최초로 '유일 신앙'을 확립한 민족이다. 그 무렵 사람들은 눈에 보이는 신, 곧 태양, 달, 동물, 형상 등 우상을 숭배했다. 눈에 안 보이는 신을 상상하기 어려운 때였다. 그러나 유대인은 눈에 안 보이는 신을 믿은 것이다. 다른 민족들로서는 그러한 유대인을 이해하기 힘들었다.

게다가 다른 민족들은 여러 신을 믿었는데 유대인은 오직 한 신만을 믿었다. 다른 민족들은 태어나기도 하고 죽기도 하는 유한한 신들을 믿었지만, 유대인은 영원불멸한 신을 믿었다. 그 옛날로서는 파격이었다. 이로써 유대인들은 오랜 옛날부터 자신들의 종교가 다른 어느 종교보다도 위대하다는 절대적인 믿음을 갖고 있다.

혹독한 고난의 1500년과 방랑과 형극의 2500년, 이 기나긴 시련의 세월을 이겨낸 응집력과 정신력은 독실한 신앙심 덕분이다. 그들이 목숨보다 더 소중히 지키는 신앙을 제외하면 유대인도, 유대교도 있을 수 없다.❖

계약 사상이 상도의에도 적용되다

유대인들은 '모든 계약은 신성하다'고 믿는다. 그래서 사람 사이의 계약도 신과의 계약 못지않게 신성하고 중요하다고 믿는 것이다.

❖ 우광호, [유대인 이야기], 〈가톨릭신문〉

계약의 백성답게 이러한 믿음이 사업 계약에도 절대적 가치와 신뢰를 부여한다. 아무리 어려운 시기와 환경이 닥치더라도 그들은 계약을 이행하기 위해 혼신의 노력을 다한다. 고난의 역사 속에서도 신과의 계약을 지키기 위해 무수히 목숨을 바친 민족이다. 신앙에 바탕을 둔 배움에 대한 열의와 선행에 대한 의지는 그들의 가장 큰 덕목이다.

이러한 신앙심은 그들의 상도덕관에 그대로 투영되어 있다. 탈무드에 따르면 인간이 죽어서 천국에 가면 문 앞에서 가장 먼저 묻는 말이 "너는 장사를 정직하게 하였느냐?"라고 한다. 유대인의 성경 해설서인 미드라쉬에는 장사를 언제나 정직하게 해나가면 그것 자체가 토라의 세계를 실현하는 것이라는 대목이 나온다. 비즈니스를 부정하게 하는 사람은 토라를 어기는 자라고 경고하고 있다.

'쉐마 이스라엘'

유대인들이 중히 여기는 정신적인 자산 가운데 가장 중요한 것이 '쉐마 이스라엘(이스라엘아, 들어라)'이다. 신명기 6장에 나오는 말로서 오늘날도 유대인들이 매일 아침, 저녁으로 두 번 낭송해야 한다. 이 명령의 핵심은 마음, 목숨, 힘을 다하는 삶의 자세다. "너, 이스라엘아 들어라. 우리의 하느님은 야훼시다. 야훼 한 분뿐이시다. 마음을 다 기울이고 정성을 다 바치고 힘을 다 쏟아 너의 하느님 야훼를 사랑하여라. 오늘 내가 너희에게 명령하는 이 말을 마음에 새겨라. 이것을 너희 자손들에게 거듭거듭 들려주어라."(신명기 6:4-7)

평소 마음과 목숨과 힘을 다하여 하느님을 사랑하는 것이 습관화되면 어느 분야에서도 최선의 결과를 이끌어낼 수 있다. 특히 유대교는 무엇이든지 최선을 다하여 배우려고 하는 배움의 자세를 신앙과 동일하게 여긴다. 기도보다도 배움을 먼저 내세우는 종교다. 그런 배움의 자세와 습관을 지니고 있는 사람은 스포츠, 예술, 학문, 연구 등 어느 분야에서건 반드시 최고를 달성할 수 있게 된다.

또 하나 여기서 놓치지 말아야 하는 것은, 바로 그다음에 이어지는 '거듭거듭'이라는 어구다. 이는 습관화, 체화, 인격화를 의미한다. 곧 앞에서 말한 삶의 자세들이 몸에 밸 때까지 반복적으로 교육하고 훈련해야 한다는 것이다. 이로써 전인적인 자기계발이 완성된다고 할 수 있다. 토라와 탈무드는 2500년의 유대인 방랑 역사 속에서 유대 민족을 온전히 지켜주었다.

하느님에 대한 경외가 지식의 근본이며, 하느님을 사랑하는 것이 세상 무엇보다도 중요함을 가르쳐 알게 하라는 하느님의 말씀이다. 대부분의 유대인은 오늘날에도 이 말씀을 받들어 실제로 종교와 생활이 하나가 되는 삶을 살고 있다.

유대인의 경전, 토라

유대인의 성경은 구약성서다. 그 가운데서도 창세기부터 시작하는 유대 민족의 역사를 적은 모세오경(창세기, 출애굽기, 레위기, 민수기, 신명기)을 '토라'라 부른다. 초창기 600년 동안의 유대인 역사를 기술한 부분이다. 성경은 이렇게 유대인의 역사로 시작한다. 하느님과 유대인 조상들의 계약을 기록한 것이다.

유대인들에게 토라는 지나간 과거를 기록한 것이 아니라 영원히

❖ 법궤 안에 들어 있는 토라

현존하는 계시의 역사다. 토라는 히브리어로 '가르침'이란 뜻이다. 곧 하느님의 가르침이다. 토라에 대한 연구는 유대인들이 바로 창조와 계시 과정에 참여하는 가장 핵심적인 수단이다. 유대교는 합리적인 정신을 경시하지 않는다. 토라의 말씀을 해석할 때 논리를 아주 충분히 사용하라고 강조한다. 그러나 계시적 역사에 대한 인식이 더 우선된다. 구약성서는 기원전 400년쯤에 완성되었다. 하지만 지금도 성경은 유대인의 삶 속에 살아 있는 역사이자 계시다.

토라는 통상 모세오경만을 의미하지만 넓은 의미로는 구약성서 전체를 뜻하기도 한다. 모세가 하느님으로부터 받은 신탁의 말씀이 많았다. 그 가운데 핵심 요점만 성경에 기록되어 있다. 그리고 나머지 말씀은 그의 장로들에 의해 입에서 입으로 전해져 내려오면서 시대시대마다 필요한 해석이 더해져 방대한 내용이 되었다. 그것이 오경에 기록되지 못하고 구전으로 전해 내려오는 '구전토라_{Oral Tora}'이고, 이 구전토라를 기초로 한 책이 탈무드이다.

율법의 정신, '정의'와 '평등'

토라는 하느님의 가르침, 곧 계시다. 인간의 실천을 요구할 때 이는 율법이 된다. 율법에는 '정의'와 '평등'이라는 두 가지의 기본적 원리가 배어 있다. 유대인에게 '정의'라는 개념은 어렵지 않다. 공동체 내의 약자를 돌보는 게 정의다. 옛날에는 고아나 과부를 돌보는 게 정의였다. 정의란 인간이면 마땅히 지켜야 할 도리다. 이런 연유로 마땅히 지켜야 할 도리를 지키지 않는 것이 불의다. 곧 공동체 내의 약자를 못 본 척하는 것이 바로 불의인 것이다.

따라서 소유, 생존, 거주, 노동, 인권 등의 기본적 권리가 주장되고 있다. 동시에 생활수단이나 보호자가 없는 미망인 및 고아, 피난민, 타국인, 그리고 빈곤자 등 사회적 약자에 대한 특별한 배려가 의무로서 요청된다.

예를 들면 밭에서 수확할 때에는 구석의 일부를 남겨놓았다. 그리고 땅에 떨어진 과일이나 이삭은 그냥 그대로 내버려두어 가난한 사람이나 피난민들이 자유롭게 주워 갈 수 있도록 했다. 날삯꾼의 삯은 그날 지불해야 하며, 빈궁한 자에게는 무이자로 돈을 빌려준다. 미

망인이나 고아를 곤란에 빠뜨리는 따위의 짓을 해서는 안 된다는 것 등으로, "네 이웃을 네 몸과 같이 사랑하라"에서 보는 바와 같이 단순히 사회의 질서 유지를 목적으로 하는 규범을 넘어서는 사상을 밑바탕에 깔고 있다.

평등이란, 세상의 통치자는 하느님 한 분임을 바탕으로 한다. 하늘 아래 모든 인간은 평등하다는 게 바로 율법의 평등사상이다. 따라서 유대인에게는 종속관계 내지 상하관계란 있을 수 없다. 군대의 계급이나 직장에서의 직위는 일을 효율적으로 하기 위한 역할 분담이라고 이해한다. 그것 때문에 사람이 상하관계에 놓이지 않는다는 말이다. '후츠파 정신' 덕분에 신입사원과 경영층 간이라도 서로 도전적인 질문과 식민지 정부 논쟁이 가능하다.

시대를 앞선 토라의 정신

모세율법, 곧 토라는 유대 민주주의와 민족성의 골격이 되었다. 특히 모세율법이 담고 있는 '법 앞의 평등'이라는 민주주의 정신은 당시로선 혁명적인 것이었다. 기원전 2500년 무렵에 쓰인 수메르의 우르남무법전은 지구상에 최초의 성문법이자 약한 자를 배려한 정의가 살아 넘치는 법이었다. 하지만 모세율법이 지닌 '정의'의 정신은 이를 훨씬 능가하였다. 수메르법은 500년 뒤 바빌로니아인에 의해 보완되어 함무라비법전으로 진일보하였지만 여전히 토라가 지닌 '민주' 정신은 결여되어 있다. 유대인 5000년 역사에 면면히 흐르는 자유와 평등 그리고 정의와 민주주의 정신은 토라 덕분이다.

토라에는 십계명을 비롯해 유대 민족이 살아가면서 지켜야 할 계율이 상세히 적혀 있다. 토라에 실린 계율의 수는 613개다. 이 가운데 '하지 마라'가 365가지로 1년의 날 수와 같고, '하라'가 248개로 인간의 뼈와 모든 장기의 수와 같다. 다시 말해 우리가 1년 내내 하지 말아야 할 것들이 있는가 하면, 우리의 지체를 가지고 열심히 해야 할 것들이 있음을 뜻하는 것이라 한다. 토라는 특별하게 규제하는 것이 없으면 무슨 일이라도 할 수 있도록 허락되어 있다. 율법에 '이런저런 일은 하라'고 적혀 있기도 하지만 그보다는 '이런저런 일은 하지 마라'고 똑똑히 밝히고 있다. 규제를 최소화하는 이른바 '네거티브 시스템'이다.

어려운 동족을 자기 식구처럼 돌보다

그리고 무엇보다 중요한 것으로 율법은 어려운 동족을 자기 식구처럼 돌보도록 하였다. 성경은 누구도 자기의 욕구를 다른 사람을 희생시켜 가면서까지 충족시킬 권리를 가지고 있지 않다고 증언한다. 자기 욕구의 충족은 인간적 연대의 틀 안에서만 추구되어야 한다. 동족 간 이자놀이에 대한 금지(레위기 25:35-38), 저당 잡은 외투를 밤이 되면 되돌려주라는 율법정신(레위기 17:26) 등은 가난하고 약한 이들의 권리를 지키기 위한 야훼의 정의가 기본적인 사회 원칙임을 보여준다. 또 이혼법은 현대의 것보다도 훨씬 진보적이었고 여성들은 매우 존중받았다. 토라는 혼외 성관계를 인정하여 혼외관계에서 출생한 아이의 신변을 보호했다. 이러한 율법의 정신은 공동체 자본주의를 이상향으로 지향하는 현대인에게도 앞으로 풀어나가야 할 많은 숙제를 내주고 있다.

'눈에는 눈', '이에는 이'라는 율법은 보상의 엄격함으로 오해받고 있으나, 실은 당시의 관행인 무제한의 복수를 막고 극단적인 관습을 순화시킨 것이다. 모세의 율법에 와서는 이를 다시 '고의적' 행위인지, 아니면 '우발적' 실수에 기인한 것인지를 따져 인도주의 견지에서 더욱 완화하였다. 당시로선 파격적인 인권 중심의 법이었다.

학자들은 유대인들이 강대국 틈바구니에서 민족적 통일성을 상실하지 않고 지금까지 이어올 수 있었던 저력의 원천으로 율법을 꼽고 있다. 유대 역사가 살로 배런s. Baron은 이렇게 말했다. "확장과 정복이라는 정치적인 힘보다는 인내라는 종교적이고 민족적인 힘이 유대인들의 신앙과 관습의 시금석이 되었다." 당시 다른 민족들은 싸움과 정복, 강력한 무기 등을 통해 스스로의 강한 힘을 과시했다. 하지만 유대인들은 인내를 바탕으로 종교적이고 민족적인 힘을 발휘하여 생존에 성공했다. 그 힘의 원천이 바로 율법이다.❖

율법의 인도주의 정신, 안식일과 안식년 그리고 희년

3300년 전에 제정된 이 율법을 읽으면서 사람들은 이 법이 지니고 있는 인도주의 정신에 놀란다. 당시로선 누구도 상상할 수 없었던 안식일과 안식년 그리고 희년의 시행은 중노동에 시달리던 노예는 물론 유대인에게도 복음이었다.

그 무렵은 일주일 내내 일해도 먹고살기 어려운 때였다. 당시로선 휴식의 날을 따로 정해 하루 종일 쉰다는 것은 생각하기 쉽지 않은

❖ 우광호, [유대인 이야기], 〈가톨릭신문〉

획기적 발상이었다. 안식일 제도는 노동의 피로를 풀고 삶의 기쁨을 증가시키는, 유대인의 위대한 공헌 가운데 하나다. 유대인들이 인류에게 '휴식의 날'이라는 개념을 선물한 것이다. 그러나 그것은 휴일인 동시에 거룩한 날이었다.

그리고 유대인들의 마음속에서는 점차 자신들이야말로 하느님에게 선택받은 백성이라는 신념과 결합되었고, 그 결과 예언자 에스겔에 따르면 하느님은 유대인과 다른 백성을 구별하기 위해 안식일을 마련했다고 말한다. "또 안식일을 정해주었다. 그것을 나와 그들 사이의 표로 삼아 그들이 야훼의 것이 되었음을 깨닫게 해주려는 것이었다."(에제키엘 20:12) 안식일 개념은 이후 1500년이 더 흘러서야 로마 제국에 의해 받아들어져 이방인들도 일주일에 하루를 쉴 수 있게 되었다.

안식년과 희년 또한 안식일과 마찬가지 개념이다. 유대인에게 적용된 율법이 노예에게도 적용되어 노예도 7년만 일하면 해방될 수 있었다. 당시로선 파격이었다. 그리고 50년이 되는 희년에는 모든 것이 용서되고 모든 빚이 면제되며 모든 사람에게 해방이 선포된다. 야훼는 사회적 약자인 병자, 불구자, 과부, 어린이, 나그네 등의 보호에 관심을 기울인다. 이스라엘 종교개혁의 근간이 된 신명기는 빚진 노예의 해방과 일반적인 부채의 탕감을 규정하였고, 레위기의 희년법은 임금노동자로 고향을 떠난 이들과 노예들의 귀환, 빚의 탕감, 토지의 휴경과 야훼 귀속성을 선포한다. 율법정신의 최고 목적은 정의의 실현에 있다. 안식년법, 희년법 등은 서로 다른 소유관계에 기초한 사회적 불평등을 정기적으로 극복하기 위해 제정된 것이다.

안식년과 희년은 아직 이방인들에게는 받아들여지지 않은 유대인만의 제도로 앞으로 모든 인류가 본받아야 할 숙제다. 특히 안식년은 일자리를 나누고 좀 더 인간적인 삶을 위한 귀한 제도이다. 필자가 젊었을 때 이 문제를 실업 해소와 연결해 숙고한 적이 있다. 정부와 기업, 그리고 근로자가 7년마다 돌아오는 안식년 기간의 급여를 서로 1/3씩 부담한다면, 곧 안식년에는 근로자가 평소 급여의 2/3만 받고 쉰다면 안식년 근로자를 대체할 고용이 크게 늘어나 실업 문제를 해결할 수 있다.

유대교의 기본적 특성

유대교는 오직 하느님만을 창조와 도덕 그리고 정의의 원천으로 간주한다. 모든 진리는 당신으로부터 나온다고 믿는다. 유일신관의 종교다. 다음으로 유대교는 계약사상을 배경으로 집단적 역사의식을 강조한다. 하느님이 인간 역사, 특히 이스라엘 역사에 구체적이고도 직접적으로 개입하고 활동하고 계신다는 것이다. 세 번째로 유대교는 현세 지향적이며 행위, 곧 실천을 강조하는 종교다. 토라의 준수를 지상명령으로 여기는 유대교는 내세보다는 지상에서 '거룩한 삶'을 구현하는 것을 가장 중요한 종교적 목표로 삼고 있다.

거룩한 백성이 되리라

성경에 보면 하느님은 유대 민족에게 "너희야말로 사제의 직책을 맡은 내 나라, 거룩한 내 백성이 되리라"(출애굽기 19:6)고 말씀하셨다. 토라는 유대인들에게 어떤 장소, 어느 때든지 거룩하라고 가르친다.

유대교의 거룩은 성스럽고 위대하다는 뜻이지만 금욕적인 삶을 의미하지는 않는다.

유명한 토라 주석가 래쉬는 "거룩하다는 뜻은 너 자신을 세상에 있는 보통 사람들과 다르게 분리시키는 것이다. 세상 사람이 가는 길을 떠나라"고 주석해놓았다. 유대인들에게 '선민', '제사장', '거룩'이라는 말은 같은 뜻이다. 남과 구별된 삶을 살기 위한 것이다.

거룩한 생활방식을 지니는 것은 하느님을 표현하는 생활을 하는 것이다. 거룩한 사람들은 그들의 삶의 환경을 거룩하게 하고, 사회를 거룩하게 하고, 세상을 거룩하게 한다. 유대인의 거룩이란 지고한 삶의 목표다. 그 때문에 그들의 목표는 지식을 쌓고, 돈을 벌고, 사회적으로 유명해지는 데 있지 않다. 오히려 유대인에게 거룩이란 하느님이 보시기에 아름답고 정당하며 선한 길을 감으로써 하느님의 뜻을 나타내는 것이다. 이러한 신의 뜻을 추구하는 '거룩' 정신이 유대인의 가정생활, 사회생활, 자녀 교육, 그리고 신앙생활을 관통하는 키워드다.

유대교, 원죄사상이 없다

기독교에서는 아담과 이브가 금단의 과일 선악과를 따 먹은 것을 '원죄'라 한다. 그러나 유대교에는 아담과 이브의 불순종 죄는 인정하나 이 죄가 후손 대대로 이어져 내려온다는 원죄사상은 없다. 유대교는 과거에 얽매이시 않고 오히려 현재와 미래에 대해 속박한다. 인간은 하느님의 형상대로 지음 받았기에 하느님이 인간에 대한 기대가 있다. 그래서 유대교에서 죄란 하느님의 자녀로서 합당한 삶을 살

.˙. 미켈란젤로의 〈아담의 창조〉(바티칸 시스티나 소성당 천장, 1508~1512)

지 않는 것이다. 더 나아가 주어진 가능성에 최선을 다하지 않는 태
만과 무능력이 죄다.

하느님의 형상대로 인간이 창조되다

성경에 따르면 인간은 하느님의 형상대로 창조되었다. 창세기를 보
면 하느님이 인간을 만들 때 하느님의 형상대로 빚은 뒤 코에 생기를
불어넣는 장면이 나온다. 유대인은 이 생기가 바로 하느님의 영혼이
라고 믿는다. 즉 한 명 한 명 만들 때마다 하느님은 자신의 영혼을 불
어넣었고 그 영혼이 인간의 육신에서 살다가 죽으면 다시 하느님께
로 되돌아간다는 것이다. 이 같은 유대인의 사고에 따르면 결국 실존
하는 것은 인간이 아니라 인간 내면 안에 깃든 하느님의 영혼이다.

신앙의 의미: 모든 인류의 삶이 하느님 평화에 이르는 것

기원전 1세기의 유명한 유대인 학자이자 랍비였던 힐렐은 "하느님이 인간 속에 심은 하느님의 형상이 완전히 개발되어 세계와 우주를 이해하여 지배하고, 모든 인류의 삶이 하느님의 평화에 이르는 것이 성경 전체의 뜻이다"라고 가르쳤다. 이 기본 신앙 이외에 나머지 설명은 다 주석에 불과한 것이라고 했다.

그러므로 어떤 상황 속에서도 인간을 향한 무한한 가능성과 희망이 있다고 믿는 것이 유대교의 기본 신앙이다. 이렇듯 유대 신앙의 기본 전제는 '티쿤 올람', 즉 세상을 더 좋게 발전시키는 것이다. 이를 위해 하느님의 자녀 된 유대인은 하느님에 대해 배우고, 자기계발을 통해 인류에 이바지하는 것을 그들의 소명으로 여긴다.

유대교는 가장 신실되고 순수한 마음으로 하느님께 예배드려야 한다고 가르친다. 예배를 통해 신적인 품격을 본받아 우리 인간도 거룩한 품성을 가질 수 있다고 믿기 때문이다. 신적인 품격이란 인내하는 것, 분을 내지 않는 것, 사랑하는 마음, 용서하는 마음, 변함없는 마음으로 노력하는 것, 항상 아름답게 자신을 지키며 남을 도와주는 마음, 바른길에서 선한 행동을 하는 것들이다.

유대인들은 하느님을 향한 신앙을 통해 하느님의 품성을 내 속에 심고자 한다. 머리로서가 아니라 열정적인 가슴으로 하느님을 닮으려고 노력한다. 하느님은 지혜가 풍성하시고 넓은 가슴을 가졌듯이 유대인들도 그렇게 되도록 노력한다.

이 모든 배움의 노력을 유대인들은 신앙이라 부른다. 유대인들은 하느님의 자녀로서 거룩한 삶을 실제로 사는 것이 가장 중요한 유대인의 책임이라고 믿고 있다.

집단 메시아 신앙: 하느님 사업의 협력자가 되라

유대인들의 메시아 신앙과 환상은 역사적인 인물이었던 예언자 이사야가 "하느님의 기름을 부음 받은 해방자 메시아가 이 땅에 오리라" 하고 선포한 데서 비롯된다. 기름 부음을 받았다는 것은 썩지 않는 영원한 생명의 씨앗이란 뜻이다.

오랜 세기 동안 이 메시아 왕국은 유대인의 미래에 대한 믿음과 소망의 전승이 되었다. 아직도 보수 정통 유대교도들은 메시아의 도래를 믿는다. 그러나 오늘날 이들을 제외한 대부분의 유대인들은 역사를 통해 전승된 메시아 신앙을 새롭게 해석한다. 구원자로서 개인 메시아가 아니라 부름 받은 하느님의 모든 자녀가 인류와 세상에 대하여 책임을 지는 집단 메시아로 이해한다.

현대 유대인들은 인간이 하느님 사업의 협력자가 되어야 한다고 믿는다. 특히 유대인들의 숙명적인 지고한 소명이라 믿는 것이다. 그러기 위해서는 자기 자신이 인류를 위해 메시아의 역할을 해야 한다고 생각한다. 자기 스스로가 하느님이 보낸 메시아의 역할을 다함으로써 이 땅에 하느님의 나라가 건설된다고 믿기 때문이다. 따라서 하느님이 보낸 메시아의 역할을 다하기 위해서는 끊임없이 배우고 노력하는 생활을 한다. 유대인들의 피땀 나는 노력 밑에는 이렇듯 메시아로서 선택받은 민족적 자존이 깔려 있다.

유대인들 대부분은 개인 메시아사상을 믿지 않는 대신 유대인 한 사람 한 사람이 작은 메시아요, 이 땅에 생명의 전달자요, 희망과 가능성의 산파라고 믿고 일한다. 어떤 분야에서 일할지라도 그 분야의 특수한 공헌을 통해 메시아의 협력자로서 기능을 달성하기를 원한다.

유대인의 소명의식

'역사에는 목적이 있고, 인간에게는 도달해야 할 목표가 있다'는 것을 유대인처럼 굳게 믿어온 민족도 없다. 한 민족으로서 역사에 처음으로 모습을 드러낸 지 얼마 되지도 않았을 무렵부터 그들은 신이 인류를 위해 준비한 거룩한 계획이 있다고 믿었다. 그리고 그들 사회는 그 계획에 앞장서도록 의도되어 있다는 확신을 가졌다.

그리고 스스로의 역할을 아주 세세하게 규정해놓고, 혹독한 희생을 치러가면서 영웅적인 노력으로 그 구실을 다해왔다. 대다수 유대인은 아직도 이 '거룩한 계획'의 존재를 굳게 믿고 있다. 인류가 하느님이 계획하신 하나의 운명을 지니고 있다는 것이다. 유대인들은 자신들이 인간에 대한 하느님의 거룩한 계획에 동참하고 있으며, 인류에게 그 계획에 대한 안내자가 되어야 한다고 믿고 있다.

이러한 유대인들의 통찰력은 어느 시대, 어느 영역에서나 빛을 발하였다. 그들은 끊임없이 인간의 삶에 목적을 부여하였다. 그리고 자신들의 역할을 어떠한 야만적인 고난에 직면하더라도 영웅적인 끈기로 지켜왔다.

집단 메시아 신앙을 가지고 있는 유대인들은 선지자 이사야가 말했던 '고난의 종'과 '남은 자의 정신'을 가지고 어떤 고통과 슬픔 속에서도 참고 견디면서 메시아의 왕국이 건설되는 데 전 생명을 다 바치고자 한다. 고난의 종이란 기독교에서는 예수를 지칭하지만 유대인들은 자신들이 인류의 평화를 위해 세계의 고난을 대신한다고 말한다. '남은 자의 정신'이란 많은 사람이 고통을 참지 못하고 중도에 포기한다 할지라도 남은 자 몇 명이 메시아 고난의 종의 사명을 다하는 것을 뜻한다.

하느님을 향한 마음을 통해 우리 인간이 완전한 성숙과 정의의 단계에 도달하면 그때가 바로 메시아의 시대, 곧 하느님의 나라가 이루어질 수 있다는 것을 유대인들은 믿고 있다. 유대인들의 신앙은 이것을 반드시 성취해야 한다고 믿는다. 이 메시아 신앙이 그들의 삶을 뜨겁게 하고, 용기 있게 하고, 지혜롭게 한 동인이다.✧

토인비의 역사관

아놀드 토인비의 역사관도 유대인의 생각을 지지한다. 그의《역사의 연구》(전 12권)는 문명의 흥망성쇠를 도전과 응전이라는 인식 틀로 분석한 역사서다. 토인비는 문명도 생명체처럼 탄생, 사망이라는 필연적 과정을 밟을 것이라고 본 제1차 세계대전 직후 서구의 숙명론적 역사관에 반기를 들었던 학자다.

당시 부정적 징후들이 만연한 상황이었지만 그는 '필연적 사망'

∴ 아놀드 토인비

대신 '창조적 소수에 의한 진보'의 가능성을 믿었다. 그리고 이러한 그의 입장은 '문명의 성장은 계속되는 도전에 성공적으로 응전함으로써 이루어진다'는 유명한 가설로 결실을 맺었다.

그는《역사의 연구》에서 '인간의

✧ 폴 존슨 지음, 김한성 옮김,《유대인의 역사》, 살림, 2014
　우광호, [유대인 이야기],〈가톨릭신문〉

역사는 신의 나라가 실현되는 과정'이라고 일관되게 주장했다. 또 문명은 소수 엘리트의 지도에 따라 등장하며, 그들의 창조적 지도력이 다했을 때 쇠퇴한다는 특유의 문명관을 정립했다.

믿음보다는 행동

유대교에서 하느님과의 관계를 공고히 해주는 것은 믿음이나 묵상이 아니라 행동이다. 종교적 행위의 대상은 단지 인간의 영혼이 아니라 세상 자체이다. 유대교 중심 사상의 하나가 인간은 세상을 발전시키는 하느님 사업의 협력자라는 점이다. 이것은 세상 자체가 생겨난 신비스러운 비밀의 영역에 종교적 행위가 영향을 주고 있다는 인식에서 출발한다.

토라에 대한 연구와 행위는 하느님에게 다가감을 의미한다. 인간은 철학이나 신비적 명상을 통해서가 아니라, 토라를 연구하고 기도하고 자비를 베풂으로써 이루어지는 성격의 정화와 '행동의 실천'을 통해 하느님을 알게 된다고 한다. 유대교에서 연구와 실천이 차지하는 중요성이야말로 정말 독특한 특성이다.

유대교는 종교적 영역과 비종교적 영역을 구분하지 않는다. 유대교에는 모든 물질적 사물이 신성과 결부되어 있다. 피조물인 것이다. 어떠한 것이든 간에 그것은 전체를 구성하는 것의 일부다. 이 전체가 하느님의 의지를 표현한다. 모든 실재는 하느님에 의지함으로써 궁극적으로 서로 합일된다. 마찬가지로 역사는 그 자체가 하느님 의지의 한 표현이다. 일반적인 세계사, 그리고 특히 유대 민족의 역사는 구원이라는 궁극적인 목표를 향하고 있다.

02★ 배움의 종교

　유대인의 교육은 질곡과 형극의 가시밭길 역사에서 유일하게 그들의 생존을 지켜주고 담보했던 자산이었다. 자식 농사가 최대의 사업이라는 것이 유대인들의 공통된 생각이다. 교육은 유대인 사회의 군건한 기본 가치다. 교육이 과거의 삶을 지켜주었듯이 동시에 미래의 장을 여는 열쇠인 것이다.

　실제로 유대인의 저력은 높은 교육수준과 창의적 연구에서 나온다. 전 세계 인구의 0.23%밖에 안 되는 민족이 노벨상 수상자는 그것의 100배인 거의 23%를 차지한다. 말 그대로 일당백의 비결 역시 교육이다. 그들은 곧 교육이 개인 경쟁력의 원천임을 굳게 믿는다.

배움의 종교

　유대교의 특징은 '배움의 종교'라는 것이다. 유대교는 하느님의 형상을 본받아 지음을 받은 사람 속에 무한한 잠재력과 가능성이 있다는 것을 항상 가르친다. 따라서 유대인에게 신앙이란 내재된 하느님의 형상을 찾아 자신을 발전시켜 나가는 노력이다.

　그래서 그들에게 종교는 신앙 이전에 먼저 배우는 것이다. 곧 기독교처럼 기도하는 종교가 아니라 배움으로써 체화되는 종교다. 유대교는 배움을 기도 못지않게 중요하게 여긴다. 그들은 배움으로써 하느님의 섭리를 하나라도 더 이해하고 하느님께 한 발짝 더 다가설 수 있다고 믿는다.

유대교에서는 성경과 탈무드 등을 비롯한 유대교 경전들을 배우고 연구하는 것이 곧 하느님을 믿는 신앙과 동일시된다. 이것은 유대교에서 발견되는 매우 중요한 특징이다. 탈무드도 '하느님은 1000가지 재물보다도 1시간의 배움을 기뻐하신다'고 가르치고 있다. 이러한 평생 배움과 연구를 통해 누구보다 경건을 유지하면서도 결코 광신적인 이상에 휘둘리지 않는다. 실생활에서 성공할 수 있는 이유가 여기에 있다.

배움은 신을 찬미하는 것과 동일한 일

앞서 살펴본 바와 같이 유대인에게 교육은 곧 종교다. 시나고그의 주된 용도도 토라와 탈무드를 공부하는 학문적 공간으로서의 기능이 우선시된다.

유대인이 배우는 민족이라 일컬어지는 것도 이 때문이다. 즉 유대인에게 배움은 인생에서 가장 중요한 가치를 가지는 것이다. 그들은 예로부터 토라와 탈무드를 통해 평생 공부를 당연한 걸로 알고 있는 민족이다. 유대의 유명한 랍비가 이런 말을 했다. "교육의 고통을 견디지 못하는 사람은 필연적으로 무지의 고통을 겪어야 할 것이다."

유대인들이 이 땅에 태어난 목적은 하느님의 빛을 만방에 보여주기 위함이다. 위대하신 하느님의 빛의 전달자가 되기 위해서는 교육을 받아야 한다. 교육을 받지 않고서는 결단코 빛의 전달자가 될 수 없다. 왜냐하면 자신이 무지와 어둠 속에 있으면서 다른 사람들을 빛 속으로 인도할 수가 없기 때문이다. 이 빛 된 삶을 위해서는 반드시 교육을 받아야 한다. 열심히 배워 하느님의 위대함을 내 속에 담는 것이다.

유대인의 교육열

유대인들의 교육열은 세인의 상상을 초월한다. 이미 기원전부터 국가가 학교를 세우고 의무교육을 실시했던 민족이다. 아이가 두세 살이 되면 가정에서 엄마가 아이를 가르치기 시작한다. 모계 교육이 시작되는 것이다. 이것은 유대인 집단 거주지인 '게토'에 갇혀 살 때 외부의 정규학교에 보내지 못했기 때문에 생긴 관습이다. 일반적으로 유대인은 엄마가 유대인이어야 온전한 유대인으로 인정을 받는다. 아이를 한 명의 유대인으로 온전히 길러내는 데는 그만큼 어머니의 구실이 크다는 반증이다.

그러나 엄밀히 말하면 유대 사회는 철저히 가부장적 사회이다. 집안의 중심은 아버지다. 당연히 아이 교육의 책임도 전적으로 아버지가 지고 있으며, 엄마는 남편의 충실한 조력자일 뿐이다. 유대인 부모들은 어려서부터 자식에게 율법과 탈무드를 통해 신앙심과 지혜를 가르쳐야 아이가 좋은 유대인으로 성장한다고 믿는다. 그래서 유대인 부모들은 그들의 자녀가 13세 성인이 될 때까지 유대 계율과 안식일을 지키는 한 명의 유대인으로 길러내는 것을 신이 명한 계율이자 인생의 최대 목표로 삼고 있다. 유대인의 전통적인 육아법은 민족 공동체적 삶을 중시하는 것이 특징이다.

유대인의 교육은 'Best'가 아닌 'Unique'를 지향

유대인은 아이를 신의 선물이라 여긴다. 부모의 소유물이 아닌 것이다. 이 개념의 차이는 중요하다. 아이를 태어날 때부터 부모와 동격인 인격체로 보느냐, 아니면 성인이 될 때까지는 완전한 인격체가 아닌 인격 형성 과정에 있는 부모의 종속물로 보느냐에 따라 한 인격체의 개성을 존중하느냐, 아니면 부모가 바라는 인격체로 키우느냐의 차이가 발생한다.

유대인들은 신의 선물인 한 인격체를 부모와 공동체가 함께 키우고자 애쓴다. 아이가 태아일 때부터 하나의 인격체로 대하며 개성을 존중해준다. 유대인을 지칭하는 '헤브라이'는 강 건너온 사람이라는 뜻에서 유래하여 '혼자서 다른 편에 서다'라는 의미도 있다. 즉 그들은 아이에게 '남보다 뛰어나라'는 요구를 하지 않는다. 대신 '남과 다른 사람이 되라'고 주문한다.

형제자매 간에도 머리나 능력을 비교하지 않는다. 다만 각자의 장점, 곧 '개성'을 키워주려고 애쓴다. 유대인 격언에 "형제의 머리를 비교하면 양쪽을 다 죽이지만, 개성을 비교하면 양쪽을 다 살릴 수 있다"는 말이 있다. 개성을 중시하는 유대인 교육관을 잘 보여준다.

유대인은 자녀들을 다른 사람들보다 더 똑똑하고, 더 많이 배우고, 더 성공시키기 위해 가르치지 않는다. 다만 그들은 하느님의 선민답게 살라고 가르친다. 그리고 획일적인 교육방식이 아닌 하느님께서 알려주신 교육방법에 따라 하느님이 주신 달란트talent(타고난 재능)대로 다른 사람들과는 다르게 특별하게 살라고 가르친다.

한마디로 유대인 부모들은 자식이 집단에서 최고가 되는 것을 바라지 않고, 유일한 재능을 가진 독특하고 창의적인 학생이 되기를 바란다. 반에서 'Best'는 한 명뿐이지만 'Unique'는 모든 학생이 될 수 있기 때문이다. 대신 '싫으면 하지 마라. 하려면 최선을 다하라'고 가르친다. 학습장애아로 판정받았던 에디슨과 지진아로 분류되었던 아인슈타인이 세계적인 과학자가 될 수 있었던 힘도 바로 그 어머니들의 'Unique'에 대한 믿음 덕분이었다. 이것이 유대인 교육의 요체이자 요새 경영학의 화두이기도 하다.

자녀 '지혜교육'에 헌신하는 부모들

또한 유대인은 자녀를 지혜롭게 만드는 교육에 열정을 쏟는다. 역사의 고난 속에서 지혜로운 사람만이 살아남는다는 생존의 법칙을 잘 알고 있기 때문이다. 지혜는 단편적인 지식과는 다르다. 그들 속담에는 물고기를 잡아주면 하루를 살 수 있지만, 물고기 잡는 법을 알려주면 평생을 살 수 있다는 말이 있다.

즉 외우는 주입식 교육으로 가르치기보다는 일상생활 속에서 개념 파악을 기본으로 사고력과 논리력을 키우고, 어릴 때부터 배움은 즐겁고 소중한 것이라는 생각을 갖도록 도와준다. 그들은 늘 자녀와 토론하고 대화한다. 특히 아버지가 잠들기 전에 책을 읽어주거나 이야기를 해준다. 이를 '베갯머리 이야기'Bed Side Story'라 한다.

그리고 부모들은 여행이나 현장학습을 통해 아이들이 산지식을 몸에 익히도록 도와준다. 또 부모가 책 읽는 모습을 보여주고, 사회 교육에 참여하여 자녀에게 늘 공부하는 모습을 보여준다. 한마디로 자녀 '지혜교육'이 생활화되어 있는 민족이다.

어릴 때부터 두 학교를 다니는 것으로 유명한 유대인

특히 이스라엘 바깥에 사는 유대인들은 다섯 살 미만의 아이 교육 은 엄마에게 의존하고 있다. 다섯 살이 되어야 시너고그에 보내 정식 으로 교육을 시킨다. 유대인은 교육을 권리가 아닌 의무로 여기는 민 족이다. 그래야 신앙을 지킬 수 있다고 믿기 때문이다.

유대인들의 학구에 대한 열의는 이렇게 어릴 때부터 두 학교를 다 니는 것으로 유명하다. 많은 경우, 이스라엘이 아닌 외국에 사는 유대 인 가정의 아이들은 유치원에 다니기 시작하면서부터 방과 후에 시 나고그가 운영하는 유대 학교에 간다. 거기서 그들의 역사와 전통과 문화, 그리고 히브리어와 이디시어를 공부한다. 이 전통은 유대인 세 계에서 400년 이상 이어져 내려오고 있는 것이다. 그들은 이 지구 그 어느 곳에 살고 있든, 자녀들을 방과 후 '유대인 학교'에 보내 자신들 만의 고유한 풍습을 이어가고 있다.

미국에는 이러한 방과 후 학교 이외에도 정규 유대인 학교가 많이 있다. 유대인 학교의 특징은 등수를 매기는 성적표가 존재하지 않는 다는 사실이다. 단지 학습 진도를 나타내는 진도표가 있을 뿐이다. 또 학비도 일률적이 아니라 부모의 벌이 정도에 따라 차등화되어 있다. 따라서 누구나 공부할 수 있게끔 시스템이 되어 있다.

유대 학교 교육의 장점은 교육과정이 재미있게 진행된다는 것이다. 자라나는 아이들에겐 모든 것이 새롭고 호기심의 대상이다. 유대 학교 선생님들은 아이들의 호기심을 자극해 질문을 유도하는 수업을 한다. 그리고 다양한 질문을 통해 사물을 바라보는 관점을 하나가 아닌 다양한 방식이 있음을 깨닫게 한다. 남과의 비교가 아니라 달라야 한다는 요구가 창의성 계발과 발휘의 원동력이 된다.

유대인의 종교교육, 항상 질문하고 토론한다

여자아이는 열 살 때까지 토라 읽기 교육을 받고, 남자아이는 열두 살 때까지 읽기 교육을 받는다. 유대인의 종교교육은 성서로 끝나지 않는다. 탈무드와 미쉬나, 미드라시 같은 옛 고전들을 모두 익혀야 비로소 기초교육이 마무리된다.

이 가운데 미쉬나는 권위 있고 간결하게 문서화된 구전토라이다. 오랜 세월 구전으로 전승되어 온 것으로 농사 규례, 절기 등 62개 항목으로 이루어졌다. 이 미쉬나에 대한 주석서가 게마라이다. 나중에 미쉬나와 게마라를 함께 편집한 것이 탈무드다. 미드라쉬는 '해석'이라는 뜻으로 성서와 구전토라 등의 해석집이다.

유대인의 교육법은 철저한 반복과 복창이다. 유대인은 어린아이 때부터 탈무드로 대표되는 고전을 여러 차례 반복해서 읽고 암송한다. 거듭된 암송을 통해 몸의 일부로 만들어야 한다는 뜻이다. 그래서 읽기 교육이 강조되는 것이다. 기초교육이 끝나면 자신의 평생직업을 선택하게 된다.

반복된 암송을 통해 일단 몸에 체화되면 다음 공부의 방법은 주입식이 아니라 질문식 수업으로 진행된다. 유대인 선생님들은 아이들에게 답을 즉시 가르쳐주지 않고 질문을 계속하여 스스로 답을 찾도록 도와준다. 그리고 설사 틀리더라도 절대로 윽박지르지 않고 더 잘할 수 있다는 가능성을 심어준다.

그리고 대부분의 교육은 토론을 통해 진행된다. 특히 탈무드 교육은 친구 간 일대일 토론 방식으로 진행된다. 그들은 탈무드의 내용 중 한 구절을 놓고 한두 시간씩 논쟁을 벌이기 일쑤다. 한쪽이 탈무드를 해석하면 다른 쪽은 그것을 왜 그렇게 해석했는지 조목조목 질문하는 역할을 맡는다. 그리고 그에 대한 답을 말하면 상대방은 다시 그 답의 부당성을 조목조목 반박한다. 여기서 상대방이 허점을 보이면 사정없이 공격해 곤경에 빠뜨린다. 그러니 답변자는 가능한 한 모든 가정假定에 대비하여 대책을 세우지 않으면 날카로운 공격에 무너질 수밖에 없다. 이후 해석자와 질문자의 역할을 바꾸어 다시 논쟁을 시작한다.

이러한 과정에서 모르는 부분이 있으면 두 사람은 랍비를 찾아가 의문점을 상의할 수 있다. 일방적으로 주입하는 지식은 자기 것이 되지 않는다는 경험에서 스스로 깨우치기를 바라는 것이다.

토론이 끝난 후에는 언제 논쟁을 벌였느냐는 듯 금방 다정해진다. 유대인은 어려서부터 따질 때 따지고 절제할 때 절제하는 능력을 키워온 사람들이다. 성경과 탈무드를 근거로 한 신학적 토론의 장점은 날카로운 마음과 선한 성품을 개발하여 인간에게 기쁨을 준다는 데 있다. 잠언에 "쇠는 쇠에 대고 갈아야 날이 서고 사람은 이웃과 비비대며 살아야 다듬어진다"(잠언 27:17)라는 구절이 있다. 이는 성경을 탈무드식 논쟁법으로 학습함으로써 지능이 발달하고 신의 성품이 얼굴에 나타나 빛나게 된다는 뜻이다.❖

자녀 교육은 13세까지: 이후는 스스로 하는 평생교육

유대인은 13세에 성인식을 성대히 치른다. 유대법에 따르면 하느님과 계약을 맺고 그 계약을 수행할 수 있는 사람이라야 성인이다. 유대인들은 사람이 만 13세가 되면 하느님과 계약을 맺을 수 있는 능력이 있으며 또한 그 계약을 수행할 능력이 있다고 믿는다. 할례가 하느님과 사람 사이에 계약이 있다는 사실을 계약 당사자의 몸에 객관적으로 표시하는 행위라면, 성인식은 그 사실을 주관적으로 받아

❖ 현용수 쉐마교육연구원장, 〈신동아〉 2004년 8월

들이고 그렇게 살겠다는 의지를 표현하는 의식이다.

성인식을 마친 유대인 소년·소녀는 하느님과의 모든 계명을 지킬 의무를 갖게 된다. 이제까지는 계명을 지키지 않아도 일차적인 책임이 그가 아닌 그의 아버지에게 있었으나 이제부터는 모든 책임이 스스로에게 돌아온다.

따라서 아이가 13세 성인이 되면 교육의 책임은 아버지에게서 신의 몫으로 넘어간다. 결국 부모는 성인식 전까지 아이의 유년 시절과 초등학교 시절의 가정교육을 가장 중요하게 여기고, 이 시기까지의 조기교육에 모든 노력을 쏟는 셈이다. 유대인은 13세 성인이 되면 이제부터는 신의 도움을 받아 스스로 평생 공부해야 하는 것으로 안다. 평생교육을 옛날부터 당연한 것으로 받아들였기 때문이다.

유대인과 한국인 교육방법의 차이

이처럼 유대인은 13세에 성인식을 갖는다. 곧 유대인 부모들은 성인식 날까지 자녀를 한 사람의 온전한 인격체의 유대인으로 만들어 하느님께 되돌려 드려야 한다. 따라서 그들은 12년간 헌신적인 노력으로 자녀 교육에 임한다. 하지만 성인식을 치르고 나면 이제 자녀는 사람의 아들이 아닌 신의 아들로 거듭나는 것이다. 이로써 성인식 날 부모들은 자녀 교육 의무에서 해방된다. 유대인과 한국인 부모의 자녀 교육에서의 가장 큰 차이점이 바로 여기에 있다. 우리는 초등학교까지는 아이들 기를 살려준다고 거의 내버려두다시피 하다가 아이가 중학교에 들어가면 그때부터 좋은 대학에 들여보내기 위해 아이와의 전쟁을 시작한다.

교육을 중시하는 점에서 유대인과 우리 한국인은 큰 차이가 없지만 그 방법은 크게 다르다. 유대인 부모는 아이에게 먼저 이야기부터 들려주고 수수께끼로 사고력을 훈련시킨다. 재미있게 배우게 함으로써 공부는 즐거운 것이라는 인식을 갖게 한다. 학교에 들어가도 공부를 하기 전에 공부를 해야 하는 이유와 공부를 통해 얻는 기쁨에 대한 것을 축제를 통해 자연스럽게 먼저 배운다. 공부 자체보다 공부를 사랑하는 마음을 먼저 배우는 것이다.

한국인의 공부 방법은 주로 암기식인데, 유대인의 교육은 토론식이다. 유대인 학교에서는 학생이 선생에게 무엇인가를 물어야 하고 선생은 그에 대해 대답하는 형식으로 수업이 진행된다. 자녀가 집에 돌아오면 유대인 어머니는 아이들에게 오늘 학교에서 무엇을 배웠느냐고 묻지 않고 오늘은 선생님에게 무엇을 여쭈어보았느냐고 묻는다. 유대인 부모는 입학 첫날 아이에게 "학교에 가면 훌륭한 선생님을 만나게 되는데, 모르면 무엇이든지 선생님께 물어봐라" 하고 가르친다. 반면 우리 부모들은 "학교에 가면 선생님 말씀 잘 들어라" 하고 가르친다. 한쪽은 자율성을 강조하는 반면 다른 한쪽은 타율적이라 할 수 있다. 말 잘 듣는 착한 학생보다 호기심이 넘쳐 모르는 것을 당당히 묻고 논리적으로 자신의 생각을 발전시켜 가는 학생이 커서 더 창의적인 사람이 되는 것은 당연한 결과다.

유대인 가르침 가운데에는 "사람은 잘 배워야 한다. 하지만 수동적으로 배우는 습관을 가져서는 안 된다"는 말이 있다. 아이가 수동적으로 배우는 습관을 들이면 인간의 천성적인 창의력은 서서히 죽어가기 때문이다. 이런 문답식 교육은 유대인 고유의 전통적인 교육

방법이다. 이런 관습이 유대인의 토론 문화를 키웠고 자기의 생각을 효과적으로 피력해 상대방을 설득하는 표현 능력의 극대화를 가져왔다.[*]

청출어람이 진정한 교육

유대인들은 기존 학설이나 이론을 가르치는 것을 교육이라고 부르지 않는다. 어떻게 하면 기존 이론에다 새로운 것을 보탤지를 가르치는 것을 교육이라고 생각한다. 그래서 유대인들에게 진정한 교육이란 청출어람이 되어야 한다. 스승의 이론을 극복하고 그 위에 새로운 이론을 정립할 수 있어야 진정한 학자가 되는 것이다.

유대인들은 새로운 학설 등을 제기하면 찬사뿐 아니라 물질적 보상까지 하는 전통을 가지고 있다. 이는 통념이나 고정관념에 안주하지 않고 새로운 영역을 개척하려는 의지를 키운다.

---

[*] 김종빈 지음, 《갈등의 핵, 유태인》, 효형출판, 2001

03 ★ 유대인의 자녀 교육

유대교에 원죄사상이 없는 이유

창조 마지막 날에 하느님은 최초의 인간인 아담을 창조하셨다. '아담'은 히브리어로 인간이라는 뜻이다. 성경에서 하느님이 처음으로 '좋지 않은 것'으로 규정하신 것이 무엇일까? 바로 아담이 '혼자 있는 것'이었다. "아담이 혼자 있는 것이 좋지 않으니, 그의 일을 거들 짝을 만들어주리라."(창세기 2:18) 그래서 아담의 몸에서 갈비뼈 하나를 떼어내시어 그것으로 이브를 만드셨다.

성경에 나오는 613개 율법 중 첫 계명은 무엇일까? 바로 이들에게 말씀하신 것이다. "자식을 낳고 번성하여 온 땅에 퍼져서 땅을 정복하여라."(창세기 1:28)

하느님은 아담과 이브에게 단 한 가지만을 금하시고 그들이 필요한 모든 것을 주셨다. 곧 그들에게 선악과만은 따 먹지 말라고 명하신 것이다. 그런데 약삭빠르고 말 많은 뱀이 선악과를 따 먹으면 하느님처럼 지혜롭게 된다며 이브를 꼬드긴다. "그 나무 열매를 따 먹기만 하면 너희의 눈이 밝아져서 하느님처럼 선과 악을 알게 될 줄을 하느님이 아시고 그렇게 말하신 것이다."(창세기 3:5)

잠시 망설인 뒤 이브는 선악과를 따 먹고 아담도 설득해 선악과를 따 먹게 만든다(선악과를 사과로 추정할 만한 근거는 어디에도 없다). 이에 하느님은 노하신다. 하느님이 두 사람에게 당부하신 것은 단 한 가지밖에 없었는데도 그들은 하느님 말씀을 거역했던 것이다.

하느님은 그들에게 엄한 징벌을 내리신다. 그들은 에덴동산에서 쫓겨나고, 결국에는 죽는 운명에 처하며, 더 이상 하느님으로부터 필요한 것을 받지 못하게 된다.

이제 아담은 이마에 땀을 흘리며 생계를 꾸려가야 하고, 이브는 남편의 그늘에서 살며 출산의 고통을 느껴야 했다.

전통적인 유대 주석들은 이브의 죄를 비난하지만 유대 교육자인 슈로모 바딘Shlomo Bardin은 이브가 하느님의 말씀에 복종하지 않은 이유를 멋진 비유를 들어 설명했다. "아버지가 대기업 회장인 젊은 남성과 결혼한 젊은 여성을 떠올려보자. 결혼 후 남성의 아버지는 그를 부회장 자리에 앉히고 그에게 거액의 연봉을 준다. 그런데 그의 아버지는 일을 해본 경험이 없는 그에게 어떠한 책임도 지우지 않는다. 남성은 매주 많은 돈을 받아 가지만 할 일이 없는 것이다. 얼마 지나지 않아 그의 아내는 자신이 남자가 아니라 소년과 결혼했고, 자신의 남편이 시아버지의 회사를 떠나지 않는 한 결코 남자로 성장하지 못하리란 것을 깨닫게 된다. 그래서 그녀는 남편으로 하여금 안전한 아버지의 회사를 그만두고 다른 도시로 가서 새로운 일자리를 구하게 만든다." 바딘은 "이브가 선악과를 따 먹은 것도 바로 이러한 이유 때문이다"라고 결론짓는다.

기독교 신학은 아담과 이브의 이러한 행동을 모든 인류에게 영구적인 오점을 남긴 원죄로 규명했다. 이른바 '원죄사상'이다. 사람은 태어나면서부터 모두 죄인이라는 사상이다.

하지만 유대교는 그들의 불복종을 그토록 심각하게 받아들인 적이 없다. 그들의 불복종은 반항적인 행동임에는 틀림없다. 그리고 하느님의 말씀을 거역했기에 명백한 죄이다. 하지만 그들의 이러한 죄 때문에 모든 아기가 저주받고 태어난다는 '원죄사상' 개념은 유대인 생각과는 너무나 동떨어진 것이다.

엄한 징벌에도 불구하고 아담은 900세 넘게 살았고, 아담과 이브의 자손들은 현재 세계 곳곳에서 살고 있다. 인류 전체가 이 한 쌍의 남녀에게서 비롯되었다는 창세기의 주장은 인종과 종교를 막론하고 모든 인간이 서로 형제자매라는 성경적 관점의 토대이다.＊

유대인에게 자녀 교육의 의미

이렇듯 유대교에는 아담과 이브의 불순종 죄는 인정하지만, 이 죄가 후손 대대로 이어져 내려온다는 원죄사상은 없다. 그들은 과거에 얽매이지 않는다는 말이다.

유대인에게 죄란 과거에 있지 않고 '현재'에 있다. 현실에 충실하지 않은 삶이 유대교에서는 죄다. 아담과 이브가 하느님에게 불순종한 것이 죄가 아니라, 오늘을 사는 내가 하느님에게 불순종하는 것이 죄다. 그렇다면 오늘을 사는 우리가 범하는 불순종은 구체적으로 어떤 모습인가?

인간이 하느님의 형상대로 지어졌다는 의미는 하느님이 인간에게 거는 기대가 당연히 크다는 뜻이다. 그래서 유대교에서는 하느님의

＊ 조셉 텔루슈킨 지음, 김무겸 옮김, 《유대인의 상속 이야기》, 북스넛, 2014

자녀로서 합당한 삶을 살지 않는 것을 죄로 여긴다. 그래서 자기에게 주어진 삶과 가능성에 최선을 다하지 않는 '게으름'이 죄가 된다.

그리고 하느님이 주신 달란트를 찾아내 힘껏 갈고닦아 키워서 능력 있는 사람이 되어야 하는데 그렇게 하지 않아 '무능력'한 상태에서 벗어나지 않는 것도 죄가 된다.

자기가 잘할 수 있는 일, 좋아하는 일, 보람을 느낄 수 있는 일이 곧 자기의 달란트다. 이걸 찾아내어 게으름 부리지 않고 꾸준히 갈고닦아 능력 있는 사람이 되는 게 죄를 짓지 않는 길이자 하느님의 기대에 부응하는 일이다.

유대인에게 신앙이란 이렇게 자신 속에 내재된 하느님의 형상과 자신의 달란트를 찾아 자신을 발전시켜 나가려는 노력이다. 죄인으로 태어나는 게 아니라 죄의 여부는 현재 우리가 살아나가는 삶의 '선택'의 문제라는 것이 기독교와 유대교의 결정적 차이다.

유대교의 죄란 자기의 가능성에 최선을 다하지 않고 삶에 편안히 안주하려는 생각이다. 유대인 자녀 교육의 핵심이 바로 이러한 자세와 생각을 자녀에게 스스로 본을 보여 가르치는 것이다.

유대인들은 하느님이 자녀를 13세 성인식 때까지 부모에게 맡겼다고 생각한다. 그래서 그들은 자녀를 한 사람의 '온전한 유대인'으로 만들어 성인식 때 하느님께 되돌려 드려야 한다고 믿는다.

온전한 유대인이란 '유대교를 믿는 성숙한 독립적 인격체'를 뜻한다. 그래서 그들은 13세 성인식 이전까지 혼신의 힘을 다해 자녀를 '독립적이고 자립적인 인격체'로 만들어야 한다고 믿는다. 그것도 나보다는 '우리', 곧 공동체 정신을 우선하는, 이를 위해 무엇보다 공감 능력과 배려와 제대로 된 인성을 지닌 인격체로 키워내야 하는 것이다.

유대인은 자녀의 근본 소유권은 하느님에게 있기 때문에 하느님이 맡긴 아이를 하느님의 뜻에 따라 키우는 것이 부모의 의무라고 여긴다. 그러니 유대인들에게 교육은 그냥 교육이 아니다. 교육은 하느님을 섬기는 종교적 행위의 다른 이름이다. 자녀 교육이 곧 그들의 기도이자 신앙생활인 셈이다.

유대인의 자녀 교육

이 세상 모든 부모의 고민은 한결같이 '내 아이를 어떻게 잘 키울 것인가?' 하는 문제일 것이다. 그 문제의 실마리를 찾기 위해 세계적으로 성공한 많은 유대인의 자녀 교육을 살펴보면서 그 뿌리를 이루는 그들의 교육 문화를 들여다보면, 역설적이게도 유대인 자녀 교육의 목표는 성공에 있지 않았다.

유대인들은 자녀를 사회적으로 성공한 사람을 만들기 위해 노력하는 게 아니라 자녀가 '온전한 독립적인 인격체'로 성장하는 데 최선의 노력을 다한다. 자녀가 성인이 되기 위해 내려야 하는 수많은 뿌리, 이를테면 하느님에 대한 경외, 인간에 대한 사랑, 배움의 가치, 노동의 가치, 인내심, 사회성, 배려, 공감 능력 등에 대한 가치관을 부모가 적극적으로 가르친다.

궁극적으로 '나'로 사는 법이 아닌 '우리'로 사는 법, 곧 더불어 사는 법을 자녀에게 가르치고 있었다. 이를 위해 유대인 부모는 그 자신이 솔선수범하여 자녀에게 교육의 본을 보인다.

유대인에게 자녀란 하느님이 잠시 맡긴 귀한 선물이다. 13세 성인식(여아는 12세 성인식)에 자녀를 온전한 유대인으로 만들어 하느님께 되돌려 드려야 하는 것이다. 그들이 자녀 교육을 어려서부터 서두르는 이유이다. 그러다 보니 유대인 자녀 교육의 가장 큰 특징 중의 하나가 '조기교육'이다.

자녀가 성인식을 치르고 나면 부모는 자녀 교육 책임에서 벗어난다. 그 뒤로는 한 발짝 뒤로 물러나 자녀를 지켜본다. 일종의 '태만형 교육'이다. 성인식 이후의 모든 책임은 성인인 본인과 하느님에게 있다고 생각한다. 본인이 하느님과 직접 소통하기 때문이다. 그래서 유대인들은 아이가 중학교에 들어가면 자녀를 온전한 성인으로 인정하여 일체의 간섭을 하지 않고 자녀의 뜻을 존중한다.

이렇게 13세 이전에 부모와의 강력한 애착관계를 토대로 인성을 제대로 가르치면 그 뒤의 문제들, 예를 들면 중2병, 사춘기, 분노조절 장애 등은 비교적 순탄하게 진행된다. 그러면 부모는 한 발짝 떨어져 아이와의 관계를 편하게 즐길 수 있다.

유대인 자녀 교육의 힘은 요령이나 기술에 있지 않다. 곧 교육의 방법론에 있지 않고 그들의 철학과 사상에서 유래한다. 그런데 그들의 철학과 사상 대부분은 종교인 유대교로부터 기인했다. 유대인 자녀 교육의 실체와 본질을 좀 더 잘 알기 위해서는 부득이 그들의 교육 문화와 종교를 알아야 한다.

유대인 교육 문화의 또 다른 독특한 특징의 하나가 엄마와 아빠가 함께 자녀 교육에 참여하는 '부부 공동교육'이라는 점이다. 유대인 엄마는 아이가 태어나면서부터 아이와 호흡을 맞추어 자녀의 영혼을 인도한다. 아이가 말귀를 알아들으면 그때부터 성경 공부를 필두로 일상생활에 필요한 예절과 규칙을 가르친다. 하지만 엄마가 자녀를 가르치는 일이 순탄할 수만은 없다. 때로는 인내를 갖고, 때로는 기도하는 심정으로 자녀를 가르친다. 실제로 그들은 아이를 야단칠 일이 있으면 먼저 기도부터 하고 평정심을 되찾은 뒤에 아이의 이야기를 듣는다.

그럼에도 유대인 가정의 중심은 아빠다. 그들은 퇴근 후 가능한 외부 약속을 잡지 않고 집에 일찍 들어와 자녀와 함께 시간을 보낸다. 그리고 밥상머리와 베갯머리에서 자연스럽게 아이를 가르친다. 아빠들은 아무리 바빠도 아이들과 저녁식사를 같이하며 밥상에서 자녀들과 많은 대화를 한다. 일반적으로 하느님에 대한 감사와 가족 간 격려의 말로 시작해 여러 가지 관심사에 대해 이야기한다. 유대인들은 오랜 전통으로 이어져 내려온 이러한 저녁식사 문화를 당연한 것으로 여긴다. 대화와 토론을 통해 길러진 사고력과 통찰력은 자녀를 성공적인 삶으로 이끈다.

그리고 유대인 아빠는 아무리 피곤해도 아이들이 잠들기 직전 베갯머리에서 최소 15분 이상 책을 읽어주거나 이야기를 들려준다. 침대에 누운 아이에게 아빠가 다정한 음성으로 소곤소곤 책을 읽어주거나 이야기를 들려주는 동안 아이는 잠이 든다. 잠자리에서 들려주는 베갯머리 이야기는 무엇보다 풍부한 정서와 상상력을 키우게 되고 부모에 대한 애정과 신뢰를 가슴 깊이 지니게 한다.

그렇다고 유대인 부모들은 자녀에게 지적 영역의 탐구만을 고집하지는 않는다. 우리가 사는 자연을 사랑하는 법, 친구들과 어울려 노는 법, 곧 자연과 이웃과 어울려 더불어 사는 법도 가르친다. 유대인 부모들은 자녀를 사교육 현장으로 내몰지 않고 어린 시절에는 어린이답게 살도록 자유로운 환경을 만들어준다.

또한 유대인들은 자녀가 온전한 성인으로 크기 위해서는 수많은 시행착오를 거쳐야 한다는 걸 누구보다 잘 알고 있다. 그래서 아이들의 실수에 너그럽다. 이는 부모와 자식 간 '신뢰'의 지름길이다.

또 다른 중요한 점으로, 유대인은 각자 하느님으로부터 남다른 독특한 재능을 받아 태어났다는 것을 굳게 믿는다. 그래서 유대인 부모들은 아이를 부모가 바라는 형태로 이끌지 않고 먼저 아이의 재능이 무엇인지 알아내려고 한다. 이를 위해 어려서부터 아이의 지적 호기심을 부단히 자극시켜 아이가 스스로 자신의 재능을 찾게끔 도와준다. 이런 연유로 유대인 부모들은 자식이 최고가 되는 것을 바라지 않고 독특한 재능을 가진 창의적인 학생이 되기를 바란다.

많은 선생님 중에 가장 영향력 있고 위대한 선생님은 바로 부모다. 이 땅에서 부모보다 더 훌륭한 선생님은 없다. 유대인은 부모가 최고의 선생님이라는 것을 5000년의 역사를 통해 증명한 민족이다.

04 ★ 성인식이 자녀를 성숙하게 한다

사람의 아들에서 신의 아들로 태어나는 순간

유대인에게 13세가 된다는 것은 아주 특별한 의미를 가진다. 이때부터 종교적인 차원에서 성인 대접을 해준다. 이제는 하느님 앞에 오롯한 유대인이 되는 것이다. 아울러 하느님 앞에 스스로 모든 것을 책임져야 한다. 그 때문에 13세가 되는 생일 행사는 '성인식'으로 여겨져 정말 성대하게 거행된다. 개인의 일생에서 결혼식과 함께 평생 가장 중요한 날이다.

남자아이들의 성인식은 '바 미쯔바Bar Mitzvah'라고 한다. 히브리어로 '바'는 '아들', '미쯔바'는 '계명'을 의미한다. 곧 '계명에 따라 사는 아들', 곧 신의 아들이라는 뜻이다. 이 행사를 마치면 종교적으로 '책임 있는 사람, 즉 완전한 성인'이 되는 것이다. 예전에는 유대인 남자아이만 성인식을 했는데 요새는 여자아이들도 성인식을 한다. 여자아이는 초경이 있는 즈음의 생일날인 만 12세에 성인식을 갖는데, 여자는 남자보다 성장이 빠르다 하여 남자보다 한 살 먼저 식을 올린다. 이전까지는 한 집안의 아들·딸이었으나 이제부터는 신의 아들, 신의 딸이 되는 것이다.

성인식이 갖는 의미, 섬김을 배운다

성대한 성인식은 유대인 청소년들에게 하느님과 계약을 맺는다는 아주 중요한 의미가 있다. 이전까지는 그의 삶이 부모님을 통해 하느님과 관계를 맺었으나, 이제 하느님과 직접 계약을 맺고 살아가는 존재가 되는 것이다. 스스로 하느님의 계명을 지킬 줄 알아야 한다. 자신의 종교적인 행동에 책임을 져야 한다. 이는 청소년 시기에 이미 하느님이 자신의 삶에 개입하고 있다는 사실을 인식하게 한다. 하느님과의 계약을 지켜나갈 것을 다짐하는 순간인 것이다.

더불어 이제부터는 부모에게 의지하지 않고 독립하여 모든 것을 스스로 판단하고 결정해야 하는 성인임을 깨닫게 한다. 당연히 이제부터는 성인으로서 결혼이 가능하다. 그리고 성인이 됨과 동시에 자기의 평생직업을 선택할 수 있다. 인생관과 직업관을 세우는 것이다. 유대인들의 종교관에 의하면 사람 영혼의 세계에는 여러 층이 있는데 '네샤마neshamah'라 불리는 영혼의 세계는 13세부터 시작되고 이때부터 사람이 지각 있는 판단력을 지닐 수 있다고 한다.

미국에 사는 유대인의 경우 성인식 이전 1년 동안 현대 히브리어를 집중적으로 공부하며 히브리어로 많은 유대 문학작품을 읽는다. 랍비는 성인식을 준비하는 청소년에게 "왜 공부하지?", "공부해서 무엇을 하려고?"라는 질문을 한다. 그리고 성인식을 하는 날에는 많은 어른과 친구들 앞에서 랍비의 이런 질문에 대한 자신의 답을 글로 작성하여 발표한다. 학습 동기, 인생의 목적이 13세에 만들어지는 것이다.

유대인 청소년은 성인식을 행함으로써 비로소 유대인 공동체의 일원이 된다. 그는 공동체를 대표하여 성경을 봉독할 수 있으며 회중을 대표하여 대표 기도도 할 수 있다.

성인식 행사

유대 전통에 의하면 성인식은 만 13세가 된 그다음 날 하는 것이
원칙이나 보통 성인식이 끼어 있는 해당 주간의 안식일(샤밧)을 성인
식 날로 잡는다. 먼저 당일 성인식을 맞는 소년은 토라 두루마리를
펴고 두루마리 위로 축복문을 낭송한다. 이어 선지서 가운데 한 부
분을 히브리어로 큰 소리로 읽는다. 회중 앞에서 토라를 공식적으로
읽는다는 것은 유대인들에게는 특별한 축복으로 여겨져 왔다. 그러
므로 토라를 편 후 먼저 축복문을 낭송함으로써 그 특권을 행사하
게 한다. 이 관습은 유대인의 문맹 퇴치에 크게 기여했다. 유대인 남
자들이 고대로부터 모두 글을 아는 것은 성인식 때 토라의 한 부분
을 읽어야만 했기 때문이다.

낭송이 끝나면 부모는 아이의 말을 바로 받아 다음과 같이 화답한
다. "이 아이에 대한 책임을 면하게 해주신 하느님께 축복이 있기를."
이같이 선포함으로써 부모는 더 이상 아이의 종교적 잘못에 대해 연
대책임이 없다는 것을 공적으로 증인들 앞에서 선포한다. 이는 앞으
로의 모든 종교적 잘못에 대한 책임은 성인식을 하는 본인 스스로 진
다는 선포이기도 하다. 비록 13세 소년이지만 더 이상 부모에게 예속
되지 않고, 스스로 독립적인 종교인이자 성인이 됨을 인정받는 시간
이다.

다음 순서는 소년이 말씀을 강론하는 '드라샤'이다. 소년은 성인
식 전에 미리 준비한 유대 율법 중 한 가지 논제를 정하여 이날 친지

들이 보는 앞에서 강론한다. 중세 독일 유대인들은 성인식 다음에 따로 드리는 예배시간에 성인이 된 소년에게 설교를 하게 했다. 오늘날도 대부분의 유대인은 오후 예배시간에 성인이 된 소년으로 하여금 설교하게 하는 전통을 고수한다. 지난 1년 동안 설교하는 방법을 배웠기 때문에 유대인 청소년들은 대중 앞에서 논리정연하게 말을 잘한다.

드라샤가 끝나면 성대한 음식을 함께 나누는 축제의 시간을 갖는다. 이때 주위 친지들과 이웃들은 한 사람의 온전한 유대인이 탄생한 것을 기뻐하며, 소년을 이스라엘 총회(클랄 이스라엘)의 회원으로 맞이한다. 이렇게 성인식을 통해 이스라엘 계약 공동체에 한 사람의 회원이 추가된다.

세 가지 선물

성인식을 하는 날 소년·소녀는 부모와 하객들로부터 세 가지 선물을 받는다. 성경책, 손목시계, 그리고 축의금이다. 성경을 받는 이유는 이제부터 부모의 중간 역할 없이 신과 직접 독대해야 하는 존재, 즉 신 앞에 부끄럽지 않은 책임 있는 인간으로 살겠다는 뜻이다. 시계는 약속을 잘 지키고 시간을 소중히 아껴 쓰라는 의미로 준다. 유대인의 법전이라 할 수 있는 탈무드에도 13세는 성경의 가르침대로 살아가기 시작하는 나이이고, 18세는 결혼 적령기이며, 20세는 자신을 경제적으로 책임질 수 있는 나이라 하였다.

이렇듯 성인식은 유대인에게는 각별한 의미가 있다. 주위 사람들은 이 각별한 의미를 축의금으로 축하해준다. 하객 축의금은 부모가 갖지 않고 전부 아이의 재테크 통장에 넣어준다. 일반적으로 주식과 채권 그리고 정기예금에 나누어 묻어둔다. 벌써 포트폴리오를 배우는 것이다. 이 돈은 훗날 아이가 부모 품을 떠나는 18세까지 손을 대지 않는다. 부모와 하객의 신분에 따라 축의금 액수는 차이가 많지만, 수백 명의 손님들은 보통 200~300달러의 축의금을 가지고 온다. 일가친지들은 좀 더 많은 돈을 낸다. 이때 집안 어른들은 마치 유산을 물려주듯 많은 돈을 건넨다. 이날의 축의금은 모두 성인이 되는 주인공 몫이다. 성인식에서 모인 돈은 수만 달러에서 수십만 달러에 이른다. 행사비를 치르고 남는 돈은 미래를 위해 저축했다가 사회에 진출할 때 독립의 종잣돈으로 이용한다.

성인식이 끝난 후 1년간은 '계약의 아들(벤 비쯔바)'라고 불리며 성인이 되는 훈련기간을 갖는다. 그는 이제부터 예배 끝을 마감하는 찬양을 인도할 수 있으며 토라를 묶거나 법궤 안에 소장할 수도 있다. 월요일과 목요일에 토라를 읽을 수도 있으며 헌금위원으로 봉사할 수도 있다. 이러한 훈련을 통해 1년이 지나면 자유롭게 예배를 도울 수 있는 예배 조력자가 된다.

특히 이 기간에 사회봉사 훈련을 강하게 받는다. 병원을 방문해 병자나 노인들을 돌보아야 한다. 무료로 어린이들에게 히브리어나 다른 언어를 가르치는 것이 권장된다. 교도소 방문이나 양로원 방문 등도 권장된다. 또 사회봉사 단체에서 자원봉사자로 섬겨야 한다. 이러한 봉사를 통해 그들은 사회를 배울 뿐 아니라 사회를 섬기는 법을 배운다. 이 기간에 하느님과 계약을 직접 맺은 사람이 어떻게 세상을 섬기며 살아나가야 하는가를 구체적으로 훈련받는다.

'밥벌이'와 '돈벌이'의 차이

여기서 중요한 것이 이들은 13세부터 경제 마인드를 가지고 독립적으로 재테크를 하기 시작한다는 점이다. 성인식 때 받은 돈이 대학을 졸업하고 사회에 나갈 무렵이면 몇 곱절로 불어나 있다. 평균적인 유대인은 그때쯤이면 우리 돈으로 따져 몇억 원씩 갖고 출발한다. 이렇듯 그들은 처음부터 '돈이란 버는 것이 아니라 불리는 것'이라는 것을 금융투자 실전을 통해 배운다. 그리고 평생 어떻게 버느냐보다는 어떻게 불리느냐로 씨름을 한다.

우리가 평균적으로 20대 후반에 직장생활을 시작하여 생활과 자녀 교육을 위해 '밥벌이'를 할 때, 그들은 사회생활 시작 전부터 저축과 재테크 교육을 받으며 돈을 불리는 '돈벌이'를 한다. 그리고 우리가 은퇴 이후를 의식하여 40~50대가 되어서야 재테크에 눈뜨기 시작할 때, 그들은 이미 청소년기부터 금융 마인드로 무장되어 세상을 사는 것이다. 유대인들의 세계적인 경제 파워는 이렇게 어려서부터 훈련받은 결과이다. 무서운 차이이자 경쟁력이다.

성인식 후 1년 성인훈련

성인식 후 1년이 아주 중요하다. 이 기간 소년은 성인훈련을 받는다. 유대인에게 성인이란 온전한 유대교 신앙을 지키며, 그 신앙을 바탕으로 사회에 봉사할 수 있는 사람을 뜻한다. 그에게는 매주 금요일 저녁과 토요일 아침 예배에 참석해야 하는 의무가 있다.

공동체 정신의 함양, 단결력 키우는 유대인 교육

미국의 경우, 유대인 교육기관은 크게 3종류가 있다. 유대인 정규학교, 시너고그 부속학교, 유대 민족 캠프가 그것이다. 이 학교들이 유대인의 정체성 교육과 유대인들 간의 공동체 의식을 함양시키는 중요한 역할을 한다.

미국 내 유대인 정규학교는 약 800개 정도 있으며 여기 유대인 학생 수가 약 21만 명에 달한다. 유대인 학교에 다니지 않는 학생이라도 방과 후에는 시너고그 부속학교에 가서 히브리 교육을 받는다. 그리

고 방학 때는 대부분 유대 민족 캠프에 들어가 기숙하면서 공동체 의식을 함양한다. 유대인들의 단결력이 유난히 강한 이유는 여기에 있다.

유대인 고리론, 나보다는 우리를 강조

이스라엘 어린이들은 어디를 가나 4~5명이 그룹을 이루어 활동한다. 따라서 여럿이 하는 또래 놀이에 익숙하며 상호작용을 통해 자연스레 사회성을 기른다. 유대인 교육은 스스로 생각하는 어린이, 말하

기를 겁내지 않는 어린이로 기르는 것, 그리고 가르치기보다는 직접 깨닫게 하는 것을 표방한다. 이렇게 훈련받은 유대인들은 어려서부터 공동체 의식이 자연스레 몸에 밴다.

탈무드에는 "아무리 길고 훌륭한 쇠사슬이라도 한 개만 부러지면 무용지물이 된다"라는 말이 있다. 유대인들은 어려서부터 이 '고리론'으로 공동체 의식을 강조한다. 곧 고리는 아무리 길어도 한 개만 끊어지면 사용할 수 없는 것처럼 나 하나가 아니고 동족이 다 같이 잘살아야 한다는 것이다.

이는 유대 신앙이 강조하는 생활 철칙으로 유대인들은 서로에 대해 책임을 지고 있다는 의미다. 전 세계에 뿔뿔이 흩어져 있어도 유대인이라는 대가족으로 뭉쳐져 있다는 뜻도 내포하고 있다. 이러한 정신은 고대로부터 전래되어 온 디아스포라 수칙에서부터 유래되었다.

유대인은 모두 한 형제다: 디아스포라 수칙

유대인은 '우리는 모두 한 형제다'라는 의식이 강하다. 그들은 고대로부터 이를 하느님의 명령으로 받아들인다.

로마 시대 이산 이후 유대인 현인들은 사방에 흩어진 종족들을 보존시키고, 더 나아가 종교적 동일성과 민족적 동질성을 유지시킬 방법을 찾는다. 그 결과 그들은 디아스포라 수칙과 커뮤니티 조직에 대한 규정을 제정하고, 모든 유대인 커뮤니티는 이것을 준수하도록 했다.

이 수칙에는 일곱 가지 중요한 규정이 있다.

첫째, 유대인이 노예로 끌려가면 인근 유대인 사회에서 7년 안에 몸값을 지불하고 찾아와야 한다.

둘째, 기도문과 토라 독회를 일률화하여 통일한다.

셋째, 13세를 넘은 남자 성인이 10명 이상 있으면 반드시 종교집회를 갖는다.

넷째, 남자 성인 120명이 넘는 커뮤니티는 독자적인 유대인 사회 센터를 만들고 유대법을 준수해야 한다.

다섯째, 유대인 사회는 독자적인 세금제도를 만들어 거주 국가의 재정적인 부담을 받지 않도록 한다. 그리고 비상시에 쓸 예금을 비축해둔다.

여섯째, 자녀 교육을 하지 못할 정도로 가난한 유대인을 방치하는 유대인 사회는 유대 율법에 위반된다. 유대인이면 누구든 유대인 사회에 도움을 청하고 받을 권리가 있다.

일곱째, 유대인 사회는 독자적인 유대인 자녀들의 교육기관을 만들어 유지하고 경영할 의무가 있다. 가난한 유대인 가정의 아이들을 무료로 교육시키고, 인재 양성을 위한 장학제도를 운영한다.

이러한 수칙은 기원전부터 만들어져 그들의 정신과 몸에 체화되어 이어져 내려왔다. 수칙의 주요 요점은 '모든 유대인은 그의 형제들을 지키는 보호자이고, 유대인은 모두 한 형제다'라는 것이다.

이러한 유대인 고유의 공동체 의식이 유대 사회를 발전시켰다. 그리고 세계 각지의 디아스포라를 하나로 묶어놓았다. 이러한 공동체의 협동심으로 역사의 굽이굽이에서 살아남을 수 있었으며 더 나아가 세계 경제를 이끌 수 있었다. 이 원칙들은 시대에 따른 개혁을 거쳐 오늘날까지 굳건히 이어지고 있다. 유대인이 강한 이유 중의 하나다.

06 ★ 공동체 자본주의와 완벽한 복지제도

유대인만큼 복지제도가 잘되어 있는 민족은 없다. 극도의 자본주의 정점에 있는 유대인들이 역설적으로 최상의 사회주의 시스템을 갖추고 있다. 그들의 율법 덕분이다. 유대인은 고대로부터 나눔과 평등사상을 실천해왔다. 성서 시대부터 수입의 10분의 1에서 5분의 1을 가난한 사람을 위해 성전에 내는 것을 의무화했다. 그리고 그들의 율법은 자기 동족을 의무적으로 돌보도록 명시하고 있다. 율법정신의 최고 목적은 약자를 돌보는 정의의 실현에 있다.

가족과 동족 중심의 비즈니스

유대인들은 비즈니스에서 가족이 똘똘 뭉친다. 그리고 원거리 장사나 무역도 동족끼리 하고 있다. 유대인은 하는 일이 조금이라도 성공하면 먼저 자기 형제를 참여시키고, 다시 더 성공하면 그 밖의 다른 형제들까지 데려와 가족의 연결을 중요시하고 있다.

유대인은 가족을 중시하는 동시에 민족을 대가족처럼 생각하는 민족이다. 민족을 하나의 대가족처럼 생각하는 것은 비즈니스를 하는 데 대단히 유리하다. 이 의식은 전 세계 유대인 비즈니스맨을 즉시 협력관계로 합심하게 만든다. 유대인은 신앙 공동체이자 가족 공동체 속에 살고 있다. 하나는 자기 가족이고, 또 하나는 민족이라는 대

가족이다.

유대인에게 자선은 선택이 아닌 의무

유대인들에게는 좋은 관습이 하나 있는데 가난한 자를 위한 구호의 관습이다. 유대인들의 서로 돕기와 혈족의식은 오랜 전통 유지와 동질성이 가져온 것이다. 한마디로 유대인은 스스로 동족을 돕는다.

히브리어에는 '자선'이라는 말이 없다. 가장 비슷한 말로 '해야 할 당연한 행위'란 뜻의 '체다카tsedaqah'라는 낱말이 있다. 이는 '정의' 또는 '의로움'에 더 가까운 뜻이다. 곧 '자선'과 '정의'라는 말이 같은 셈이다. 율법의 정신이 바로 정의이고 정의는 약한 자를 보살피는 것이다. 곧 자선은 선택이 아닌 신의 계율에 따른 '의무'인 것이다.

또 자비와 비슷한 말로는 히브리어로 '케세드chesed'라는 낱말이 있다. 이건 굉장히 풍요롭고 심오한 단어다. '케세드'는 동정이나 연민 등 공감 능력을 뜻한다. 상대방의 아픔을 나의 아픔으로 느끼는 힘이다. 동양에서 이야기하는 측은지심, 곧 자비심이다. 유대교에는 유대인이 하느님과 관계를 개선하는 방법이 세 가지라고 가르친다. '회개', '기도', '자선'이 그것이다. 자선이 중요한 종교 행위의 하나인 것이다. 이러한 종교적 의무 말고도 자선에 대한 여러 가지 관습과 제도가 있어 이를 당연한 나눔으로 여긴다. 유대인은 가장 먼저 자선을 제도화한 민족이다.

자선은 하느님의 정의이자 하느님의 사랑 행위다. 따라서 유대인에게 가난한 사람을 돕는 일은 지난날 신전에 희생물을 바치던 것에 대신하는 일로서, 하느님에게 감사를 표하는 한 수단이다. 경건한 유대인은 의무적인 최소액 이상을 내놓곤 했다. 그래서 생활이 넉넉한 이는 수입의 5분의 1을 드렸고, 보통 가정은 10분의 1을 드렸다.

이러한 종교적 의무 말고도 자선에 대한 여러 가지 관습과 제도가 있어 이를 당연한 나눔으로 여긴다. 유대인의 기부는 유대 회당에서만 하는 게 아니다. 늘 생활 속에 함께한다. 일례로 장사하는 사람은 가게가 끝날 때쯤 가게 앞에 일정량의 상품을 봉지에 싸서 내놓는다. 가난한 사람들이 들고 가기 편하게 하기 위해서다. 밭에서 수확할 때에는 구석의 일부를 남겨놓았다. 그리고 땅에 떨어진 과일이나 이삭은 그냥 내버려두어 가난한 사람이나 피난민들이 자유롭게 주워 갈 수 있도록 했다.

유대인 복지 공동체의 구심점, 쿠파

성전 시대 이래로 유대인 공동체에는 무료 숙박소가 있었다. 그뿐만 아니라 유대 회당 어느 곳이나 '쿠파kuppah'라 불리는 모금함이 있다. 이는 가난한 유대인을 지원하기 위한 모금함으로, 유대인의 복지 공동체가 축으로 삼는 구심점이다. 유대인이면 누구나 쿠파에서 일주일치 생활비를 가져갈 수 있는 권리가 있다. 최소한 유대인들은 고대로부터 의식주 걱정으로부터는 해방되었다.

자발적인 기부뿐만이 아니다. 회당에는 구호금 접수원이 있어서 매주 금요일 아침이면 시장과 일반 가정을 돌아다니며, 구호금이나 구호품을 거두어 가는 사람들이 있었다. 모인 것은 당일에 나누어 주었다. 일시적으로 구호가 필요한 사람은 위급을 면할 만큼 충분히 받고, 영구 구호가 요구되는 사람들에게는 하루에 두 끼씩 일주일, 즉

14끼니를 지낼 수 있을 만큼 받았다. 이 구호기금을 쿠파, 곧 '광주리 기금'이라고 불렀다.

가난한 학생의 공부를 책임지는 공동체

이렇게 유대인 커뮤니티에서 가난한 유대인은 구호를 받을 수 있는 '권리'가 있다. 이로써 성전 시대 이래로 유대인 공동체에는 최소한 돈이 없어 굶어 죽거나 의료에서 소외되는 문제는 없다. 쿠파를 통해 모금된 돈은 음식뿐 아니라 의복, 학교, 장례 등 가난한 사람들을 위한 복지에 쓰인다. 이후 유대인들은 의식주 걱정에서 완전히 해방되었다.

또한 공동체는 배움을 희망하는 가난한 유대인 학생에게 그가 원하는 과정까지 공부를 시켜주어야 할 책임이 있었다. 인류 최초로 온전한 공동체 복지제도가 시현된 것이다. 지금도 이러한 복지제도를 자발적으로 유지하는 민족은 유대 민족뿐이다.

계율에 따라 강제적이기도 한 모금

쿠파에 의한 모금은 자발적인 기부이지만, 유대인 계율에 따라 강제적이기도 했다. 지급 능력이 있는 유대인이라면 그가 거주하는 지역사회의 유대인 공동체에 있는 쿠파에 한 달에 한 차례 의무적으로 기부해야 한다. 마찬가지로 3개월 뒤에는 음식기금에, 6개월 뒤에는 의복기금에, 9개월 뒤에는 장례기금에 기부해야 한다. 유대인의 기부는 동족에게만 국한되지 않는다. 이방인을 위한 구호 모집도 있다. 이방인 긴급 구호자들을 위한 매일 구호 모집이 있었다. 이것은 탐후이

^{tamhui}, 즉 '쟁반기금'이라고 불렀다. 대체로 동족을 구제하는 사업을 '쿠파'라고 했고, 다른 민족을 구제하는 것을 '탐후'이라고 하였다.

유대의 법에 의하면 시혜가 의무여서 그들은 헌금하지 않는 사람들에게서 소유물을 압수할 수 있었다. 또 복지금의 지급은 세부적으로 등급화하여 그 각각에 대해 독자적인 기금과 관리기구가 있었다. 가난한 사람들을 위해 의류, 학교교육, 결혼 지참금, 유월절 음식물과 포도주, 고아, 노인, 병자, 장례와 매장, 수감자와 난민 등으로 나누어 관리하였다. '각자의 능력에 따라 모으고, 각자의 필요에 따라 배분한다'는 정신에 따라 설사 공동체 자체가 어려움에 처해 있는 경우라도 복지 시스템은 언제나 가동됐다. 일종의 공산주의 시스템이다. 오늘날 이스라엘의 키부츠(집단농장)는 이러한 정신을 이어받은 것이다.

유대인, 가난을 혐오하다

하지만 가난한 유대인조차도 복지기금에만 의존하는 일은 혐오했다. 성서, 미슈나, 탈무드에는 노동을 해서 재정적으로 독립하라고 명한 규정이 많다. 식후의 감사기도에서 "아버지 하느님, 우리가 산 사람의 도움을 필요로 하지 않고 오직 하느님의 손만을 의지할 수 있기를 간청하나이다. … 당신의 손은 풍성하고 활짝 열렸으며, 넘치고도 거룩하오니, 우리를 부끄럽지 않게 하시옵소서" 하고 기도한다. "만일 필요하다면 저잣거리에서 동물 주검의 가죽을 벗기고 보수를 받아라. '나는 위대한 현자다. 이런 일을 한다는 것은 내 위신에 걸리는 일이다'라고 말해서는 안 된다"고 랍비들은 가르쳤다.

유대교는 다른 종교와 달리 청빈을 덕목으로 삼지 않는다. 오히려 유대주의는 오랫동안 가난을 일종의 저주로 여겨왔다. "만일 세상의 모든 괴로움과 고통을 모아서 저울 한쪽에 올려놓고 가난을 다른 쪽에 올려놓는다면, 가난이 그 모든 것보다도 더 무겁다." 빵 바구니가 비어 있으면, 불화가 찾아와 문을 두드린다는 것이다.

사업자금을 지원하는 무이자 대부제도

또한 성공한 유대인 기업가들은 모임을 만들고 단체를 조직해 다른 유대인을 돕기 위한 아이디어를 제공하고 기금을 조성한다. 오래전부터 그들 사회에는 가난한 동포를 돕는 '무이자 대부제도'가 있었다. 사업을 시작하려고 하는 사람이나, 실패해서 다시 재기하려는 사람에게 자금조달은 지극히 절실한 문제다. 그런 면에서 사업자금을 무이자로 대부하는 제도가 역사적으로 유대인 사회에 존재했다는 사실은 매우 특기할 만하다. 유대인의 성공은 이러한 제도적 뒷받침이 있었기에 가능했던 것이다.

대표적인 사례가 18세기부터 유럽에서 있었던 '헤브라이인 무이자 대부협회'다. 이러한 전통은 유대인들이 미국에 이민 가서도 계속되고 있다. 성공한 유대인들은 기부금을 내는 걸 당연하게 생각한다. 보통 1만 달러에서 50만 달러까지가 절반 정도 된다. 500만 달러가 넘는 금액도 흔하다. 이런 모금단체를 비롯하여 각종 커뮤니티 조직만노 미국에 200개가 넘는다.

비슷한 시기에 미국에 이민 온 중국인이나 일본인들에게도 동포 간 자금조달을 위한 금전 상호 융통조직이나 호조회 같은 것은 있었다. 그러나 그것은 이자가 있는 융통이었다. 게다가 그들은 출자한 사람이나 돈을 빌리는 사람이나 모두 가난한 이주자들이었으나, 유대인 사회의 출자자들은 거액의 출자를 서슴지 않았던, 이미 미국 사회에서 자리 잡아 성공한 사람들이 주축이었다. 더 중요한 것은 종교색이 없는 전자에 비해 후자는 유대교의 가르침에 따라 설립된 종교적 자선단체의 일종이라는 점이다.

도움이 필요한 형제를 돕는 것은 유대교 계율

유대인들은 엄청난 금액의 기부로도 유명하다. 이것 또한 가난한 동포를 도우라는 유대교 계율에 따른 것이다. 유대인은 어릴 때부터 저금통을 갖고 있는데, 이 저금통이 모이면 자선에 쓴다. 자선의 구체적인 방법도 정해놓았다.

토라는 형제들 가운데에서 분명 필요한 사람needy person이 있다면, 그가 필요한 만큼enough for his lack 주어야 할 것이라고 규정해놓았다. 가난한 사람이 아닌 필요한 사람은 세상 어디에나 있다. 그러나 통상적인 자선은 소득의 5분의 1이나 10분의 1까지로 제한해 자신의 주제를 망각한 채 많은 돈을 자선하는 것은 금하고 있다.

동포를 돕는 방법은 금전뿐이 아니다. 가난한 유대인 자제가 공부를 계속하기 원하면 공동체는 그 아이의 공부를 책임져주어야 한다. 유대인들은 유아원부터 시작해서 성인이 될 때까지 다양한 유대 교육기관과 단체에 가입해 교육을 받을 뿐만 아니라 인맥을 쌓는다. 이 안에서 성장할 수 있는 정보와 기회를 서로 제공하고 세계 각국의 유대인들과도 연대하여 강력한 유대인 네트워크를 만들어가는 것이다. 유대인이라는 것 하나로 뭉치고 서로 돕는 그들의 단결력이 바로 유대인의 힘이다.

이러한 단결력은 유대인 공동체의 '비드온 슈바임Pidyon Shevuyim'이라는 제도로부터 기인한다. 고대로부터 유대인들은 부자라는 인식이 팽배해서 납치의 주 대상이 되었다. 이 경우 유대인 공동체는 어떠한 일이 있어도 그들의 몸값을 지불하고 동족을 구해냈다. 그 때문에 납치단에게는 더더욱 인기가 있었다. 비드온 슈바임이란 히브리어로 '사로잡힌 자를 사 오다'란 뜻으로 곤경에 처한 동족을 구하기 위한 의무적인 헌금제도이다. 이러한 연유로 유대인 납치 사업은 중세에 300년 동안이나 계속되었다.

비드온 슈바임 제도에 대해 잘 알고 있었던 나치는 헝가리계 유대인 10만 명과 화물자동차 1만 대와 맞바꾸자는 제안을 한 적도 있다고 한다. 전 세계 유대인들은 다른 나라 사람들이 눈치채지 못하게 조용히 모금운동을 벌였으나 끝내 흥정에는 성공하지 못했다 한다. 지금도 멕시코 같은 경우 유대인 납치가 마피아의 가장 유망한 사업 중의 하나이다. 이렇듯 유대인은 자신의 민족을 따로 떨어진 개개인의 덩어리가 아닌 한 덩어리로 여기는 공동체 정신이 강한 민족이다.

07★   삶의 지혜서, 탈무드

구전율법에 후대의 해석을 덧붙인 게 바로 탈무드

유대인에게 율법은 두 가지 종류가 있다. 하나는 글로 쓰인 '성문율법'이요, 또 다른 하나는 말로 전해져 내려오는 '구전율법'이다. 둘 다 모세가 시나이 산에서 하느님께 받은 가르침이나 하나는 글로 쓰여 '토라'로 남겨졌고, 또 다른 방대한 내용은 미처 글로 쓰이지 못하고 구전으로 전해져 내려온 것이다.

이 구전율법을 '미쉬나'라 부르는데 후대의 해석인 '게마라'를 덧붙인 게 바로 탈무드이다. '위대한 연구'라는 의미의 탈무드는 나라 잃은 유대 민족에게 정신적 지주가 되어온 생활규범이다.

유대인들은 토라가 절대적인 하느님의 가르침이라고 믿는다. 그러나 토라의 오묘한 진리를 더 깊이 연구하고 해석하고 터득하는 것은 사람들이 해야 할 몫으로 하느님이 남겨놓았다고 생각한다. 그래서 토라를 '쓰여진 율법'이라고 부르는 반면, 그 연구에서 비롯된 해석인 탈무드를 '구술된 율법'이라고 부른다. 토라는 이미 기록되어 있어 변경이 불가능한 반면, 그 해석인 탈무드는 시대 상황과 연구에 따라 해석이 달라질 수 있다는 뜻이기도 하다.

방대한 양의 구전율법을 집대성한 '미쉬나'

미쉬나는 '반복, 거듭'이라는 뜻이다. 이는 구전율법이 주로 암기되고, 그 요점이 거듭되어 암송되었기 때문이다. 유대인들은 200년경에 성문화되지 않은 방대한 양의 구전율법을 집대성한 '미쉬나'라는 모음집을 만들었다. 미쉬나는 세 부분으로 구성된다. 모세오경을 해석하는 방법으로 율법의 핵심을 설명하는 '미드라쉬'가 있고, 각종 율법과 규례의 모음집인 '할라카'와, 설교로서 율법을 알기 쉽게 설명한 일화와 전설들의 모음집인 '아가다'로 구성되어 있다. 미드라쉬는 후에 연구를 더하여 따로 발전하였다.

'미쉬나' 속에는 성서 토라와 구전토라를 어떻게 배우고 가르치고 행해야 하는지 등의 기본자세를 가르치는 현자들의 가르침도 들어있는데(제4부 9편), 이를 '피르케이 아보트'라고 한다. 선조들의 어록이라는 뜻이다. 이는 기원전 300여 년부터 서기 200년까지 유대교 현자들이 남긴 교훈을 채록한 것으로, 유대교 문헌 가운데 가장 아름다운 책이며 유대교의 정수이고 근본이라 한다. 이 책의 요지는 토라 공부를 통해 하느님의 지혜를 얻을 수 있으며, 하느님의 길을 걷는데 게을리하지 않게 되며, 또한 토라 공부는 바로 예배의 연속이며 구원의 길임을 밝힌 것이다.

유대인들은 성문토라뿐만 아니라 구전토라도 하느님의 말씀으로 인정한다. 구전토라의 도움 없이는 성문토라가 해석될 수 없

⁜ 유대인 랍비

기 때문이다. 유대인에게 토라는 생명의 근원일 뿐 아니라 교육의 근원이다. 하느님을 배운다는 것은 지혜의 근원자를 배우는 것이기에 토라를 통해 세계와 우주를 얻는 길이라고 믿는다.

종교의 황금률

그런데 토라, 곧 율법을 한 번 읽어보는 것도 만만치 않은데, 하물며 그것을 읽고 일일이 그 의미를 새김질하며 음미해보는 것은 일반인에게는 거의 불가능할 정도다. 이에 대해 유대인들이 자주 되새기는 말이 있다. 기원전 1세기의 유명한 랍비 힐레는 토라를 간단히 요약해달라고 하자 "너희가 남에게서 받기 싫어하는 일은 결코 남에게 하지 말라는 가르침"이라고 했다. 그 밖의 다른 모든 해설은 이 말의 부연 설명에 지나지 않는다고 하였다. 유대인 경전에도 이와 비슷한 이야기가 있다. "다른 사람의 마음을 불편하게 하는 사람은 하느님 마음을 불편하게 하는 것이다." 그리고 랍비 요차난도 비슷한 이야기를 하였다. "착한 마음씨다. 그 이상도 그 이하도 아니다."

이러한 종교의 황금률은 세계의 거의 모든 종교에서 공통적으로 발견되는 현상이다. 황금

❖ 세계 종교의 황금률

률^{黃金律}, The Golden Rule이란 그야말로 금쪽같은 으뜸 진리를 말한다. 이 세상 많은 진리 가운데 진정 최상이라 할 수 있는 진리를 가리킨다.

불교는 "내게 해로운 것으로 남에게 상처 주지 마라"고 하였다(우다나폼). 유교에서 공자는 "너 자신이 원하지 않는 바를 다른 사람에게도 행하지 말라"고 하였다. 이슬람교는 "나를 위하는 만큼 남을 위하지 않는 사람은 신앙인이 아니다"고 하였다(코란). 이와 같은 내용은 기독교의 황금률에서도 발견된다. "너희는 남에게서 바라는 대로 남에게 해주어라."(루가의 복음서 6:31) 이것은 철학에서도 인간관계의 황금률로 제시되었다. 칸트는 이것을 "네 의지의 행위 원칙이 보편적 입법의 원리에 타당하도록 행위하라"는 정언명령의 형태로 세속화하였다.

탈무드

구전토라, 곧 '미쉬나'가 발전한 것이 탈무드다. 탈무드는 세계 곳곳에 흩어져 있는 디아스포라 유대인들의 종교적 지침과 민족적 동질성을 지켜주기 위해 만들어졌다. 제1차 이산 이후, 세계 곳곳에 흩어져 있는 유대인 젊은이들에게 밀려오는 외래 문화와 헬레니즘 문화를 바르게 소화하기 위해서는 율법도 시대에 맞게 변해야 한다고 유대 원로들은 생각했다.

하지만 유대 민족의 선지자였던 에즈라와 느헤미아가 모세오경은 일점일획도 고쳐져서는 안 된다고 이미 못 박아두었던 터라, 묘안을 찾는 데 골몰하였다. 이때 거론된 것이 바빌로니아 이산 당시에 사용했던 학습서 격인 미드라쉬(성서주해)에 관한 이야기였다. 율법을 건드리지 않고도 율법을 이야기할 수 있는 방법은 새로운 학습서를 만드는 것이었다. 이로써 탄생한 것이 탈무드다.

탈무드는 원로 랍비들이 후손들을 깨우쳐주기 위해 기원전 500년부터 기원후 500년까지 약 1000년 동안의 유대 현인들의 말과 글을 모아놓은 지혜서의 일종이다. 이렇듯 탈무드는 사실 1000년 동안 설계된 책인 셈이다. 성경을 보완해주는 보조서이자 유대 교육의 중심서이다. 앞서 언급했듯 탈무드는 히브리어로 '위대한 연구'라는 의미다. 이것은 농사절기, 축제, 여자와 가정, 시민법, 성결, 의식법 등 여섯 항목으로 구성되어 있고 총 63권의 방대한 양을 자랑한다. 탈무드는 책이라기보다는 엄격히 말하면 '학문'이라고 해야 옳을 것이다. 그것도 '위대한' 학문이다.

탈무드의 3대 가르침

유대인에게 탈무드 교육은 성서 공부를 도와 하느님과 가까이 되는 길을 가르치는 것이다. 탈무드는 인생에서 세 가지 원리를 가르친다. '토라의 연구', '하느님 사역에의 참여', '자비와 선행의 실천'이 그것이다. 이를 실천하기 위한 배움과 지혜에 대한 사랑은 유대인들의 생활과 신앙을 이루는 주된 내용이자 사명이다.

실제로 탈무드의 특징은 많은 부분이 주입식 지식교육이 아닌 스스로 연구하여 지혜를 깨우치도록 짜여 있다. 획일적인 해답을 가르쳐주기보다는 여러 시각으로 사물을 볼 수 있도록 논쟁거리를 제공한다. 대답보다는 의문을 품어 질문하도록 유도한다. 창의성 계발에 주안점을 두고 있는 셈이다.

유대인들이 하느님께 받은 은사 가운데 하나이자 탈무드를 공부해가면서 키우는 능력이 합리적인 비판 능력이다. 교육이란 타인의 주장으로부터 자신을 해방시키는 데 목적이 있다고 가르친다. 그들의 비판 능력은 합리성의 원천이었다. 어려서부터 탈무드를 공부해온 유대인의 비판 능력과 창의성은 탈무드의 영향이 크다.

유대인은 평생 토라와 탈무드를 공부하고 연구하며 그 속에서 살고 있다. 평생교육인 것이다. 그들 신앙의 근원이자 삶의 등대이며 지혜의 원천이다. 이러한 민족의 집단 지식인화와 지성화는 신앙의 고양이라는 측면뿐만 아니라, 종교와 민족적 틀을 넘어서서 이성에 근거한 합리주의를 크게 고양시켰다. 또 비판의식을 증대시켜 대안을 제시하는 능력, 즉 변화와 혁신을 주도하고 뭔가 새로운 것을 찾아내는 창의적인 아이디어와 모멘텀을 제공하는 모태가 되었다.

유대인의 힘의 원천, 가정

유대인의 가정관은 남다르다. 가정을 하느님이 주신 가장 존귀한 선물로 인식하고 있다. 그들은 하느님이 아담과 이브를 만들고 가장 먼저 한 일이 둘을 결혼시켜 가정을 이루게 한 것이라 믿는다. 유대교 자체가 두 개의 큰 기둥으로 이루어져 있는데, 하나는 '가정'이고 또 다른 하나는 '배움'이다. 이러한 종교관 덕분에 유대인들은 관습적으로 가정을 지키고 가꾸어나가는 것을 가장 소중한 가치의 하나로 삼고 있다. 한마디로 삶이 종교이며 종교가 삶인 민족이다.

유대 신앙은 기본적으로 이기적 이유로 행해지는 산아제한이나 낙태에 반대한다. 자녀가 없는 가정은 축복이 없는 가정이라 생각하기 때문이다. 인간이 할 수 있는 최고의 선행은 자녀들을 많이 낳아 키우는 것이고 가정을 잘 가꾸어나가는 것이다. 유대인 율법에 따르면 모든 남녀는 최소한 두 명의 자녀를 키울 의무가 있다. 물론 산모나 태아의 건강에 문제가 있을 경우는 예외다. 그래서 아이를 낳을 수 없다면 입양을 하기도 한다.

안식일의 의미

유대인의 가장 두드러진 특징 가운데 하나가 '사바스(안식일)'를 철저히 지키는 것이다. 엿새 일하고 하루를 쉰다는 것은, 그 옛날에는 받아들이기 어려웠다. 먹을 것이 풍부하지 않았던 시절에 하루를 쉰다는 것은 곧 굶주림을 뜻했다. 더구나 노예들에게까지 적용시킨 유대인의 휴일제도는 이민족의 반발을 크게 샀다.

당시는 일주일 내내 일해도 먹고살기 힘든 때였다. 휴식의 날을 따로 정해 하루 종일 쉰다는 것은 생각조차 할 수 없었다. 하지만 유대인들은 안식일을 지켰다. 하느님의 명령이었기 때문이다. 출애굽기 20장에는 하느님께서 지키라고 주신 십계명이 등장한다. 이때 하느님은 안식일을 기억하고 지키라고 명령하신다.

안식일은 창조 기념일이다. 하느님께서 6일간 만물을 창조하시고, 제7일에 쉬셨다. 그리고 그 쉬는 날을 거룩한 날로 정하시어 축복하셨다. 이처럼 인간도 안식일에 쉬면서 육체적인 노동에서 벗어나 우주 만물을 지으신 하느님을 기억하라는 것이었다. 동시에 보잘것없는 나 자신을 되돌아보아 인간 중심의 교만에 빠지지 말라는 것이었다.

"너는 이스라엘 백성에게 일러라. '안식일은 나와 너희 대대에 걸쳐 세워진 표이니 너희는 나의 안식일을 잘 지켜라. 그러면 너희를 성별한 것이 나 야훼임을 알리라.'"(출애굽기 31:13) 안식일을 통해 하느님은 당신의 백성과 교제하면서 그들을 거룩하게 해주신다. 안식일은 '쉬는 날'일 뿐만 아니라 '거룩히 지켜야 할 날'이다. 이후 유대인들은 안식일을 지키지 않는 유대인은 가차 없이 죽였다. 안식일에 노동을 금지하는 법이 매우 엄격해서 마카비 시대 신심 깊은 유대인들은 안식일에 전쟁을 하느니 차라리 죽음을 택했다. 그들은 어려운 환경에서도 안식일을 목숨 걸고 지켰다.

안식일 개념은 이후 1500년이 더 흘러서야 로마 제국에 의해 받아

들여져 이방인들도 일주일에 하루를 쉴 수 있게 되었다. 안식일 제도는 노동의 피로를 풀고 삶의 기쁨을 증가시키는, 유대인의 위대한 공헌 가운데 하나이다. 유대인들이 인류에게 '휴식의 날'이라는 개념을 선물한 것이다. 목숨을 걸고 안식일을 지킨 유대인 덕에 인류는 6일간의 노동에서 해방되어 안식일을 쉴 수 있게 되었다.

안식년과 희년 또한 안식일과 마찬가지 개념이다. 유대인에게 적용된 율법이 노예에게도 적용되어 노예도 7년만 일하면 해방될 수 있었다. 당시로선 파격이었다. 그리고 50년이 되는 희년에는 모든 것이 용서되고 모든 빚이 면제되며 모든 사람에게 해방이 선포된다. 율법정신의 최고 목적은 정의의 실현에 있다. 안식년과 희년법은 사회적 불평등을 정기적으로 해소해준다. 율법정신은 공동체 자본주의를 지향하는 현대인에게도 많은 숙제를 내주고 있다. 안식년과 희년은 아직 이방인에게는 받아들여지지 않은 제도로 앞으로 인류가 본받아야 할 제도다. 특히 안식년은 일자리를 나눌 수 있는 귀한 제도다. 기업이 안식년제를 도입하면 일거에 실업이 해소될 수 있다.

철저한 안식일 준수

유대인들은 금요일 일몰 시간에 시작해서 토요일 일몰 시간에 끝나는 그들의 성스러운 주일인 사바스(샤바트) 기간에는 아무 일도 하지 않는다. 히브리어로 안식일을 뜻하는 샤바트라는 말 자체가 '그만두다'라는 뜻이다. 그날은 모든 일이 금지된다. 출애굽기는 특히 불을 댕기는 일을 금하고 있다. 그래서 그날은 자동차 시동도 못 걸고 엘리베이터 단추도 못 누른다. 미슈나에서는 불을 사용하는 노동을

39가지나 들어놓은 바람에 나뭇가지도
분지를 수가 없다. 또 짐 나르는 일을 금
하고, 설혹 남의 것이라도 말을 탈 수가
없었다.

유대인 회당에는 아예 주차장이 없다.
안식일에 차를 운전하는 것은 계율에 어긋난다고 해서 온 가족이 걸
어서 회당에 가기 때문이다. 이들은 안식일 내내 음식 만드는 일, 전
기 스위치를 켜고 끄는 일을 하지 못한다. TV도 안 보고 전화도 받지
않는다. 회당 내에서는 마이크를 사용하지 않고, 전깃불을 켜거나 끄
지도 못하기 때문에 안식일이 시작되기 전에 미리 켜놓고 끄지 않는
다. 이날은 노동은 물론 놀이, 여행도 금지된다. 돈을 다루어도 안 된
다. 그래서 정통파 유대인 집에는 자동적으로 각층에 서서 문이 여
닫히는 엘리베이터, 여닫아도 불이 켜지지 않는 냉장고, 저녁 7시에
자동으로 불이 켜지고 밤 12시에 꺼지는 조명기구 등을 장만해놓고
산다. 이날은 집 안 잡일을 해주는 기독교도(샤바트 고이)를 고용하기
도 한다. 오늘날에 와서는 생명을 구하기 위한 일, 임산부를 돕는 일,
정당방위를 위한 행동은 허용하고 있다.

유대인들은 시나고그에 예배 보러 갔다 오는 시간을 제외하고는
밖에 나가지 않는다. 대부분 가족과 지내는 것을 원칙으로 삼고 있
다. 업무에 관한 책이나 편지를 읽어서도 안 되고 일에 대한 말을 해
서도 안 된다. 그 시간에 다른 일상사에서 벗어나 오롯이 하느님과
가족들만 생각하며 휴식을 취하도록 계율화되어 있다. 하지만 근래
들어 정통파 유대교가 아닌 보수파와 개혁파에서는 안식일에 자동

차 운행은 인정했다. 실생활에서 차 없이는 살 수 없는 넓은 땅의 미국에서는 환영을 받을 수밖에 없었다. 보수파와 개혁파는 재미 유대인의 각각 30%를 차지한다.

유대인의 히브리력은 음력

참고로 유대인의 히브리력은 달의 운동을 중심으로 한 태음력으로, 우리가 사용하는 그레고리력과 다르다. 하루는 해가 지는 일몰에서부터 시작하고, 한 주일은 토요일 일몰부터 시작된다. 일몰로부터 하루의 시작을 계산하는 것은 창세기에 묘사된 창조 설화에 기초하고 있다. "빛을 낮이라, 어둠을 밤이라 부르셨다. 이렇게 첫날이 밤, 낮 하루가 지났다."(창세기 1:5) 그들은 밝은 무렵에 시작해 어두워서 끝나기보다는, 어둠에서 시작해 밝은 무렵에 끝나는 편이 낫다고 보기 때문이다.

또 해가 바뀌는 정월 초하루는 가을에 시작된다. 유대인들은 태음력인 히브리력을 태양력과 일치시키기 위해 19년을 주기로 일곱 번의 윤년을 집어넣는다. 그러나 히브리력과 같은 태음력을 사용하는 이슬람력은 태양력보다 부족한 11일 차이를 조정하지 않는다. 그래서 이슬람의 정초는 매년 11일씩 당겨진다. 금식월인 라마단이 3년마다 한 달씩 앞당겨지는 이유다.

정성스럽게 준비하는 안식일 식사

유대인 가정은 사바스가 시작되기 전부터 가장 정성 들인 저녁식사를 준비하고 집을 깨끗이 청소한다. 그리고 가족 모두 목욕재계하고 가장 좋은 하얀 옷으로 갈아입는다. 몸과 마음을 깨끗하고 경건하게 준비하는 것이다. 사바스가 시작되면 어떠한 일도 하면 안 된다. 음식도 미리 준비해놓아야 한다. 불을 켜는 것도 일이기 때문에 어두워지기 전에 촛불도 미리 켜놓고 음식 데울 불도 미리 켜놓는다.

그리고 이날은 가족이 함께 세 끼 식사를 하고, 기도하고, 배우고, 노래 부른다. 유대인에게 '식사는 곧 하느님과 교제를 나누는 행위 가운데 하나'이다. 그 때문에 엄격하고 정성스럽게 준비한다. 식사 자리에서 가족 예배는 남편이 아내가 얼마나 아름다운가를 찬미하는 말을 성서에서 찾아 읽는 것으로 시작한다. 그리고 행복한 일주일이 되기를 모두 합심해서 정성껏 기도하고, 가족이 입을 모아 사바스의 찬미 노래를 부른다. 그리고 준비된 음식을 먹기 전에 식구들끼리 덕담을 나눈다. 서로에게 감사의 말을 전한다. 소중한 사랑의 끈을 보듬고 연결하는 것이다.

사바스 중에는 일과 관련된 것은 못 하지만 아이들 공부는 돌보아 줄 수 있다. 사바스는 곧 성가정을 이루고자 하는 노력이요, 가정과 종교의 합일이다. 이렇듯 유대인의 생활 중심은 '가정과 학습'이다. 이 두 가지가 사바스의 주된 테마다. 휴일인 'Holiday'의 어원은 말 그대로 거룩한 날인 'Holy day'에서 유래했다. 유대인은 안식일을 가족과 함께 거룩하게 보낸다.

바쁘다고 하는 것은 얼핏 근면함을 나타내는 것으로 보이나 실제로는 그렇지 않다. 인간은 더러 일을 떠나 일주일에 하루 정도는 '도대체 왜 태어났는가? 인생의 목표는 무엇인가? 내게 어떤 사명이 주어졌는가? 자연의 섭리는 무엇인가?' 하는 가장 본질적인 문제에 침잠할 필요가 있다.

개혁파 유대교의 변신

개혁파 유대교Reform Judaism는 19세기 초, 나폴레옹의 유대인 해방 선언으로 게토 벽이 무너지면서 생긴 것이다. 유대인 공동체를 벗어 나게 되자 독일 시민사회의 자유로운 분위기를 처음으로 접한 젊은 유대인 엘리트 사이에서 제약이 많은 음식, 히브리어 기도, 유대인임 을 나타내는 독특한 복장 등의 전통에 반드시 복종해야 하는가에 대해 의문을 갖기 시작했다.

유대인들은 19세기 유대교가 새로운 조처를 취하지 않으면 많은 유대인을 다른 종교에 빼앗길 것이라고 느끼게 되었다. 아니나 다를 까, 젊은 유대인들이 경직된 유대교는 시대에 뒤떨어진 종교라며 기 독교로 개종하는 일이 빈번하게 일어났다. 이들을 어떻게든 붙들기 위해 일부 랍비들이 파격적으로 생각해낸 것이 개혁파 유대교이다.

개혁파 유대교는 계몽주의의 영향으로 성경적 계율은 고대 히브 리 정치 집단의 낡은 법이며 새로운 윤리적·도덕적·정신적 가치들 이 계시된 현대사회에서 더는 적용될 수 없다고 주장했다. 따라서 이 성과 과학을 중시하면서 탈무드에 대한 절대적 맹종을 배격하고 의 식의 간소화를 장려했다. 그래서 돼지고기도 먹고, 예배는 독일어와 영어로 드리기도 하고, 안식일은 일요일로 정하기도 했다.

그 뒤 미국의 랍비 카프만 코흐러가 기초한 피츠버그 강령은 '근 대 문명의 사고와 습관에 어울리지 않는' 토라의 법을 모두 부인했 다. 이것이 1937년까지 개혁파 유대교의 표준적 교의가 되었다. 식사,

청정, 의복에 관한 낡은 규정을 거부하고, 유대인은 '민족이 아니라, 종교 공동체'라고 단언했다. 그리고 죽은 후 육체의 부활에 대한 믿음을 거부했다. 곧 부활, 천국, 지옥을 부정한 것이다. 또 유대인들은 팔레스타인으로 돌아가기를 더 이상 기대해서는 안 된다고 선언하여 시온으로의 귀환도 포기했다. 그리고 메시아니즘은 근대사회를 향한 진실과 정의, 공정을 추구하는 노력이라고 정의했다. 이를 위해 다른 종교뿐 아니라 선량한 사람들과도 협력한다는 것이다. 파격 그 자체였다. 1840년대부터 개혁파 유대교가 삽시간에 미국 전역으로 퍼져나간다. 현재 재미 유대인의 30%가 개혁파이다.

유대교는 가정 중심의 종교

유대교의 예배생활은 주로 가정을 중심으로 전개되고, 종교적 활동도 대부분 가족을 중심으로 이루어진다. 충실한 유대교도는 아침 일찍 일어나 아침식사 전까지 30분 정도 기도를 드린다. 기도드릴 때 반드시 어깨띠Tallit를 착용한다. 아침식사는 가족과 함께하며 주로 탈무드에 관해 이야기한다. 아침식사를 끝내면서 기도하고 각자 일터로 나간다. 오후에는 해지기 전까지 5분 정도 기도한다. 저녁때는 탈무드 학원에 가서 공부하기도 한다. 탈무드 연구는 시간 할당이 문제가 아니라 하루 일과 가운데 한 번은 해야 하는 필수 과정이다.

유대인들의 식사는 먹는 문제 이상의 성찬식의 뜻이 있다. 성찬식이란 성체식이라고 할 수 있는데, 거룩한 몸, 하느님의 생명을 나누어 갖는 예식이란 뜻이다. 유대인의 식사 시간, 특히 저녁식사 시간은 온 가족이 하느님을 나누어 가지는 예배와 축제의 의미가 있는 귀한 시

∴ 샤갈의 〈기도하는 유대인〉(1923)

간이다. 저녁 시간의 축복 기도의 주제는 하느님에 대한 감사다. 가족과 자신이 먹고 마심을 허락하시고 공급해주시는 은혜에 감사드리는 것이다. 그리고 생활 속에서 얻었던 삶의 승리와 하느님의 지혜를 나누는 기쁨의 시간이다.

유대인들은 모든 삶의 성취가 기도에 있다고 어려서부터 가르친다. 기도 속에서 삶의 신비인 하느님과의 교제를 하게 되고 자신의 모습을 새롭게 발견하여 반성하고 새 출발을 할 수 있다고 믿기 때문이다. 이 땅에서 꿈과 환상이 이루어지는 신비한 힘이 기도에 있다고 믿는다.

유대교의 모든 종교적 축일은 항상 가정을 중심으로 이루어진다. 이집트 노예생활에서 벗어난 것을 기념하는 유월절에는 누룩이 들어 있는 빵을 먹지 않고, 선조들이 황야에서 먹던 딱딱한 빵과 당시에 먹었던 여섯 가지 음식을 먹으면서 조상들의 고생을 반추한다. 특히 누룩은 부풀어 오르는 교만의 위험성을 암시하는 것으로, 자부심이 이기심으로 변질하는 것을 경계한다. 그들은 옛날의 어려움을 잊지 않으려 노력한다. 고난의 역사를 '기억'하는 것이다.

역사적으로 유대인들은 외지에서 핍박받으면서 항상 이방인으로 살아왔다. 이러한 어려운 고난의 시기에 그들의 지친 마음을 쉬게 하고 삶의 의욕을 다시 북돋아주었던 곳이 가정이다. 유대인들에게 가정은 현실 세계에서 평화를 누리는 유일한 곳이자 마지막 보루였다. 유대인들은 평화를 하느님이 주시는 복 가운데서도 으뜸 가치로 여긴다.

전체적으로 가정에서 그들의 삶 하나하나가 놀랄 정도로 하느님과 연결되어 있다. 그들은 태어나서 8일째 할례를 하고, 8개월째 안식일 행사를 처음 배우게 되며 이후 매주 한 번씩 안식일 행사를 꼭 한다. 그들은 아침에 일어나 식사 전까지 30분 정도 기도로 하루를 시작한다. 그리고 식사 시작 전에 12개나 되는 히브리어 기도를 가족이 돌아가면서 외운다.

구약에 지상명령이 있다. 이른바 쉐마다. 쉐마는 '들어라'라는 뜻이다. 그리고 이들은 하느님 말씀을 자자손손 전수하라는 것이다. 유대인 어린이가 세상에 태어나 말을 배우기 시작하면 제일 먼저 배우는 성경 말씀이 쉐마다. 처음에는 간단한 두 문장을 외우기 시작하여 신명기 6장 4절부터 9절까지의 말씀을 외운다.

" 너, 이스라엘아 들어라. 우리의 하느님은 야훼시다. 야훼 한 분뿐이시다. 마음을 다 기울이고 정성을 다 바치고 힘을 다 쏟아 너의 하느님 야훼를 사랑하여라. 오늘 내가 너희에게 명령하는 이 말을 마음에 새겨라. 이것을 너희 자손들에게 거듭거듭 들려주어라. 집에서 쉴 때나 길을 갈 때나 자리에 들었을 때나 일어났을 때나 항상 말해주어라. 네 손에 매어 표를 삼고 이마에 붙여 기호로 삼아라. 문설주와 대문에 써 붙여라."(신명기 6:4-9)

유대인은 최소한 하루에 두 번 이 말씀을 외운다. 특히 어린이들은 자기 전에 외우는데, 이는 만약 아이가 자다가 갑자기 죽을 경우 이 쉐마가 그 아이의 마지막 유언이 되게 하기 위해서다. 유대인들은 어른이 되어 나이 들어 죽을 때에도 쉐마를 마지막 유언으로 남기며 자식들이 여호와의 말씀을 맡은 자로서 사명을 영원히 감당하도록 유언한다.

유대인들은 쉐마의 말씀에 따라 집 문설주마다 기도문을 붙여놓는다. 그리고 오갈 때마다 기도문에 손을 대었다가 입맞춤한다. 유대인들은 하루에 네 번 정해진 기도 시간에 토라가 적힌 상자, 곧 테필린Tefillin을 이마와 팔에 매고 얼굴을 가리는 숄을 머리에 두르고 기도드린다. 테필린은 양피지에 쓴 성구 두루마리를 넣은 작고 검은 가죽 박스이다. 주로 토라(모세오경)의 구절을 적은 것을 넣는다. 그래서 테필린은 성구함聖句函이라고 불린다.

유대인이 만든 인터넷 사이트(통곡의 벽)에는 하루 약 2500만 명이 방문하고 있다. 적어도 800만 명 이상의 유대인들이 하루 세 번 이상씩 접속하여 기도하는 삶을 산다는 증거라고 할 수 있다. 그들은 수천 년 동안 말씀과 기도의 삶을 통해서 하느님의 축복을 증명했다.

또 학교와 직장에서 돌아오면 매일 밤 아버지로부터 히브리어로 된 토라와 탈무드를 배운다. 자기 전에는 컵에 물을 떠서 침대맡에 놓고 잔다. 다음 날 아침에

∴ 기도드리기 위해 테필린을 하고 있는 유대 소년

기도할 때 깨끗한 손으로 기
도하도록 손 씻을 물을 미리
떠놓는 것이다. 이렇듯 하느
님 중심의 생활이 말 그대로
생활화되어 있다.

　매일 밤 아버지의 교육이
큰 힘을 발휘한 사례가 있다.
미국의 섬유 메이커 몰덴 밀즈 사가 1995년 말 화재로 불타 버리고
말았다. 사주인 아론 페어스타인은 엄동을 맞아 아무 대책도 없는
3000명의 히스패닉계 이민 노동자들에게 3개월 후의 조업 재개를
약속하면서, 그때까지 건강보험, 급여, 보너스의 부분 지급을 하겠노
라고 보장해주었다. 이 이야기를 들은 미국 전역의 미디어가 '1990년
대의 성자'라고 대대적으로 칭송했고, 당시 클린턴 대통령이 그를
백악관에 초대해서 축복의 말을 건넸다. 그는 정통파 유대교도였는
데, 아버지에게서 배운 현자의 가르침을 실천했을 뿐이라고 했다. 곧
2000년 전의 현자 힐렐의 '도덕적 혼돈이 닥쳤을 때, 사람으로서 어
찌 처신해야 할 것인지 최선을 다하라'는 가르침을 떠올렸다고 한다.

가정교육과 사랑

　유대인의 아이들에 대한 엄한 가정교육과 높은 교육열은 유대인
들을 한 가족으로 뭉치게 하는 힘의 원천이다. 아이들을 바른 인간
으로 길러내기 위한 부모들의 열정 뒤에는, 아이들이 이러한 스파르
타식 교육과정에서 마음의 상처를 받지 않도록 마음을 쓰다듬어 주

고 감싸 안는 배려 및 스킨십이 있다. 한 예로 이스라엘 어린이집의 경우, 아이를 찾으러 갈 때는 어머니와 아버지가 반드시 함께 가야 하며, 만나면 무조건 아이를 품에 안아주도록 되어 있다. 하루 종일 규율에 시달린 아이에게 부모의 사랑과 자유를 만끽하게 해주는 것이 중요하기 때문이다.

유대인들은 교육상 아이들 체벌이 필요하다고 믿는다. 그러나 체벌할 때라도 아이를 절대 '위협'하지 않는다. 위협은 사랑의 행위가 아니기 때문이다. 벌을 주거나 용서해주는 것 중 하나를 선택한다. 대신 체벌 뒤에는 반드시 보듬어주는 것을 원칙으로 한다. 특히 아이를 혼내준 날 재울 때는 따뜻하게 안아준다.

중매결혼의 일반화

유대인 사회에서는 서구 사회와 달리 중매결혼이 일반화되어 있다. 공동체 속에서 학식과 덕망이 있는 학자나 원로들이 주로 중매를 서는데, 양쪽을 잘 알아 서로 잘 맞을 것 같은 사람들끼리 짝을 지어준다. 탈무드는 이상적인 남녀의 결합은 모세의 기적보다 더 큰 기적이라고 말한다. 곧 인간이 꿈꾸는 행복한 결혼이란 바닷물이 갈라지는 기적보다 결코 쉽지 않다는 이야기다.

유대인 속담에 "기적을 이기는 것은 노력이다"라는 말이 있다. 이상형을 만나 결혼에 성공하는 것이 '기적'이라면, 부부가 함께 '노력'하여 서로가 원하는 이상형으로 발전해나가는 것은 위대한 일이다. 이것이 곧 '사랑'이다. 유대인 사회심리학자 에리히 프롬이 쓴 《사랑의 기술》은 이것을 설명한 책이다. 곧 유대인들은 남녀가 연애 감정

으로 만나서 결혼하는 것보다는 인
격적 결합을 통해 결혼하여 '노력
과 의지로' 사랑을 완성시켜 가며
가정을 꾸미는 것을 더 높게 평가
한다. 이 말을 증명이라도 하듯, 미
국에서 이혼율이 가장 낮은 민족
이 유대인이다.

유대인은 남자는 만 13세, 여자는 만 12세에 성인식을 올린 후 결
혼할 수 있다. 유대인은 가정을 상징하는 천막인 후파 아래서 결혼
식을 올린다. 그리고 신랑의 의무 및 신랑이 신부에게 줄 돈과 여성
이 가지고 가는 지참금에 대해 명시해놓은 결혼계약서를 랍비가 낭
독할 때, 비로소 결혼의 법적 효력이 생긴다. 이 결혼서약서야말로 고
대로부터 여성의 경제적 지위를 보호하고 남성들에게 이혼을 어렵게
하는 법적 조치로, 유대인의 진보적 사고방식이 드러나 있다. 여성은
남편이 죽거나 이혼할 때 결혼서약서를 돌려주면서, 서약서에 명시
된 대로 신랑이 지불할 돈이나 신부가 가지고 간 지참금을 되돌려받
는다.

미국 뉴저지 남쪽 레이크시티나 워싱턴 DC 근처 볼티모어에 가면
정통파 유대인 자녀 수천 명이 밤낮으로 성경과 탈무드를 연구하는
유대인 학교가 있다. 정통파 유대교를 믿는 유대인 남자들은 대학 졸
업 후, 아니면 결혼 후 최소 1년간 유대인 학교에 입학하여 성경과 탈
무드를 배운다. 이때 가정 경제를 지탱하는 밥벌이는 신부가 한다. 여
기에는 남자들이 사회생활과 가정생활을 시작하기 이전에 영적으

로 더 성숙한 사람이 되어 사회와 가정을 이끌어달라는 의미가 담겨 있다.

09 [★] 방랑의 고통이 선사한 은혜, 탁월한 적응력

유대인들은 괴로움과 박해를 피해 여러 차례 이주를 해야 했다. 하지만 거의 예외 없이 가는 정착지마다 번영을 이루어냈다. 이를 두고 종교적 힘이 번영의 모태였다는 주장이 많다. 그러나 이보다는 장소의 이동, 곧 노마디즘이 번영의 모태였다는 주장이 설득력을 얻고 있다. 유대인은 영원한 유목민이다. 그들의 역사 자체가 아브라함의 떠남에서 출발하였다. 그 뒤 방랑과 이산의 역사는 오늘날까지 이어지고 있다.

유목민, 노마드Nomad, 떠돌이 민족. 험난한 환경 속에 생존해야 하는 숙명을 지닌 민족이다. 정주민족은 이들을 절대 이길 수 없다. 정착사회에서 곱게 태어나 편하게 자란 민족이 사막과 황야의 시련에 단련되고 초원을 내달리는 기상을 지닌 유목민을 이길 수는 없는 법이다. 역사가 이를 증명하고 있다. 이것이 이치理致이다.

역사는 이주가 효율적이고 경제적인 효과를 만들어낸다는 것을 실증적으로 보여준다. 역사에서 장소의 이동, 곧 유목민 역사나 해양 개척 역사를 통해 부를 획득한 사례는 많다. 기원전 페니키아인들의 해상교역과 지중해 연안의 거점 항구도시 건설이 대표적인 예다. 그 뒤에도 가난한 그리스의 목동들과 척박한 땅의 올리브 재배자들이 인구 증가로 경쟁이 치열해지자 범선을 만들어 바다로 나가 지중해 연안 식민도시들을 만들었다. 그들은 그들이 건설한 그리스 식민지에서 새로운 일거리와 해상무역을 통해 부를 축적할 수 있었다. 또한 몽골의 칭기즈칸이 그랬고 신대륙으로 삶의 터전을 찾아 이민길에 오른 유럽인들도 마찬가지다. 영국의 죄수 유배지로부터 시작한 호주의 경우도 훌륭한 성공 케이스다.

유대인들은 이주에서는 이력이 난 전문가들이었다. 기원전부터 이방인으로 떠돌아다닌 그들은 어려움과 박해 속에서 수많은 세대에 걸친 다양한 상황들을 접하였다. 소수민족으로서 자신들의 상황을 언제나 냉철하게 분석해야 했고, 자신들이 어떤 악조건에 강한지를 생각해야 했다. 이렇게 빠른 변화에 적응하려는 능력은 쌓이고 쌓여 매우 높은 수준의 사고를 형성했다.

이 과정에서 어려움을 극복하고자 하는 노력과 현실에 적응하려는 끝없는 변화를 통해 오히려 많은 것들을 이룩할 수 있었다. 외부로부터 강탈당할 위험이 없는 기술, 곧 의학·회계학 등 전문 분야 지식을 익혔다. 또한 새로운 부를 발굴하고 이를 발전시키는 방법을 창안하였다. 그 결과 위험한 시점에 이를 때마다 신속하게 다른 지역으로 이동하여 재정착하는 데 능숙했다. 이러한 것들이 유대인들이 어떠한 불행에 닥치더라도 항상 새로운 기술과 유동자산을 얻고, 어디서나 살아남을 수 있게 하였다.

또한 방랑은 안목을 키우고, 이를 통해 비즈니스를 한 차원 높여 경쟁력을 증대시켜 나갔다. 게다가 국제적 시각을 키워 유통과 무역을 특화할 수 있었고, 좁은 지역에 국한하지 않고 넓고 새로운 세계로 눈을 돌리게 되었다. 더 중요한 것은 넓은 세상을 보면서 지식을 넓히고 이를 축적하여 그 경험치를 동족과 후손들에게 전해준 것이다.

유대인의 불굴의 도전정신: 기업가정신에 충만하다

유대인의 역사는 고난과 형극으로 점철되어 왔다. 삶의 굽이굽이마다 죽음에 직면하거나 이를 피해 다녀야 하는 역사였다. 자연히 그들의 삶은 일반인들과 달랐다. 소외되고 경멸당하는 삶이었다. 생활이 아닌 생존이었다. 생존을 위한 처절한 몸부림과 투쟁의 연속이었다. 이러한 고난이 그들을 강하게 단련시켰다.

유대인은 설사 정주민족 내에 들어와 살더라도 영원한 이방인이자 아웃라이어였다. 아웃라이어란 흔히 표본집단에서 동떨어진 존재를 이야기한다. 소외된 자, 그늘에 가려진 자, 사회에서 매장된 자. 그들이 유대인이다. 그런데 역사는 이러한 아웃라이어들에게 뜻하지 않은 기회를 준다. 그것도 황금 기회를. 농경사회에서 축출되어 상업에 눈뜨게 되고, 뿔뿔이 흩어지게 되어 글로벌한 민족이 된다. 역사의 아이러니가 아니라 이것이 역사의 이치다.

유대인들은 고난을 수치로 여기지 않는다. 오히려 고난과 박해의 역사를 기념해야 한다고 믿는다. 고난의 세월을 견디며 살아남은 것이야말로 진정으로 기념할 만한 가치 있는 삶이라고 생각하기 때문이다. '고통이 인내를 낳고, 인내가 수고를 낳으며, 수고가 결국 성공을 낳는다'는 전통적인 가르침을 철저하게 신봉한다.

아주 옛날부터 유대인들은 경제의 중심에서 소외되었다. 농토를 가질 수 없어 농사를 지을 수 없었다. 먹고살 방법이 없으니 어떻게든 그 방법을 찾아야 했다. 남이 안 하는 일들을 찾아내 생존해야 하는 것이다. 그런 까닭에 유대인들은 남들이 경멸의 시각으로 보았던 위험성 높은 분야를 개척하는 적극성을 보였다.

예를 들면 중세 시대 대부업 같은 소매금융이 그렇다. 치안이 불안하고 많은 사람이 무장하고 사투권을 가졌던 그 시대에 채무자의 원한을 사면 죽을 수도 있는 매우 위험한 사업이었다. 실제로 채무자들이 자신의 차용증서를 빼앗기 위해 종종 습격하기도 하였다. 1190년 영국 요크에서는 150명 유대인 주민 전원이 살해된 일도 있었다. 채무를 없애기 위해 귀족들이 주축이 되어 주민을 선동하여 저지른 일이었다. 이러한 일은 중세에 비일비재하였다. 십자군 전쟁 시기에는 집단적 약탈과 살해가 기승을 부렸다.

그러나 유대인들은 이러한 위험으로부터 도피하지 않고 버텨내어 이를 극복하였다. 오히려 돈이 돈을 낳는 큰 돈벌이에 더 적극적으로 진출하였고, 결국에는 유럽 최강의 금융업계 리더로 자리 잡았다. 이 사례에서 알 수 있듯이 위험을 두려워하지 않는 대담성은 유대인들의 오랜 역사 속에서 키워온 기업가로서 중요한 특성이다. 도전하는 기업가정신이 그들 핏속에 흐르고 있다고 하겠다.

이러한 특성은 비단 금융산업뿐 아니라 곳곳에서 찾아볼 수 있다. 복잡하고 유통 경로가 긴 보석산업, 전쟁 시기에 큰돈을 버는 군수산업, 위험을 무릅쓰는 영화산업 등 그들의 대담성과 도전정신을 볼 수 있는 사례가 많다. 특히 함정이 많은 부동산투자에서 현저히 두드러진다. 1930년대 대공황 무렵과 1970년대 뉴욕 부동산시장 폭락 때 유대인들은 헐값으로 부동산을 사들여 비약적 기반을 잡았다. 이외에도 그들의 대담성과 도전정신의 사례는 무수하다.

유대인은 혁신하는 민족

유대인은 창조적이고 독창적인 방식으로 자신들의 가난함을 부유함으로, 그들에게 닥친 불운을 축복으로 바꾸어내는 민족이다. 그들은 괴로움과 박해를 피해 여러 차례 이주를 해야 했지만, 예외 없이 마지막 정착지에서 번영을 일궈냈다. 그 같은 번영이 가능했던 것을 《유대인의 역사》저자인 폴 존슨은 '장소의 이동'이 주는 혜택이라고 설명한다. 그 와중에서 그들은 특히 부에 집중하는 기술을 습득할 수 있었다. 그 결과 유대인들은 어떠한 불행에 처하더라도 항상 새로운 유동자산을 얻을 수 있었고, 어디서나 살아남을 수 있는 방법을 터득하게 되었던 것이다.

경제적인 측면에서 보면 유대인들이 자신들에게 닥친 불리한 상황을 긍정적인 측면으로 바꾸어놓은 다양한 사례를 접하게 된다. 중세와 근대 초기 유대인 소유의 자산은 항상 위험 부담을 안고 있었다. 언제 공동체로부터 추방되거나 재산을 몰수당할지 모르는 상황이었다. 그러나 유대인들은 그런 상황에서 유가증권, 무기명 채권 등의 새로운 방식의 제도들을 만들어냄으로써 그런 불리한 상황을 극복하고 현대 자본주의에 가장 쉽게 적응해갈 수 있었다.

또한 유대인들은 유럽 기독교 사회의 반유대주의로 인해 중세 유럽의 상업에서 핵심적이었던 길드에서 배제되었다. 유대인들은 가는 나라마다 이렇게 그들의 상업적 재능을 견제받았다. 뒤집어보면 그들의 장사 수법이 비범하다는 의미다. 도대체 그들의 장사 비법에 어떤 것들이 있어 이렇게 견제당하는지 알아보자.《유대인의 역사》를 쓴 폴 존스는 자신의 저서에서 근대 초 네덜란드와 영국 유대인의 상업적 특징을 다음 다섯 가지로 요약했다.

"첫째, 그들은 '혁신'을 생활화하였다. 무엇이든지 효율과 능률적인 방법을 찾아내고자 노력하였다. 주식시장이 좋은 예다. 주식시장은 생산현장에 재원을 효율적으로 투자할 수 있도록 만든 합리적인 방식이었다. 둘째, 판매의 중요성을 늘 강조하였다. 셋째, 가능한 넓은 시장을 추구하였다. 규모의 경제에 대한 중요성을 이미 이해하고 있었다는 이야기다. 넷째, 그들은 될 수 있으면 상품의 가격을 낮추려고 애썼다. 생산성 향상과 유통구조 합리화 등 늘 경쟁력 향상을 위해 노력했다. 다섯째, 유대인들은 상업정보 수집과 활용에 정통했다. 세계 각국에 뿔뿔이 흩어져 사는 디아스포라(이산) 간의 소통과 결집력 덕분이었다."

중세 상업의 핵심 조직이던 길드에서 배제당한 이런 불리한 상황에서도 유대인들은 중세 상업의 기본 체제를 뒤흔들어 놓았다. 즉 중세에 이미 고객만족경영을 통해 관습적으로 이어지던 고정된 상품시장을 근본적으로 해체시켜 버렸다. 그 뒤 미국에서는 고객만족경영이 진일보하여 상품을 한군데로 모으는 백화점을 개발했고, 상품을 더 잘 진열하는 방식으로 고객을 확보했고, 상품광고를 고안해내어 물건을 살 사람들에게 직접적으로 다가갔다.

그뿐만 아니라 그들은 늘 혁신을 지지했다. 대표적인 예로 주식시장의 창출을 들 수 있다. 주식시장은 가장 효율적으로 생산현장에 자본을 투자할 수 있도록 만든 능률적이고 합리적인 방식이었다. 18세기까지 주식시장을 비롯한 유대인들이 만들어낸 경제적인 혁신은 많은 비난을 받았지만, 19세기부터는 자연스러운 것으로 받아들여겼다.

그들은 이미 중세 시대부터 기존의 경제체제보다 더 낫고, 더 쉬우며, 더 싸고, 더 빠른 방식들을 만들어내는 합리주의자들이었다. 현대사회에서 유대인 출신의 경제인들이 놀라운 부를 축적한 배경에는 이처럼 유대인들의 박해를 받았던 역사적인 배경이 바탕이 되어 있다.

유대인의 역사를 보면 아이러니한 점을 발견할 수 있다. 유대인들이 자신의 힘으로 국가를 통치할 때는 오히려 종교의 순수성을 잃은 반면, 고난과 역경에 처할 때는 단호하게 원칙을 고수하며 그들 특유의 종교적 경건성으로 자신들을 가다듬을 수 있었다. 이스라엘은 여호수아가 가나안을 정복한 이후 급속히 부패했고, 솔로몬 시대에 타락했다. 그 뒤 나라가 갈라지자 북쪽의 이스라엘이 우상숭배에 빠졌다. 이렇듯 평화의 시대가 도래하면 여지없이 이교숭배와 타락이 반복되었다. 반면 신비스럽게도 국가를 잃거나 외세의 지배를 받았을 때는 더 율법을 지키고 하느님을 경외하며 자신들을 가다듬었다.

어느 사회든 힘과 권력은 부패하는 반면, 힘이 없어지면 선함을 통해 놀라운 정신적 경지에 도달한다. 이는 개인의 경우도 마찬가지다. 인류의 역사에서 패배한 민족이 그 경험치를 인류 보편을 위한 것으로 내놓은 경우는 흔치 않다. 오직 유대인만이 유랑과 핍박으로 점철된 그들의 운명을 빠짐없이 기록함으로써 인류에게 하나의 보편적인 삶의 가치와 깊이를 선사하였다.

토인비의 '도전과 응전' 이론과 유대인

토인비는 자신의 저서 《역사의 연구》를 통해 인류의 시작으로부터 현재까지 존재했거나 존재해온 인류의 문명 수는 모두 28개로, 그 가운데 현재 살아남아 있는 7개 이외의 문명은 다 멸망하였고, 그나마 현존하는 문명들도 서구 문명에 의해 절멸되거나 동화되어 가고 있다고 피력했다.

토인비가 주장한 문명의 흥망성쇠 이론에서 가장 중요한 개념은 '도전과 응전'이다. 문명이 도전과 응전에 의해 흥하기도 하고 망하기도 한다는 주장이다. 한 문명이 도전에 대해 바른 응전을 못 했을 때 그 문명은 퇴출당하고 말았다는 것이다. 그리고 무엇보다 '창조 소수자'의 출현과 그들의 역할이 중요하다고 보았다. 유대인의 역사는 토인비가 주장한 문명이론과 정확히 부합한다. 유대인의 역사는 토인비의 이론과 일치되는 많은 사실을 보여주고 있다. 그 때문에 토인비도 유대사를 역사의 화석이라 했다.

유대인은 토인비가 지적한 문명의 쇠퇴 원인들을 모두 극복하고 다시 일어나 그 문명을 역사 속에 찬란히 빛내고 있다. 창조적 소수가 지닌 탁월한 지도력은 나라 없이 떠돌아다니는 상황에서도 그들만의 문명을 유지시켰다. 그뿐만 아니라 신앙을 바탕으로 한 철저한 자녀 교육을 통해 다수의 모방자를 만들어내 그 문명을 더욱 발전시켰다.

마지막으로 그들은 어떤 상황 속에서도 항상 단결하는 강한 결속력을 지니고 있다. 도전과 응전의 개념이야말로 유대인을 관통하는 키워드다. 역사 속에서 유대인만큼 많은 고난을 겪은 민족은 없다.

그럼에도 역사 속으로 사라지지 않았을 뿐 아니라 오히려 수천 년 동안 세계 경제사를 주도하고 있다.

10* 학문을 숭상하는 민족

고대로부터 내려오는 자기 언어

민족의 태동과 함께 자기 글을 갖고 있었다는 것은 대단한 축복이다. 글에 '민족 혼'이 담겨 있기 때문이다. 자기 글은 민족의 경험과 유산, 그리고 조상들의 지혜를 후손들에게 전해줄 수 있는 중요한 도구다.

유대인들은 고대로부터 히브리어라는 자기들의 고유한 말과 글을 갖고 있었다. 히브리어는 기원전 2000년대 중엽에 생겨난 언어다. 구약도 히브리어로 쓰였고, 이미 기원전 13세기 무렵에 쓰인 성서 히브리어Biblical Hebrew도 존재한다. 기원전 6세기 바빌론에 끌려가서도 쓴 언어다. 유대교 자체가 책으로 전수되는 종교이기 때문에 그들은 종교를 지키기 위해 외지에 나가서도 그들의 문자를 지켰다. 유대인의 5000년 역사가 현재에도 살아 숨 쉴 수 있는 기반이 자기 글이었다.

❖❖ 히브리어로 필사된 성서 사본

로마 시대 제2차 이산으로 뿔뿔이 흩어지자 유대인 현인들은 유대 종교가 지역에 따라 변질되는 것을 막기 위해 예배의식을 표준화하였다. 그리고 그들 고유의 언어가 훼

손될까 우려하여 히브리어 사전과 문법을 기록하였다. 그 덕분에 지금도 현대 히브리어를 읽을 줄 알면 고대 히브리어 독해가 가능하다 한다. 1446년에 반포된 세종대왕의 훈민정음 창제에서도 알 수 있듯이, 민족 고유의 글이 있다는 것은 대단한 의미를 갖는다. 그것도 고대 시대부터인 경우에는 말할 나위조차 없다.

히브리어는 신과의 계약은 물론 그들의 역사를 기록하여 후손들에게 전하고 알려준다. 그들의 신앙심과 지혜를 계승 발전시키는 강력한 도구로서의 구실을 했다. 특히 세계 각지에 뿔뿔이 흩어져 있는 유대 커뮤니티의 동질성을 유지하고 보존할 수 있는 중심 매개체로 구심점 역할을 감당하였다. 그뿐만 아니라 유대인 조상들과 현인들의 지혜를 모아 축적해나가면서 이를 고양시키고 발전시키는 데 크게 이바지하였다.

19세기 말에는 히브리어가 일상어로 부활하였다. 현재 이스라엘은 히브리어를 공용어로 쓰고 있다. 국립교습소를 설치하여 세계 각국에서 온 유대인 귀환민들에게 집중교육을 통해 히브리어를 가르치고 있다. 4000년이라는 세월이 지났어도 일부를 제외하고는 통시적인 변화가 거의 없이 살아 숨 쉬는 언어다.

기원전에 실시된 의무교육

하스모니아 왕조의 알렉산더 왕 미망인 살로메 알렉산드리아는 기원전 78년 하스모니아 왕가의 마지막 여왕이었다. 살로메는 남편이 죽은 뒤 9년 동안 통치하면서, 당시 대중적인 세력을 갖고 있었던 바리새파를 처음으로 산헤드린으로 받아들이면서 그들의 구전율법을 왕국의 법제 안에 받아들인다. 이렇게 해서 나라를 통일해보려고 했던 것이다. 그녀는 국민들의 단결을 위해서는 먼저 신앙심이 고취되어야 한다고 믿었다. 신앙심 고취를 위해서는 전 국민이 성경과 율법을 읽고 익혀야 했으나, 많은 국민이 율법을 읽을 수 없는 문맹이었다. 여왕은 최소한 가정예배를 이끄는 남자들은 성경을 읽고 글을 쓸줄 알아야 한다고 생각했다.

여왕은 전국에 학교를 세우고 노소를 불문하고 남자들 모두에게 의무교육을 시켰다. 결국 이러한 의무교육이 국민의 문맹을 퇴치하고 율법을 익히게 하였다. 세계 최초의 공교육이자 의무교육이었다. 또한 세계 최초의 민족 집단 종교교육이었다.

그 뒤 유대인들은 3세가 되면 히브리어를 배운다. 율법을 암기하고 배우기 위해서다. 특히 13세 때 성인식을 치르기 위해선 모세오경(창세기, 탈출기, 레위기, 민수기, 신명기) 중 한 편을 반드시 모두 암기해야 한다. 그리고 성인식에 참석한 사람들을 대상으로 성경을 토대로 자기가 준비한 강론을 해야 한다. 이러한 전통은 고대 이래로 유대 민족의 탁월한 지적 능력으로 연결되었다. 이후 세계 어디를 가도 유대인 커뮤니티에는 문맹이 거의 없다고 한다. 20세기 초반까지도 세계 문맹률이 높았던 점을 미루어보면, 기원전에 국민을 문맹에서 건져낸 여왕의 공로는 오늘날의 유대 민족이 있게 한 힘의 근원이었다.

시나고그

게다가 민족 집단의 종교교육은 오늘날까지 유대 민족이 신앙 공동체를 이루며 살아온 믿음과 정신력의 원천이다. 서기 70년에 예루살렘의 신전이 파괴된 이후 유대인들의 유랑이 시작되었지만, 세계 각지로 흩어진 유대인들은 어디를 가나 제일 먼저 그들의 교회당인 '시나고그'를 지었다. 시나고그는 물론 예배당의 의미를 가지고 있지만 일반적인 그리스도 교회와는 상당히 다르다. 그리스도와 관련된 교회나 성당에는 목사나 신부가 있어서 예배를 집전한다. 불교의 사찰에도 스님이 있다. 하지만 시나고그에는 그런 사람이 없다. 단지 랍비가 있을 뿐이다.

랍비는 사제가 아니다. 성직자가 아니라는 뜻이다. 일반 평신도다. 단지 유대인 지역사회의 지도자이자 재판관이기도 하며, 학자이기도 하면서 힘든 일이 있을 때 인생을 상담하는 친구다. 유대교에서는 종교를 지키는 일이 불교나 기독교처럼 승려나 목사 등 일부 전문가의 몫이라고 생각하지 않는다. 유대인 개개인 모두가 종교를 지킬 의무와 책임이 있다. 당연히 랍비는 일반 신도들보다 높은 곳에 서서 설법이나 예배를 주도하지 않는다. 이것이 바로 키포인트다.

유대교에서는 누구나 종교를 지켜야 하는 책임이 있기 때문에 13세가 되면 의무적으로 성경을 읽어야 한다. 그리스도교에서 성경을 읽고 해석하는 것은 주로 신부나 목사가 주도한다. 나머지 신도들은 그들이 읽어낸 성경을 그들의 생각대로 해석한 것을 수동적으로 받아들이기만 한다는 점에서 유대교와 다르다.

또한 시나고그는 예배 장소만이 아니다. 오히려 배움의 장소다. 모여서 토라와 탈무드를 같이 공부하며 토론하는 장소다. 유대교는 배움을 예배나 기도 이상으로 중요하게 여긴다. 배워서 하느님의 섭리를 이해해야 유대인 개개인이 하느님 사업의 협력자가 될 수 있다고 믿기 때문이다.

그래서인지 역사를 통해 보면 그리스도교도들은 거의 대부분이 문맹이었다. 시작부터 게임이 안 되는 일이었다. 한쪽은 글조차 읽을 줄 모르는 문맹이었고, 다른 한쪽은 의무적으로 13세부터 글을 읽고 논리와 합리성으로 무장한 인재였다. 그래서 가톨릭은 성화가 발달했다. 문맹 신도들을 위해 글이 아니라 시각적으로 교육시키는 셈이다. 게다가 가톨릭은 한때 평신도가 성경 읽는 것 자체를 금지했었다. 엉뚱하게 해석하여 잘못된 교리로 빠질까 해서다.

교육의 힘은 엄청난 에너지를 내재한 사회적 인프라를 형성한다. 그것이 지금 세계 각 분야의 리더 10%를 유대인으로 만들어놓았던 결정적인 이유다. 이미 상당한 교육수준으로 알게 모르게 비교우위에 섰던 그들은 프랑스와 영국 연합국의 전쟁을 통해 절호의 기회를 잡게 되고 결국 벨푸어 선언을 이끌어내어 그들이 꿈에 그리던 조국까지도 건설할 수 있게 되었다.

수천 년에 걸쳐 준비된 사람들이었기 때문에 기회가 오자 그들은 바로 잡을 수 있었다. 많은 이들이 단지 우연한 행운이라고 하는 대부분의 일상이 사실 알고 보면 필연적 노력의 결과물이라는 점이다. 유대인들 가운데에서 리더가 많이 배출되는 것 또한 우연한 행운이 아니었다. 결국 시나고그였다.❖

❖ 박문환, [고수 투자 데일리], 〈한경 와우넷〉

학문을 숭상하는 민족

유대인은 험난한 세상을 살아나가기 위해서는 '아는 것이 힘이다' 라는 진리를 고난의 역사를 통해 온몸으로 체득한 민족이다. 사람이 위급한 상황에서 가지고 도망갈 수 있는 것은 기껏해야 한 줌의 금은 보화와 자질구레한 일상용품 정도이다. 한마디로 남에게 뺏기지 않고 의지할 수 있는 것은 '머릿속에 담고 있는 지식과 교육밖에 없다' 는 것이 오랜 박해와 도피생활 속에서 점철된 유대 민족 전체를 관통하는 철학이다.

이와 함께 철저히 배운다는 것은 유대인에게는 하나의 습관이 되어 있다. 유대인의 학문에 대한 열의와 관심은 역사적 전통에서 유래되었다. 유대 역사에서 학자가 가장 위대한 사람으로 간주되어 왔다. 정치가 혹은 위대한 사업가라 해도 유대인 사회에서는 학자의 사회적 지위가 가장 높았다. 그들은 민족의 숭상받는 지도자였다. 랍비가 유대 공동체를 이끄는 이유이다.

유대인은 미국 인구의 2%에 지나지 않지만 오늘날 미국 아이비리그 대학의 재학생의 약 20%가 유대인이다. 하버드대학은 30%로 재학 중인 유대인 학생과 교수 숫자만 6000명이다. 예일대학도 25%에 육박하고 있다. 유대인 교수진은 약 40%에 달한다. 명문 대학일수록 학교 설립이나 운영권을 유대인이 주도하는 학교가 많다. 미국 명문대학은 유대인 학교인 셈이다. 유대

인의 힘은 바로 이 '교육'에서 나온다.[*]

《유대인의 역사》를 쓴 폴 존슨은 유대인들이 인류에 건네준 가장 큰 선물은 인격적인 유일신론으로부터 비롯된 지성과 윤리의식이라고 설명한다. 그들은 인격적인 유일신을 믿게 되면서 적극적으로 신의 뜻을 헤아리기 위해 지성을 사용하게 되었다. 또 신이 내려주는 계명을 통해 누구도 갖지 못한 윤리의식을 갖게 되었다는 것이다.

특히 유대인들은 야만적이며 비합리적인 세상을 합리적이고 하느님에게 순응하는 세상으로 바꾸는 데 자신의 능력을 발휘하는 것이 그들에게 맡겨진 의무라고 생각한다. 그 때문에 그들은 자신들의 지성을 더욱더 강화해나가야 했다. 그러한 유대인들의 지적인 통찰은 하느님에 대한 사상에만 머무르지 않았다. 유대교에서는 유대인 공동체와 인류를 위해 헌신하라고 권면했다. 특히 유대교는 지식과 통치가 긴밀히 연결되어 있었다. 학자인 랍비가 지도하는 교회가 유지되어 왔기 때문이다.

학자는 가문의 영광

우리나라는 전통적으로 선비와 스승을 존경하는 좋은 문화를 갖고 있다. 지금도 학자들과 선생님들을 높이 보는 편이다. 하지만 유대인들은 우리보다 한술 더 떠 고대로부터 학자를 공동체의 으뜸 어른으로 섬겼다. 지금도 유대교를 이끄는 사람은 공부를 많이 한 학자인 랍비다. 랍비란 '스승'이라는 뜻이다. 학자들이 공동체의 중심에 우

---

[*] 정성호 지음, 《유대인》, 살림, 2003

뚝 서 스승 역할을 하며 공동체를 이끌고 있는 것이다. 유대인들의 가장 큰 소원 중 하나는 자기 아이가 커서 학자, 곧 랍비가 되는 것이다.

평생 공부하는 유대인

사람은 일생 동안 공부해야 한다는 것이 유대교의 기본적인 믿음이다. 하나라도 더 배워야 하느님의 섭리를 하나라도 더 이해하고 하느님께 한 발자국이라도 더 가까이 갈 수 있다고 믿기 때문이다. 그들이 배움을 기도와 똑같은 신앙생활로 여기는 이유이다.

아무리 지혜로운 사람이라도 배우기를 중단하면 그 순간에 지금까지 배운 모든 것을 잊게 된다고 생각한다. 곧 퇴보하는 것이다. 그리고 늙는 것이다. 배움은 열정을 불러일으켜 사람을 젊게 하는 힘이 있다. 항상 청춘으로 살 수 있는 것이다. 유대인들은 이러한 평생 배움을 통해 신앙을 키우고 있다.

유대인은 '모든 진리는 하느님에게서 나온다'고 믿는다. 진리는 인간이 만드는 것이 아니라 주어진 것을 단지 발견하는 것이라는 생각이다. 그들은 모든 과학기술도 하느님이 창조한 세상과 생명의 원리를 인간이 이해하여 모방한 것이라는 시각을 갖고 있다. 이러한 믿음은 자연히 유대인들로 하여금 하느님의 섭리를 하나라도 더 이해하기 위한 배움으로 이끈다.

글로벌 네트워크 정보 교류

정보와 지혜를 나누어 주는 오랜 관습

유대인 동족 간의 나눔 정신은 물질적인 것에만 국한되지 않는다. 물질보다 더 강력한 지혜와 정보를 나눈다. 부자가 자신의 재물을 사회에 기부해야 하는 것처럼, 지혜로운 자는 자신의 지혜를 사회에 기여해야 한다.

그러므로 자신의 도움이 필요할 때 봉사하지 않는 것은 죄이다. 타인을 위해 드리는 기도는 의무다. 동료를 위해 하느님의 자비를 구할 수 있는 자가 그와 같이 구하지 않으면 이는 죄를 짓는 것이다.

이 공동체 의식은 현대에도 변함없이 그들의 생각과 행동을 지배하고 있다. 학자인 랍비가 공동체를 이끌어가는 것도 같은 맥락이다. 실제 비즈니스 측면에서도 유대인들은 사업이 번창하면 동기나 친척들은 물론 유대인들을 우선적으로 끌어들이는 것으로 유명하다.

민족 자체를 하나의 대가족으로 생각하는 유대인

유대인들은 민족 자체를 하나의 대가족으로 생각한다. 유대인 커뮤니티의 유대교 회당인 시나고그에 모르는 이방 유대인이 찾아오면 적어도 원로 가운데 한 사람은 꼭 그를 자기 집 식사에 초대해야 한다. 그가 필요한 정보와 지혜를 나누어 주어야 하는 게 그들의 오랜 관습이기 때문이다. 그래서 유대인들은 출장을 가면 꼭 그 지역 시나고그부터 찾는다. 교회에 기도하러 가기보다 가족들을 만나러 가는 느낌으로 시나고그를 찾는다. 유대인들이 태고 때부터 멀리 떨어져 있는 다른 커뮤니티와 서로 도와 사업을 함께 해나갈 수 있는 것은 바로 이 공동체 의식 덕분이다.

유대인들은 개개인이 유대인다운 바른 행위를 해야 한다는 의식뿐만 아니라, 모든 구성원이 서로 사회적인 연대 책임을 갖고 있다는 생각이 강하다. 공동체가 구성원 한 사람 한 사람의 유대인에게 바른 행동을 하도록 이끌어야 할 책임도 있음을 뜻한다. 유대인이 남달리 자선 행위를 중요하게 여기는 것도 같은 맥락이다.

일반적으로 서구 사람들이 개인주의적이고 저마다 다른 독립적 개성과 프라이버시를 중요하게 여기지만, 유대인은 다르다. 유대인은 유대인 공동체 속의 한 사람이 될 때라야 비로소 유대인이 된다. 이러한 사고방식은 고대로부터 지금까지 줄기차게 전승되어 왔다. 탈무드에 "만일 부모가 자식을 올바르게 교육시키지 못했거나 그런 환경을 자식에게 마련해주지 못했을 때, 그 자식이 잘못을 저지르게 되면 그 죄를 자식 혼자서만 책임지게 할 수 없다"라는 구절이 있다. 연대의식으로 똘똘 뭉쳐 있는 것이다.

유대인, 세계적 정보네트워크 구축

유대인은 다른 민족 대부분이 문맹이었던 기원전부터 모든 성인 남자들은 글을 깨우쳤다는 점이 시대를 초월한 엄청난 경쟁력이었다. 이는 지식의 함양으로 연결되어 그들이 학자가 되고 의사가 되며 상인이 될 수 있는 재산이었다.

또 유대인은 135년에 제2차 이산이 시작된 뒤 뿔뿔이 흩어져 그들만의 공동체를 이루며 살면서 공동체 간의 편지 왕래를 통해 종교적 의문점을 물어보고 답했다. 이것이 발전하여 편지로 상업 정보를 수집하여 이를 활용하는 일에 매우 능했다. 정보가 시장의 모든 거래를 좌우했다. 이것이 유대인이 통상과 금융으로 성공한 이유이다. 그들이 각국의 환시세를 꿰뚫고 특정 상품의 수요와 공급 흐름을 알 수 있었던 것도 모두 정보의 힘이었다. 이를 이용해 항상 남보다 먼저 돈을 벌었다.

근대 초 유대인은 혈연을 기초로 하는 '통상 네트워크'뿐 아니라 이들 사이를 누구보다도 빨리 연결시킬 수 있는 '수송 네트워크'를 구축했다. 그들은 열심히 편지를 날랐다. 리보르노·프라하·빈·프랑크푸르트·함부르크·암스테르담에서, 후에는 보르도·런던, 뉴욕·필라델피아에서, 그리고 이들 중심지의 사이사이에서 유대인은 고속 정보망을 활용했다.

덕분에 그들은 정치와 군사의 동향을 재빨리 포착하고, 끊임없이 변동하는 지역시장, 국내시장, 국제시장의 요구에 재빨리 대응할 수가 있었다. 보르도의 로페스가와 멘데스가, 함부르크의 카르케레가, 바그다드의 사순가, 여러 도시에 지부를 차려놓고 활동하고 있던 페레이라가, 다코스타가, 코넬랴노가, 알하디브가는 세계에서 가장 앞선 정보통들이었다. 로스차일드 가문이 독자적인 상업 디아스포라를 구축하는 것은 훨씬 뒤의 일이다.

유대인들은 세계 각국에 흩어져서 랍비를 중심으로 신앙 공동체를 이루며 현지에 적응하여 살게 된다. 자연히 히브리어와 현지 언어를 함께 배우고 쓰며, 공부도 유대 교육과 현지 공부를 함께하게 된다. 교육과 생활을 통해 자연스럽게 현지화되어 현지 사정에 정통하게 된다.

고대로부터 세계화와 현지화를 함께 이룬 민족

유대교는 원칙적으로 인종을 구별하지 않는다. 유대교를 믿으면 누구나 유대인이 될 수 있다. 인종보다는 신앙을 우선하는 것이다. 사는 지역에 따라서 그들의 인종이 현지화되는 것도 이런 연유다. 북아프리카 유대인은 검은색으로, 러시아 유대인은 흰색으로, 인도계 유대인은 갈색으로, 중동계 유대인은 황갈색의 매부리코로 나타나는 게 이런 연유이다. 세계 각국에 파고들어 자기 신앙과 전통을 지키면서도 실생활 면에서는 현지화가 된 유대인 커뮤니티가 멀리 떨어져 있는 동족 간의 사업 협력에 절대적인 힘이 되는 것이다. 예전부터 유대인들은 세계화와 현지화를 함께 이룬 민족이다.

세계 각국에 퍼져 있는 유대인 커뮤니티는 그 자체가 글로벌 네트워크로 유대인들은 상업 정보를 수집하고 사용하는 데 능통했다. 시장이 세계적인 체제로 확장됨에 따라 정보는 최고의 중요성을 지니게 되었는데, 세계 각처에 흩어져 있던 디아스포라 유대인들의 네트워크가 무역과 경제적인 성공에서 가장 중요한 요소가 되었다. 서로 간의 정보를 교환하고 공유함으로써 다른 민족에 견주어 사업 정보에 대한 절대적인 비교우위를 점할 수 있었다. 이를 바탕으로 범세계적 시각에서 사업을 판단하고 엮어갈 수 있었다.

특히 고대로부터 향료나 비단 등 독과점 품목에 강했다. 글로벌 네트워크가 잘 형성되어 있고 정보화에 강했기 때문이다. 오늘날에도 금·다이아몬드·석유 등 원자재, 방위산업 등의 독과점 품목은 대부분 유대인과 관계가 깊다. 독과점 사업의 다른 말이 요사이 유행하는 블루오션이다. 치열하게 싸워야 할 경쟁자가 없는 사업이라는 뜻이다. 세계를 연결하는 유통업과 금융업 등에서도 특유의 독보적인 강점을 발휘하고 있다. 기원전부터 글로벌 네트워크를 형성하여 정보화와 세계화를 이루었다. 현대 경영학에서 조명받고 있는 이러한 개념들을 애당초 기원전부터 몸으로 체화한 것이다.

일요일에 정보를 취합하여 하루 먼저 업무를 시작하다

게다가 유대인에게는 독특하고도 유용한 관습이 있다. 유대인의 안식일은 금요일 일몰 시부터 시작하기 때문에 기독교의 주일보다 하루 이상 빠르다. 그렇기에 그들은 안식일이 끝나는 토요일 일몰 시부터 일을 시작할 수 있으며 일요일 날, 곧 한 주간이 시작되는 날 본격적으로 업무를 개시한다. 그리고 이날 각국에 흩어져 있는 유대인 커뮤니티인 디아스포라 간의 중요한 정보를 교환한다. 일요일 날 오후에는 랍비나 그 분야의 전문가를 중심으로 디아스포라들로부터 모인 정보를 분석하여 그 주간의 중요한 행동지침을 정한다.

이를 정리, 작성하여 일요일 저녁에 다시 디아스포라 간에 서로 정해진 행동지침이나 정보를 교환한다. 월요일 아침에야 일을 시작하며 정보를 수집하는 일반인에 비해 매주 하루 이상을 일찍 시작하는 셈이다. 이러니 정보전쟁에서 항상 앞서나가는 것이다. 구조적으로 유대인들이 기독교 상인이나 비즈니스맨보다 정보전에서 앞서 나갈 수밖에 없는 이유이자, 특히 정보가 생명줄인 금융 부문에서 유대인들이 강한 이유이기도 하다. 이러한 관습은 현재에도 그들의 유용한 장점이자 특기로 더욱 빛을 발하고 있다.

12★ 부와 영리 추구를 인정하는 유대교

유대교는 청빈을 덕목으로 내세우는 다른 종교와 달리, 부(富)와 영리 추구를 인정하는 종교다. 이러한 사실은 유대인들이 부를 쌓고 기업가로서 성공을 이루는 데 결정적인 요인이 되었다. 유대교의 계율 613가지 가운데 실제로 120가지 이상이 '생활의 양식을 구하는 법', '돈을 절약하며 저축하며 사용하는 법' 등에 관한 것이다.

유대교에서는 인간의 영리 추구가 신이 만들어낸 선한 작용이다. 또 부를 추구하는 행동은 사람이 행복해지기 위해 없어서는 안 될 일이라고 생각한다. 오늘날 경제학이 추구하는 바를 이미 오래전에 계율로 습득하여 체화한 민족이다. 부의 유혹을 이겨내고 청빈을 앞세우라는 다른 종교와는 이 점에서 특히 구별된다.

그뿐만 아니라 유대교는 창시자들이 부유한 사람이었다. 아브라함과 그의 자손 야곱은 큰 부자였다. 반면 불교나 기독교는 깨달음과 구도의 길을 가기 위해서는 재물을 버리고 청빈할 것을 가르쳤다. 이슬람도 마찬가지다. 이 같은 축재와 영리 추구를 부정하는 청빈의 개념이 유대교에는 존재하지 않는다. 이러한 사상은 유대인들이 비즈니스 세계에서 마음껏 날개를 펼칠 수 있게 만들었다. 독일의 경제학자 좀바르트는 프로테스탄티즘의 비즈니스 윤리가 출현하기 1500년 전부터 유대교는 기업가 지향의 문화를 키워왔다고 역설하였다.

그들의 성경은 동족끼리는 돈을 꿔줄 때 무이자를, 다른 민족에게는 이자를 인정했다. 그리고 5세기 무렵의 탈무드에서 "사람은 항상 자신이 가진 재산을 세 개의 형태로 유지해야 한다. 하나는 부동산으로, 또 하나는 상품의 형식으로, 마지막 하나는 유동자산의 형식으로"라고 가르치고 있다. 리스크 헤징을 위한 포트폴리오를 그 옛날부터 가르쳤던 것이다. 이들이 지금 세계 금융시장을 장악하고 있는 것은 전혀 우연이 아니다.

유대인들이 인류의 진보에 공헌한 가장 위대한 것 가운데 하나는 돈의 위력을 보여준 것이다. 산업혁명의 급속한 진전과 파급에 유대인 자본의 힘이 컸다. 대부분의 사회는 '돈이 무엇을 위해 존재하는가' 하는 문제를 푸는 데서 기이할 정도로 부정적인 태도를 보여왔다.

그러나 유대교에서는 경건과 번영을 서로 대립시키지 않는다. 상거래를 활발히 했던 유대인 공동체일수록 선행과 자선 활동이 더욱 많이 일어났다. 이를 통해 적절하게 수행된 상거래가 엄격한 도덕성과 양립할 수 있을 뿐만 아니라 그 자체로 덕이 될 수 있다는 것을 보여주었다. 현대에 이르러 돈의 역할이 경제 흐름의 혈액이요 윤활유이자 경제 발전의 촉매라는 것을 누구도 부정하기 어렵다.

유대인 이야기를 쓰고 보니, 1990년대 초 밀턴 프리드먼과《흥망 세계
경제》를 쓴 일본의 가나모리 히사오가 벌였던 논쟁이 생각난다. 이들 사
이의 논쟁은 국가경제의 흥망과 성쇠를 가져오는 원인이 '제도'에 기인
하는 것인지, 아니면 '인간'에 기인하는 것인지에 대한 설전이었다. 프리
드먼은 제도가 중요하다고 보았고, 히사오는 인간이 중요하다고 보았다.
프리드먼은 1980년대의 중국과 대만의 예를 들어 같은 민족이지만 제도
적 차이로 경제력의 차이가 벌어졌다고 주장하였다. 결국 경제의 성공과
실패를 만드는 것은 인간이 아니라 제도라고 프리드먼은 보았던 것이다.
프리드먼은 진 적이 없다는 뛰어난 논쟁력으로 유명하다. 결국 이 논쟁
에서도 프리드먼이 이겼다. 그러나 유대인 이야기를 쓰고 보니 경제는 인
간이 주인공이었다. 세계 경제사의 주역은 유대인이었다.

사실 유대인 이야기보다는 좀 더 현실감 있는 국제금융에 관한 글을
쓰고 싶었다. 여기에 우리 서비스 수지 적자의 근본 요인인 관광산업, 교
육산업, 의료산업 등을 덧붙여 금융산업을 포함한 서비스산업의 중요성
에 대하여 알리고 싶었다. 특히 요사이 국제금융시장이 얼마나 현란하
게 돌아가고 있는지, 금융자본은 얼마나 빨리 팽창하고 있는지, 월스트
리트와 런던 금융시장의 깊숙한 내부의 메커니즘은 어떻게 돌아가고 있

는지 이야기해주고 싶었다.

　파생상품이 만들어진 시대적 배경과 아울러 그 해악, 주식시장과 파생상품의 거래가 사람의 손을 떠나 치밀한 컴퓨터 프로그램들끼리 부딪치는 현장, 과학적 투자기법의 원리, 자본주의의 극을 달리는 국제금융시장의 실체, 첨단 금융기법 등을 욕심껏 파헤쳐 전달하고 싶었다. 너무 무분별하게 달리다 비록 신용위기가 터졌지만, 이는 감추어진 축복일 수 있다. 자본주의가 살아 있는 한 자본의 위력은 그 스스로가 다시 이야기를 시작할 것이다.

　게다가 창의력과 의지로 키울 수 있는 관광산업, 미래의 궁극적 승부처인 교육산업, 가장 우수한 인재들이 모여 있는 의료산업을 비롯하여 이들 서비스산업을 키워낼 인재 양성에 관하여 이야기하고 싶었다. 그리고 그 무엇보다도 서비스산업의 '중요성'을 알리고 싶었다. 그냥 중요하다고만 외쳐서는 피부에 와 닿을 것 같지 않았다. 그래서 유대인을 통해 본 서비스산업의 경제사적 의미를 도입하여, 독자가 그 중요성을 피부로 느끼게 하고 싶었다. 그래서 고대부터의 유대인의 발자취를 추적하였다. 그런데 그만 너무 길어져 대하 드라마가 되어버렸다. 자그마치 책이 10권이다.

그간 쓴 내용을 다시 들여다보니 필자의 능력을 넘어서는 분야가 많았다. 한마디로 욕심이었다. 필자가 도전하기에는 역부족임을 자인한다. 게다가 소송을 무기로 유대인 연구를 감시하는 '유대인비방대응기구Anti Defamation League: ADL' 때문에 서구에서는 유대인에 관한 자료를 구하기 어려웠다. 특히 비유대인이 쓴 책은 거의 없었다. 그럼에도 부족한 글을 모아 '유대인, 그들은 과연 누구인가?'라는 화두를 던지는 데 그쳤다. 그러나 누군가는, 또는 어느 조직에선가는 해야 할 일이다. 개인이 아닌 시스템을 갖춘 조직이 앞장서야 할 것 같다. 능력 있는 단체의 관심과 후학들의 정진이 있기를 바랄 뿐이다.

부끄러움으로 펜을 놓으며
KOTRA 연구위원실에서

가나모리 히사오 지음, 정재철 옮김,《흥망 세계경제》, 매일경제신문사, 1995

강영수 지음,《유태인 오천년사》, 청년정신, 2003

강영수 지음,《제2의 가나안 유태인의 미국》, 해누리, 2002

갤브레이스 지음, 장상환 옮김,《경제학의 역사》, 책벌레, 2009

공병호 지음,《인생은 경제학이다》, 해냄, 2006

권홍우 지음,《부의 역사》, 인물과사상사, 2008

기 소르망 지음, 김정은 옮김,《자본주의 종말과 새 세기》, 한국경제신문사, 1995

김경묵·우종익 지음,《이야기 세계사》, 청아출판사, 2006

김욱 지음,《세계를 움직이는 유대인의 모든 것》, 지훈, 2005

김욱 지음,《유대인 기적의 성공비밀》, 지훈, 2006

김종빈 지음,《갈등의 핵, 유태인》, 효형출판, 2001

데릭 윌슨 지음, 신상성 옮김,《가난한 아빠 부자 아들 3》, 동서문화사, 2002

마빈 토케이어 지음, 이찬일 옮김,《성경 탈무드》, 선영사, 1990

막스 디몬트 지음, 이희영 옮김,《세계 최강성공집단 유대인》, 동서문화사, 2002

머니투데이 국제부 지음,《월가 제대로 알기》, 아카넷, 2005

문미화·민병훈 지음,《유태인 경제교육의 비밀》, 달과소, 2005

미야자키 마사카츠 지음, 오근영 옮김,《하룻밤에 읽는 세계사 2》, 알에이치코리아, 2011

박윤명 지음,《상식 밖의 동양사》, 새길, 1995

박은봉 지음,《세계사 100장면》, 실천문학사, 1998

박재선 지음,《세계사의 주역, 유태인》, 모아드림, 1999

브라이언 랭커스터 지음, 문정희 옮김,《유대교 입문》, 김영사, 1999

비토리오 주디치 지음, 최영순 옮김,《경제의 역사》, 사계절, 2005

사카키바라 에이스케 지음, 삼정KPMG경제연구소 옮김,《경제의 세계세력도》, 현
   암사, 2005

사토 다다유키 지음, 여용준 옮김,《미국 경제의 유태인 파워》, 가야넷, 2002

새뮤얼 애드셰드 지음, 박영준 옮김,《소금과 문명》, 지호, 2001

시오노 나나미 지음, 김석희 옮김,《로마인 이야기》, 한길사, 2007

쑹훙빙 지음, 차혜정 옮김,《화폐전쟁 1》, 알에이치코리아, 2008

쑹훙빙 지음, 홍순도 옮김,《화폐전쟁 2》, 알에이치코리아, 2010

안효상 지음,《상식 밖의 세계사》, 새길, 1997

애디슨 위긴 지음, 이수정 옮김,《달러의 경제학》, 비즈니스북스, 2006

에른스트 곰브리치 지음, 이내금 옮김,《곰브리치 세계사 1, 2》, 자작나무, 1997

오오타류 지음, 양병준 옮김,《유태7대 재벌의 세계전략》, 크라운출판사, 2006

우태희 지음,《세계 경제를 뒤흔든 월스트리트 사람들》, 새로운제안, 2005

육동인 지음,《0.25의 힘》, 아카넷, 2009

윤승준 지음,《하룻밤에 읽는 유럽사》, 알에이치코리아, 2004

이강혁 지음,《스페인 역사 100장면》, 가람기획, 2006

이리유카바 최 지음,《그림자 정부(경제편)》, 해냄, 2005

자크 아탈리 지음, 양영란 옮김,《미래의 물결》, 위즈덤하우스, 2007

정성호 지음,《유대인》, 살림, 2003

조셉 텔루슈킨 지음, 김무겸 옮김,《유대인의 상속 이야기》, 북스넛, 2014

존 스틸 고든 지음, 김남규 옮김,《월스트리트 제국》, 참솔, 2002

찰스 가이스트 지음, 권치오 옮김,《월스트리트 100년》, 좋은책만들기, 2001

찰스 킨들버거 지음, 주경철 옮김,《경제강대국 흥망사》, 까치, 2005

최영순 지음,《경제사 오디세이》, 부키, 2002

최영순 지음,《성서 이후의 유대인》, 매일경제신문사, 2005

최용식 지음,《돈 버는 경제학》, 알에이치코리아, 2008

최용식 지음,《환율전쟁》, 새빛에듀넷, 2010

최재호 지음, 《유대인을 알면 경제가 보인다》, 한마음사, 2001

최창모 지음, 《이스라엘사》, 대한교과서, 2005

최한구 지음, 《유대인은 EQ로 시작하여 IQ로 승리한다》, 한글, 1998

코스톨라니 지음, 김재경 옮김, 《돈, 뜨겁게 사랑하고 차갑게 다루어라》, 미래의창,
    2005

쿠사카리 류우헤이 지음, 지탄현 옮김, 《소로스의 모의는 끝났는가》, 지원미디어,
    2000

크레이크 카민 지음, 맹정섭 옮김, 《달러의 비밀》, 따듯한손, 2009

폴 존슨 지음, 김한성 옮김, 《유대인의 역사》, 살림, 2014

피터 번스타인 지음, 안진환·김성우 옮김, 《신을 거역한 사람들》, 한국경제신문사,
    2008

홍성국 지음, 《세계 경제의 그림자 미국》, 해냄, 2005

후지다 덴 지음, 진웅기 옮김, 《유태인의 상술》, 범우사, 2008

성서(대한성서공회, 공동번역 개정판)

강영수, 〈월간조선〉, 2004년 3월호

권홍우, [오늘의 경제소사] "로젠월드", 〈서울경제〉, 2009년 2월 28일

김영이(군사평론가)

김형인(한국외국어대학교 연구교수)

김호동, [김호동 교수의 중앙유라시아 역사기행], 〈위클리조선〉

박문환, [샤프슈터의 증시 제대로 읽기] "예스머신은 쉽게 멈추지 않는다", 〈머니
    투데이〉

박문환, [고수 투자 데일리], 〈한경 와우넷〉

배연국의 돈 블로그, "담배의 전성시대"

송기호(서울대학교 국사학과 교수), 〈삼베와 쌀〉

수위, "미국의 독립과 영토 확장"

열혈청년(urijarang)의 블로그, "내가 경제학의 왕자다, 폴 새뮤얼슨", http://blog.

naver.com/urijarang/80001113611

우광호, [유대인 이야기], 〈가톨릭신문〉

주경철, [주경철의 세계사 새로 보기], "비버, 북아메리카의 역사를 바꿨다", 〈주간
　조선〉, 2009년 11월 30일

하상주, "미국 중앙은행의 역사"

홍순기, "나치 독일뿐만 아니라 일본도 유대국 건설을 제안했다", http://cafe.
　naver.com/nazzis/2583

홍익희의
유대인 경제사 8
미국의 패권시대
근대 미국 경제사 下

1판 1쇄 발행 | 2016년 10월 17일
1판 4쇄 발행 | 2024년 10월 08일

지은이 홍익희
펴낸이 김기옥

경제경영팀장 모민원
기획 편집 변호이, 박지선
마케팅 박진모
경영지원 고광현
제작 김형식

디자인 푸른나무디자인
인쇄 · 제본 프린탑

펴낸곳 한스미디어(한즈미디어(주))
주소 121-839 서울시 마포구 양화로 11길 13(서교동, 강원빌딩 5층)
전화 02-707-0337 | 팩스 02-707-0198 | 홈페이지 www.hansmedia.com
출판신고번호 제 313-2003-227호 | 신고일자 2003년 6월 25일

ISBN 979-11-6007-053-8 14320
ISBN 978-89-5975-861-6(세트)